나는 빈둥거리며 내 영혼을 초대한다.
나는 한가로이 기대이며 헤매이며 여름 풀의 이파리를 바라본다.

월트 휘트먼, 「나 자신의 노래」(1855)

게으름 예찬

The Pleasures of Leisure

게으름 예찬 *The Pleasures of Leisure*

숨 가쁜 세상을 살아가는 이들을 위한 품격 있는 휴식법

로버트 디세이 지음 | 오숙은 옮김

다산
초당

일러두기

1 이 책의 각주는 옮긴이 주입니다.
2 본문에서 언급하는 단행본이 국내에서 출간된 경우 해당 제목으로 표기했고, 출간되지 않은 경우 원제를 직역하고 원어를 병기했습니다.
3 서명은 겹낫표(『』), 편명은 홑낫표(「」), 신문 및 잡지는 겹화살괄호(《》), 영화 및 TV 프로그램은 홑화살괄호(〈〉)를 써서 묶었습니다.
4 일부 외국어는 문맥상 어감을 살리기 위해 외래어 표기법에 따르지 않고 발음대로 표기했습니다.

모든 사람은 게으름뱅이거나
게으름뱅이가 되기를 원한다

매일 아침 우리 앞에 열리는
시간이라는 거대한 방에 들어갈 방법은
어떻게 알 수 있을까?
시간이 마치 아침 햇빛, 첫 새소리와 함께
들어와 말하는 것 같다.
이보게, 이 빈 바닥을 덮을 것을 찾게,
어떤 수를 쓰든 저쪽으로 건너가게.

로리스 에드먼드,
『타이밍의 문제』(1996), 「북쪽으로 가기」

일하지 않는 시간에 관한 불안감이 빠른 속도로 전 세계에 퍼지고 있다. 새삼스러운 일도 아니다. 과거 그리스인과 로마인 모두 그런 시간에 대해 예민하게 구는 경향이 있었고, 게으른 사람을 죽음으로써 벌했다. 심지어 공화정 말기의 많은 로마인은 안락한 삶을 일종의 직무태만으로 여겼다. 그런데 문득, 우리의 그런 초조함을 몰래 파고드는 어떤 당혹스러움이 느껴진다.

무엇보다도, 빈 시간이 왜 그렇게 적은 걸까? 지금쯤 우리에게는 그런 시간이 넘쳐야 한다. 과학 기술과 진보 정책은 한 세기가 넘도록, 우리를 고된 일에서 해방시켜 자유를 주겠노라고 늘 약속하지 않았던가. 하지만 놀랍게도 그런 자유의 시간은 우리네 할아버지 시절보다 더욱 줄어들었다(예상했겠지만 이탈리아는 예외다). 역설적이게도 부자가 될수록 더 고되게 일하고, 하고 싶은 것을 할 시간이 적어진다.

무엇이 잘못된 걸까? 그리고 우리는 무엇을 원하는 걸까? 실제로 사람들은 마음대로 쓸 수 있는 두 시간, 아니 일주일, 심지어 남은 삶 전체가 통째로 주어진다고 해도, 그 빈 시간에 무엇을 해야 좋을지 잘 모른다. 페이스북에 로그인해야 하나? 타이거스 팀과 루스터스 팀의 럭비 경기를 봐야 하나? 꿀벌을 쳐야 하나? 담장을 고쳐야 하나? 그리스어를 배우는 게 나을까? 침대에서 뒹굴거리는 게 나을까? 어느 누구도, 아니 적어도 우리가 존경할 만한 누구도 자신 있게 이것이 정답이라고 말하지 못한다. 옛날에는 예수나 테오도어 아도르노Theodor Adorno는 물론이고 버트런드 러셀Bertrand Russell이나 존 메이너드 케인스John Maynard Keynes처럼 그 주제에 관해 충고해줄 사람들이 있었지만, 이제 아무도 없다. 아니 그만큼 권위 있는 사람이 없다. 그렇게 불안감은 빠르게 커져만 간다.

어떤 사업가들은 이런 불안감을 돈으로 바꿀 방법을 부지런히 찾아낸다. 그 불안감을 병이라 부르며 치료하고, 우리에게 다시 더 많은 기술을 팔고, 테니스 레슨이나 트레킹, 마사지로 그 공허감을 포장한 뒤 이윤을 붙여서 우리에게 되판다. 아주 상냥하게 말이다. 그러나 경제적으로 앞선 선진사회 사람들은 잠깐씩 자유 시간이 생기면 텔레비전 앞에 구부정히 앉아 있거나 모바일 기기를 만지작거릴 때가 많다. 물론 귀족은 시간을 그렇게 보내지 않는다. 도박을 하고, 미술품을 수집하고, 야생동물을 사냥하고, 자선 무도회를 여는 등 얼마든지 할 일이 많다. 지금은 그런 귀족 계급이 빠르게 줄고 있다. 명심해야 할 점은 부자는 귀족이 아니라는 사실이다. 부자들 대다수가 젠트리 계층도 못 된다.

이제 우리는 매우 중요한 두 가지 문제를 정면으로 마주해야 한다. 그간의 모든 과학적 진보와 케인스의 간결한 공식에 따른 복리에도 불구하고, (이탈리아를 제외하면) 우리 삶에서 자유 시간은 왜 그렇게 적을까? 그리고 할 일 없는 시간이 우리 앞에 놓였을 때 왜 우리는 어쩔 줄을 모르고 갈팡질팡할까? 고된 노동의 쳇바퀴에서 뛰어내릴 수 없는 우리의 무능함, 그리고 설사 뛰어내린다고 해도 다음에 무얼 해야좋을지 모르는 당혹감의 핵심에는, 여가의 의미를 둘러싼 혼란이 있다는 게 내 생각이다. 여가란 오락을 뜻하는 걸까? 빈둥거림인가? 스포츠? 취미 활동? 그에 관해 골똘히 생각해본 사람은 별로 없다.

사실 나도 중년에 들어서 『리플리』를 읽을 때까지는 그 문제를 제대로 생각해본 적이 없었다. 퍼트리샤 하이스미스Patricia Highsmith의 소설 속 주인공 톰 리플리는 매사추세츠 주 보스턴 출신으로, 성 정체성이 모호하고 도덕 관념이 없는 가짜 예술가다. 그는 한 폭의 그림 같은 이탈리아에서 젊은 디키 그린리프를 때려죽이고 그의 엄청난 유산을 가로챔으로써, 하이스미스의 표현대로 한가한 인간이 된다. 처음에 디키와 리플리는 서로 좋아하는 사이였지만 디키가 리플리에게 싫증을 내면서 관계가 식어버린 것이다. 리플리는 이국적인 장소에서 한바탕 모험을 하고 두 건의 살인을 더 저지른 뒤, 소설의 뒷부분에서는 퐁텐블로 근처의 아름다운 저택에서 (한때 디키에게 쏟았던 애정만큼은 아닐지라도) 그가 사랑한다고 생각하는 아름답고 부유한 아내와 품위 있고 편안한 삶을 산다. 그저 감각을 유지하기 위해 이따금 내킬 때면 약간의 살인과 사기를 저지르면서.

리플리 같은 사람들, 사실 그 이전에 디키 같은 사람들에게 여가는 자연스럽다. 그들은 "매일 아침 그들 앞에 열리는 시간이라는 거대한 방을" 고된 일을 하지 않고도 양심의 가책 없이 수월하게 채워나간다. 둘 다 이따금 경제적 목적으로 약간의 활동을 하지만, 대체로 즐거움을 위한 삶을 선택한다. 게으름을 옹호한 중국의 유명한 사상가 린위탕林語堂

의 말을 인용하면, 그들은 "가볍고 유쾌하게" 산다. 린위탕
은 동시대인인 러셀과 케인스보다는 젊었는데, 삶의 시작과
끝을 장로교과 신자로 보냈음에도 누워서 뒹구는 '와상술'을
찬양했다. 린위탕이 좋아하는 또 다른 단어인 '한량'은 정확
히 톰과 디키를 가리킨다. 둘 다 어느 정도는 태연하게, "살
아 있음의 예리하고 강력한 기쁨"을 얻는다. 그들은 내가 평
생 누린 것보다 훨씬 많은 재미를 누리지만 훨씬 덜 도덕적
이다.

20여 년 전에 하이스미스의 이 소설을 읽던 순간, 나는 여
가란 내가 절대 제대로 쓰지 못할 어떤 것이라는 사실을 깨
달았다. 지금도 이 점에 대해선 유감이다. 확실히 나는 게으
른 사람이 아니었다. 나는 빈 시간을 생산적으로 채울 방법
을 알고 있었고, 그렇게 했다. 당신도 나를 한량이라고 부를
수 없었을 것이며, 심지어 마음껏 빈둥거릴 수 있는 학교 수
학여행에서 나를 보았더라도 마찬가지였을 것이다. 그리고
어릴 때부터 열심히 공부한 덕택에 여러 언어로 수월하게 말
할 수 있었지만, 나는 어떤 것도 결코 수월하게 얻은 직이 없
었다. 그와 반대로 나는 평생 사상, 기술, 대의명분에 관심이
있어서 어쩔 수 없을 때가 아니면 아예 게임을 하지 않았는
데, 심지어 카드놀이도 하지 않았고 크리켓은 더더욱 하지

않았다. 내가 이해하기로, 노는 것이란 최대한 멋진 솜씨로 피아노를 연주하는 일과 같았다. 내게는 아무런 취미가 없었다. 유머 감각이 없는 아도르노가 그랬듯, 누군가 나의 기분 전환을 위한 활동을 취미로, 그저 시간을 때우기 위한 생각 없는 몰두로 여길 수도 있다고 생각하면 오싹해지곤 한다. 취미에 아무런 반감이 없는 지금도 내 취미를 말해보라고 하면 난감할 것이다. 재미 삼아 지도책을 정독하는 것이 취미라면 취미일까? 그것이 내가 지금까지 가져본 취미의 전부다.

학창 시절 나는 인기 있는 남학생이 아니었다. 다른 곳에서도 마찬가지였다. 나는 대체로 칼뱅주의자였고, 근면함과 그것이 안겨주는 열매를 통해 내가 신이 선택한 사람 중 한 명임을 증명하려고 끊임없이 노력했다. 대부분의 칼뱅주의자가 그렇듯, 나는 게으르지 않았으므로 남들이 왜 게으르게 사는지 알 수 없었다. 이렇듯 여가와 관련된 모든 관념에 대한 거부감, 정말이지 자기 포기라는 인식에 대한 이런 거부감은 내 어머니 탓이다. 어머니는 린위탕처럼 장로교회 신자로 삶을 시작하고 마쳤는데, 그녀는 중년에 접어든 뒤 나를 입양했기 때문에 내가 아는 거라곤 늘그막의 어머니 모습뿐이었다.

지금까지 말한 모든 것에도 불구하고, 내 삶에 결코 기쁨이 없지는 않았음을 강조해야겠다. 나는 부지런한 작은 꿀

벌이었다고나 할까. 그렇지만 조금 더 과감하게 살 수도 있었을 것 같다. 이렇게 말하고 나니 랭보의 시 한 구절이 떠오른다. 엄밀히 말하면 시구라기보다는 객기 어린 한탄이지만. "자질구레한 걱정 탓으로 나는 내 인생을 망쳐버렸다(*Par délicatesse J'ai perdu ma vie*)." 사실 아르튀르 랭보Arthur Rimbaud는 조심스럽거나 소심한 면이 전혀 없었고 인생을 낭비하지도 않았지만, 이 구절은 내 마음을 울린다.

여가에 관한 이모저모를 생각하다 보니 마침내 그것은 전혀 예상하지 못했던 방식으로 나에게 활력을 주었다. 경제 선진국에서 여가를 위한 시간이 갈수록 줄어드는 이유는 매우 명확하다. 주요 원인은 두 가지다. 100여 년 전, 버트런드 러셀은 그중 하나를 그의 유명한 책 『게으름에 대한 찬양』에서 딱히 좌파적이지 않은 목소리로 짚어냈다. 그는 여가야말로 두루 공유되어야 한다고 주장했다. 모든 사람이 조금씩 나누어 일을 덜 한다면 모두가 행복하게 생산하겠지만, 현대 자본주의 체제에서는 그만큼을 생산하기 위해 일부가 초과 노동을 하고 나머지는 실업 상태로 지내기 때문에 모두가 비참할 수밖에 없다.

20세기 사회주의는 그 나름대로 완전고용을 통해 실업을 해소했다. 사제 계급(공산당)을 제외한 모든 사람이 절반의 속도를 유지하며 늘 전업으로 일하면서, 제한된 휴가 기간에 국가가 승인하는 제한된 범위의 여가 활동을 즐겼다. 그 결과 대중은 비참하게 살다 영혼이 망가지거나, 그게 아니라면 이따금 방종함에 휩쓸리는 삶을 살았다. 적어도 그것이 내가 젊을 때 동유럽에서 목격한 상황이었다. 대체로 좌파는 스스로를 매우 진지하게 여기며, 심지어는 여가에 관해 생각할 때조차 그렇다. 바로잡아야 할 허위의식은 너무 많고 그것을 바로잡을 시간은 별로 없다고 말이다. 심지어 버트런드 러셀조차도 재미를 말할 때면 표정이 약간 심각해진다. 하지만 어쩌면 쿠바에선 상황이 다를 것이다.

두 번째 원인은 매우 단순하지만 탐욕이다. 세계를 지배해 온 두 정치 체제는 산업혁명과 결탁해서 더 많은 것을 바라는 지나친 욕심을 만들어왔다. 더 많은 재산, 더 큰 집, 더 많은 자동차, 더 새로운 기술, 더 많은 사물들…. 우리는 만족을 모를 만큼 사물에 중독되어 있고, 적어도 1851년 만국박람회 이래로 더 많은 것을 축적할 기회와 자유 시간을 맞바꾸며 살아왔다. 그리고 위대한 철학자 중 어느 한 사람도 이것을 예측하지 못했다. 그래서 우리는 지쳐 쓰러질 때까지 일한다.

물론 사물은 즐거움을 줄 수 있다. 나는 나의 클래리스 클리프 화병과 인도네시아산 이카트 직물과, 메스메이트 나무를 손으로 깎아 만든 탁자를 사랑한다. 그러나 우리는 지나치게 열광한다. 이미 한 세기도 더 전에 영국의 제롬 K. 제롬 Jerome K. Jerome 이 말했듯이, "우리는 세계를 장난감을 제공하는 공방으로 만들어버렸다." 달리 말하면, 우리는 사치품을 사기 위해 우리의 편안함을 팔아버렸다. 장난감은 잊어버려라. 케인스는 저서 『우리 손자 세대의 경제적 가능성Economic Possibilities for our Grandchildren』에서 "생활 수단을 위해" 자기 자신까지 팔지 말 것이며, "계속 살아 있기 위해, 더 꽉 찬 완벽함, 삶 자체의 기술을 배양"하기 위해 부단히 노력하라고 충고했다. 요즘은 그의 말이 무슨 뜻인지도 모르는 사람이 많지 않을까. 우리는 갤리선의 노예처럼 은퇴를 향해 미친 듯이 노를 젓고, 마침내 은퇴에 이르러 채찍질에서 벗어나고 나면, 어느덧 세상의 모든 시간 대신 끝없는 무無를 바라보는 우리 자신을 발견한다. 뉴질랜드 작가 재닛 프레임이 언젠가 잔인하게 썼듯 "습관의 구속은 종종 마음의 영원한 구속이 된다."

요즘 우리는 바쁜 것을 자랑스럽게 여기니 참으로 미련하기 짝이 없다! 바쁘다는 말은 사실 자신이 노예상태에 있음을 광고하는 것이다. "바쁜 사람이 사는 것만큼 덜 바쁜 삶은 없다." 2천 년 전 세네카^{Seneca}의 말이다. 세네카는 자녀를 위해서든 미래 세대를 위해서든 일하느라 바쁘다고 큰소리 치는 사람들의 말에 별로 공감하지 않았다. 그는 이것을 "다른 사람을 위한 낭비"라고 보았다. 그런 사람은 다음엔 또 다른 누군가를 위해 낭비될 것이다. 그리고 그렇게 계속 무한히 이어질 것이다. 영국 소설가 로버트 루이스 스티븐슨^{Robert Louis Stevenson}은 학교에서든 대학에서든, 교회에서든 시장에서든 굉장히 바쁘다는 것은 "활력 부족 증후군"이라고 여겼다.

이처럼 자유로운 삶의 반대 개념으로 몸 바쳐 일하는 것이 타당성을 갖기 위해서는 머지않아 다가올 낙원을 어느 정도는 염두에 두고 있어야 한다. 이를테면 사후 세계라든가, 미래의 사회주의적 지상낙원이라든가, 하다못해 죽기 전에 편안하게 보낼 몇 년의 시기라도 생각해야 한다. 미래의 낙원이 없다면 일의 매력은 훨씬 떨어지게 된다. 미국 작가 도널드 바셀미의 말처럼, "신이 죽자 천사는 이상한 위치에 놓였다."

일이 아무리 즐겁고 유용하거나 필요할지라도, 본질적으로는 일종의 노예상태다. 그렇기에 여가의 첫째이자 으뜸가는 목표는 우리를 우리 시간의 주인으로 만드는 것이다. 일할 때는 결코 시간의 주인이 되지 못하기 때문이다. 하지만 여가가 무엇일까? 먼저, 나는 여가의 핵심 요소 중 하나인 빈둥거림에 관해 두 가지 생각으로 망설이고 있었다. 빈둥거림은 덕목인가 아니면 악덕인가? 예를 들어 디키 그린리프의 경우 그것이 악덕으로 그려진다. 그는 아무 일도 하지 않고 이탈리아에서 멋대로 생활하는 데 돈을 쓸 뿐이다. 그러나 톰 리플리의 빈둥거림에는 어떤 기교, 재능의 집중적 활용이 있으며 비록 우리가 그의 도덕성에 동의하지 않을지라도 그런 점은 높이 살 만하다. 톰 리플리는 결코 게으르지 않다. 달리 말해, 게임이나 취미 같은 대부분의 여가 활동이나 요즘 우리가 즐기는 수많은 오락의 성격에 관해서는 수수께끼로 보일 만한 것이 거의 없는 반면에, 빈둥거림은 모호한 형태로 남아 있다.

역사를 통틀어 특혜받은 계급은 자신들의 특권을 지탱해 주는 것들 가운데 빈둥거림을 못마땅해하는 경향이 있었다. 그들에게 빈둥거림이란 나태함을 뜻했다. 동로마 제국의 황제 테오도시우스 2세와 유스티니아누스 시절에는 엄격한 놈팡이 밀고법이 있어, 비잔틴의 특징 계급 사람들은 당국을 비난하는 자들을 노예로 만들 수 있었다. 천 년 후 잉글랜드의 헨리 8세는 그 자신은 여가를 즐기면서도 백성들에게 근면을 권장할 생각에, 게으름은 전능하신 신을 "몹시 노하게"

만들고 왕국을 폐허와 쇠퇴, 가난으로 몰아넣는다고 선언했다. 게으른 사람은 능지처참, 교수형을 당할 수도 있었다. 그의 후계자인 에드워드 6세도 그다지 너그럽지는 않아서, 1547년 왕령을 포고하면서 빈둥거림은 필연적으로 만취, 싸움, 구걸, 절도, 심지어 살인으로 이어진다고 명확히 경고했다. 게으름으로 인한 몰락이 폭동이나 도덕적 해이로 커지는 것을 막기 위해 그는 직업을 가지고 기술을 익히도록 권고했다. 에드워드 6세 역시, 다양한 스포츠나 오락을 즐기며 빈둥거리는 귀족보다 노동 계급의 농땡이를 더 나쁘게 생각했다는 건 의심의 여지가 없다. 그는 빈둥거리는 풍토가 왕국을 가난하게 만들까 봐 몹시 두려워했다. 최소한 그의 고문관들은 그랬다. 에드워드가 그 왕령을 발표할 때 겨우 열 살이었으니까.

그와는 반대로, 수천 년 동안 일부 사상가들과 작가들은 '게으름'이 어떤 형태로든 삶의 최고 형태라고 여겨왔다. 일이 아무리 즐겁고 보람 있을지언정, 그들에게 일이란 노예제의 다른 이름이다. 반면에 여가는 자유다. 더러 빈둥거림이란 가능한 한 적게 일하는 것을 뜻한다고 이해하는 이들도 있었다. 힘들게 일하지도 않고 길쌈도 하지 않는, 들에 핀 백합처럼 말이다. 솔로몬은 온갖 영화를 누렸음에도 그 꽃 한

송이만큼도 차려입지 못했다. 솔로몬이 입을 옷을 만들기 위해서 그 자신은 아니더라도 누군가는 힘들게 일하고 길쌈을 해야 했지만, 그 백합을 꽃피우기 위해 누구도 수고하지 않았다. 그러니 역사의 이 시점에서 그 백합처럼 살기란 쉬운 일이 아니다.

봉건시대 일본의 불교 승려이자 시인인 요시다 겐코吉田兼好는 『쓰레즈레구사』라는 수필집에서 "세상의 무상함을 느끼"고 생사의 구속을 넘어서기를 바라는 사람이 어떻게 "자기 주군을 위해 밤낮으로 헌신"할 수 있는지 물었다. 그는 모든 일을 포기하고 한가로이 지내는 것이 훨씬 나으며 더 적절하다고 썼다. 그렇다고 겐코가 게으름을 지지하거나 우리가 일에서 성취감을 찾는 걸 반대하는 건 아니며, 다만 한 명의 주인에게, 또는 우리의 소유욕에, 우리의 식욕에 노예처럼 종속되어 우리 삶을 낭비하는 것을 경고하고 있다. 불교 승려인 그의 사상에서 가장 중요한 것은, 우리 스스로 덧없는 것에 얽매이는 어리석음에 대한 깨달음이었다.

1750년대 말, 산업혁명의 새 바람이 불어오기 시작할 때 새뮤얼 존슨Samuel Johnson은 《유니버설 크로니클》에 게으름뱅이를 뜻하는 '아이들러The Idler'라는 제목으로 일련의 칼럼을 발표하기 시작하면서, 모든 사람은 "게으름뱅이거나 게으름뱅이가 되기를 원한다"라고 선언했다. 존슨이 말한 게으름은 내가 말하는 빈둥거림과 의미가 다르지 않은 것 같다. 그것은 해가 중천에 뜰 때까지 침대에서 뒹굴거리다가 남은 하루 동안 되도록 적게 일하면서 '호기심을 왕성하게 불태우며 보낸다(이건 꼭 강조해야 할 점이다)'는 뜻이다. 아무것도 하지 않는다, 또는 적어도 대부분의 시간 동안 아무런 결과도 내지 않는다는 관념은 그 이전과 이후의 나머지 수많은 사상가와 특정 계급의 작가에게도 매력적으로 다가왔던 것 같다. 아리스토텔레스, 타키투스, 세네카, 미셸 드 몽테뉴(그는 빈둥거릴 때면 '달아나서 멋대로 풀 뜯고 노는 말'이 되었던 것으로 유명하다)가 그랬고, 장 자크 루소는 "순간의 기분에 따라 뜬금없고 맥락 없이 하루를 허비"하는 것을 큰 기쁨으로 삼았다.

최근의 더욱 재미있는 예로, 영국 잡지 《아이들러 The Idler》에서 1892년부터 1911년까지 공동 편집을 맡았던 제롬 K. 제롬은 빈둥거리기(그냥 늘어져 있는 것과 혼동하지 말 것)는 "언제나 나의 강점"이었으며, 그것이 그의 "인생이라는 배"를 가볍게 해주었다고 고백했다. 또 안톤 체호프 Anton Chekhov의 "가장 큰 기쁨"은 "아무것도 하지 않고 앉아 있는 것… 또는 쓸데없는 짓을 하는 것"이었다. 그리고 G. K. 체스터턴 G. K. Chesterton 같은 현대 영국의 재치 있는 한량은 아무것도 하지 않는 것이야말로 인간이 할 수 있는 가장 순수하고 가장 신

성한 일이라고 믿었다. 아나키스트인 S. L. 론디스S. L. Lowndes
는 바보들만이 자발적으로 일하며, 나머지는 (독신자의 경우)
매수당하거나 (기혼자의 경우) 협박당해서 일을 하게 된다고
주장했다. 장난스러운 작가 톰 호지킨슨Tom Hodgkinson은 『게으
름을 떳떳하게 즐기는 법』을 썼고, 스티븐 로빈슨도 『게으름
의 중요성The Importance of Being Idle』을 펴냈으며, 밀란 쿤데라에
따르면 개 한 마리와 함께 언덕 비탈에 앉아서 아무것도 하
지 않는 것은 "에덴으로의 회귀"였다.

  그렇다. 그들 모두가 남자다. 그들 모두 꿀벌처럼 바쁘게
사는 이들을 업신여기는 것 말고는 딱히 할 일이 없다. 누군
가는 그들의 식탁에 오를 음식을 위해 밭에서 일하고, 동물
을 도살하고, 또 그들을 위해 길을 놓고, 옷을 짓고, 집을 짓
고, 군불을 때고, 요리를 하고, 그들의 글을 출판하기 위해 인
쇄를 한다는 걸 그들이 생각했는지는 알 수 없다. 아마도 그
런 직업을 가진 사람들이 그 일을 해야 할 거라고 생각했을
것이다. 론디스보다 앞서 린위탕이 말했듯, 현명한 이들이
더욱 단순하고 한가로운 삶의 기쁨을 한껏 누리는 동안, 쓸
모 있는 사람이 될 각오를 하고 열성을 다하는 바보들은 언
제든 넘쳐날 것이다. 그러나 나는 그런 말로 이 문제를 덮어
버릴 수 있는지는 잘 모르겠다. 어쩔 수 없이 노동하면서 '바

보'로 살아가는 사람들을 무시해버린다는 건 너무 쉬운 일이 아닌가.

이 점을 간파한 또 다른 작가와 사상가 집단은 빈둥거림이 이상적으로 어때야 하는가에 관해 더욱 적극적이고 조심스러운 관점을 취한다. 여기서 우리는 특히 러셀을 떠올릴 수 있을 텐데, 그는 다른 사람들의 노동으로 사는 사람들의 빈둥거림(아마도 나태함)을 혐오했던 반면 모든 사람의 목표로서 여가의 증대를 권장했다. 러셀은 여가가 없었다면 인류는 야만의 상태에서 벗어나지 못했을 거라고 믿었지만, 여가가 정확히 무엇인지는 말하지 않았다.

다른 수많은 사상가 역시, 게으름을 아무것도 하지 않을 자유라기보다는 어떤 것이든 할 자유로 표현했다. 이 경우 게으름이란, 앨런 베넷Alan Bennett의 말을 인용하면, "어떤 목적이 있는 어떠한 것도 하지 않기"로 이해할 수 있다. 사실 그것은 오늘날 많은 이들이 '마음 챙김mindfulness'이라고 부르는 명상의 측면을 띠기 시작한다. 일종의 왕성하고 집중된 무활동이다.

로버트 루이스 스티븐슨은 유명한 소설을 많이 썼지만 『게으른 자를 위한 변명』이라는 수필집을 남겼고, 따라서 게으름의 주제와 관련해 가장 많이 인용되는 작가 중 한 명이다. 스티븐슨은 일에서 해방되기 위해서는 일정 수준의 상상력(그의 말로는 아량 넓은 성격)이 필요하다고 생각했는데, 안타깝게도 그런 상상력을 발휘할 수 있는 사람은 소수뿐이다. 물론 그러기 위해서는 소득이 있어야 하지만, 스티븐슨의 초점은 다른 데 있다. 위대한 통찰이 담긴 그의 말에 따르면, 빈둥거리는 능력에는 자신이 누구인지에 대해 확실한 인식이 따라와야 한다. 사실 좋은 여가란 모두가 알다시피 빈둥거림의 성격을 띠며, 우리가 스스로에 대해 가장 뚜렷하게 느꼈던 그 모습을 재연해 보이는 것이다. 즉, 우리는 여가를 통해서 날것 그대로의 우리 본성과 요리된 본성 두 가지를 모두 발견한다. 그 둘 다 우리이며 우리 문명의 뿌리다. 그것은 아무것도 하지 않는 것으로 구성되어 있는 게 아니라, 그와 반대로 "지배계급의 교조적 공식으로는 인정되지 않는 많은 것들을 하는 것"이다. 실제로 스티븐슨에게 제대로 이해된 빈둥거림이란 그 자체로 하나의 근면함이다.

나는 여가에 관해, 그리고 여가의 함정과 가능성에 관해 더욱 깊이 생각하게 되면서 내 주변을 좀 더 주의 깊게 둘러보기 시작했다. 매일 아침 열리는 빈 공간을 활기차고 유쾌한 방식으로 차지하고, 그저 일하거나 장미 나무 가지를 치는 것 이상으로, 그리고 디키 그린리프처럼 배 안에서 이상한 희롱을 하고 굴러다니는 색소폰으로 반복 악절을 불어대며 노닥거리는 것 이상으로 텅 빈 바닥을 채우면서, 로리스 에드먼드Lauris Edmond의 시구처럼 "저쪽으로 건너가"는 것 같은 사람이 누가 있는지 알아보고 싶었다. 누구라도 있었던가? 역사의 이 시점에서, 너 나 할 것 없이 일중독을 부채질하는 물질주의에 대항해 당장 우리가 할 수 있는 일은 거의 없다. 그러나 온전한 우리 자신의 시간을 확장한다는 새로운 사고방식은 가능할 것이며, 그 시간을 채우는 좋은 방법을 궁리하는 것 역시 가능할 것이다.

나는 개와 비옥함에 관해 생각하기 시작했다. 개와 인간을 비롯한 무리 동물은 일단 사냥감을 직접 죽이든가 여기저기 뒤져서 먹이를 찾아내어 먹고 나면, 아니면 인간과 가축의 경우엔 다른 누군가가 죽이거나 찾아내고 채집한 것을 먹고 나면, 누워서 낮잠을 잔다. 일부 종은 며칠 내리 단잠을 자기도 하고, 나머지 종은 여기저기 어슬렁거리다 이따금 눈을 붙인다. 한마디로 빈둥거린다. 그런 다음엔 보통 자기 무리가 보금자리를 치고 몸단장을 하는 장소에 같이 머문다. 그러면서 영역의 경계를 순찰하고, 잠잘 자리를 찾고, 털을 고르며 해충을 잡고, 한두 번쯤 파트너나 친구와 사랑을 속삭이다가 짝짓기에 몰두한다. 그런 다음에는 경쟁 때문이든 그냥 재미를 위해서든 노는데, 대체로 낮잠 자기 전에 했던 활동들을 장난스레 패러디한 것 같은 놀이를 한다. 싸움 놀이, 사냥 놀이, 축제 놀이, 더 높은 존재와의 황홀한 교감 놀이 등을 하기도 하고 때로는 그냥 들까불기도 한다. 식사 후에 그들이 하는 것, 우리가 하고, 당신이 하고, 내가 하는 그 모든 것이 바로 여가다. 그것을 라틴어로는 오티움otium(여가, 휴식)이라고 한다. 네고티움negotium(일, 활동)은 그 반대다. 인간은 모든 사냥과 채집 활동, 즉 네고티움을 인생의 중간에 몰아넣은 채로 빈둥거리고 깃들이고 재미있는 것, 즉 오티움을 즐기기 위한 시간은 고작 마지막 몇 년만 남겨두니 딱한 일이다. 반대로 개는 일은 전혀 하지 않으면서 끝없이 자고 짧은 시간 열중해서 노는 경향이 있다. 이 책은 그 균형을 찾아보자고 호소하는 맑은 소리가 되고자 한다.

내가 지금 이해하기로 여가란, 결코 물질적 이익을 바라지 않고 (설사 그것이 결국엔 우리는 물론 타인에게 실질적 도움이 된다고 해도) 순전히 그 즐거움을 위해서 자유로이 선택한 것, 빈둥거리고, 깃들이고, 단장하고, 취미 활동을 하는 등 광범위한 영역을 두루 아우를 때 쓰는 단어다. 여가를 누릴 때에는 가치보다는 기교가 훨씬 중요하다. 현명하게 선택한 여가는 아무리 짧은 삶에도 깊이를 준다. 느긋하게 있을 때 우리는 가장 치열하고 유쾌하게 인간다울 수 있다.

| 1장 |

빈둥거림의 미학

가장 값지고, 가장 마음 편안하고,
가장 순수하며 가장 성스러운 것,
그것은 아무것도 하지 않는 고상한 습관이다.
그것이 얼마나 무시되고 있는지,
내가 보기에는 인류 전체의 퇴보를
위협할 정도가 되었다.

G. K. 체스터턴,
「정복왕 윌리엄에 대한 한 관점」(1927)

무위도식에 바치는 찬사

영화 〈그랜드 부다페스트 호텔〉(2014)에서 호텔 지배인 무슈 귀스타브는 신랄하게 말한다. "살면서 뭔가를 한다는 건 사실 아무 소용이 없어. 왜냐하면 눈 깜짝할 사이에 전부 끝나거든… 그러고 나면 사후경직이 시작되지." 무슈 귀스타브를 연기할 당시 랠프 파인스Ralph Fiennes는 50대 초반이었는데, 그 나이쯤 되면 아마 충분히 그런 생각이 들고도 남을 것이다. 하지만 그게 진실일까? 내가 영화를 보던 날 관객들은 불안한 듯 킥킥거렸다. 그날은 13일의 금요일이었고, 어쨌거나 우리 모두 조금씩 어딘가 개운치 않았다.

이 대목에서 무슈 귀스타브는 열차 일등석에서 푸이이 주베 26년산 한 잔을 앞에 두고 로비 보이인 제로와 함께 앉아 있다("그래서 우리는 식당 칸에서 나오는 고양이 오줌 같은 술을 마시지 않아도 되지"). 썩 호화롭지 않은 환경에서 내뱉는 염세적인 말은 징징대는 것처럼 들릴 수 있다. 그러나 퉁명스러운 그의 말은 사실 매우 적절한데, 왜냐하면 그와 로비 보이는 빠르게 사후경직이 진행되고 있는 마담 D의 시체를 보기 위해 달려가고 있기 때문이다. 마담 D는 무슈 귀스타브가 '특별 서비스'를 제공했던, 대륙 맞은편에서 온 금발의 부유한 노부인이다. 무슈 귀스타브는 알 수 없는 표정의 제로에게 설명한다. "시간이 지나가면 좀 더 값싼 비곗덩어리로 갈아타야 해." 그는 마담 D가 유언장에 몇 클루벡은 남겨두었기를 바란다고 말한다.

쉰을 훌쩍 넘긴 나이에 나만의 그랜드 호텔인 인도 다르질링의 메이페어 호텔 로비에 앉아 안개 속을 바라보고 있자니 무슈 귀스타브의 말이 새삼스레 다가온다. 나는 며칠째 거의 아무것도 하지 않고 있다. 이곳은 한때 어느 공국 대지주의 여름 별장이었는데, 그랜드 부다페스트 호텔처럼 아주 깊은 계곡 위 산등성이에 자리 잡고 있다(그러나 아쉽게도 그랜드 부다페스트 호텔과는 달리 여기엔 나를 호텔로 실어다줄 케이블카가 없다). 사실 콜카타를 떠난 이후 안개 때문에 별로 본 것도 없었다. 공항 주변 평원에 암소 몇 마리와 자전거 타는 사람들이 보였지만, 다르질링의 이 위쪽이나 지난주에 갔던 계곡 건너편의 차 농장에는 온통 굽이치는 회색 안개뿐이었다.

솔직히 말해 지난 열흘 동안 나는 '아무것도' 하지 않았다. 읽을 책을 두어 권 가져오기는 했다. 애니타 브루크너Anita Brookner의 얇은 소설 『약혼의 규칙The Rules of Engagement』은 갈수록 마음에 드는 것 같고, 표지에 "무위도식에 바치는 기념비"라고 쓰인 곤차로프Goncharov의 『오블로모프』는 반쯤 읽었다. 그러나 둘 중 어느 것도 읽을 기분이 아니었다. 전에 『오블로모프』를 읽은 적이 있었는지 아니면 그냥 읽었다고 착각하는 건지 모르겠다. 톨스토이는 이 책이 '황홀하다'고 선언했고 체호프는 곤차로프의 재능에 감탄했다. 이 책이 걸작이라는 사실은 의심의 여지가 없지만, 지금 나는 더욱 생기 있는 어떤 것을 갈망하고 있다.

이 높은 곳에서는 운이 좋으면 세계에서 세 번째로 높은 산, 칸첸중가를 볼 수 있다. 아닌 게 아니라, 여기서는 누구든 그 이야기만 한다. 차 농장에서는 매일 아침 여섯시면 모두가 침대에서 니와 북쪽의 네팔을 바라보면서 간첸중가가 조금이라도 모습을 보여주기를 갈망한다. 회색 너머로 희끄무레한 얼룩이 한두 번 비치기는 해도, 대체로 보이는 건 안개뿐이다. 여기 메이페어 호텔에서 아침 식사 때 만난 인도인

가족은 아침 첫 햇살이 히말라야 봉우리에 불을 지르는 광경을 보기 위해 매일 새벽 깜깜한 네시 반에 일어나 타이거 힐로 달려간다. 하지만 그들 역시 아무것도 보지 못했고 눈에 띄게 풀이 죽은 모습이다.

그렇게 해서 나는 여기 앉아 있다. 다시 안개에 뒤덮인 이 오후에, 다시 아무 일도 하지 않고. 하는 일이 전혀 없는 건 아니지만 거의 없다. 살면서 뭔가를 한다는 건 아무 소용이 없다는 무슈 귀스타브의 말이 정확히 맞는지는 몰라도, 어느 오후에든 전혀 아무것도 하지 않기란 말처럼 쉽지가 않다. 만약 당신이 사냥과 채집 활동을 끝내고 그 결과물을 소비한 뒤라면, 아무것도 하지 않는 것이 자연스럽다고 생각할 수도 있다. 그러나 실제로 서구 사회에서 '아무것도 하지 않기'가 무슨 의미일까?

예를 들어 한 10대 소년에게 지금 뭐하고 있는지 물었을 때, 소년은 "아무것도요"라고 대답하겠지만, 그것은 정말 아무것도 하지 않는다는 뜻이라기보다는 "귀찮게 하지 마세요"라는 뜻이다. 크리스토퍼 로빈은 '아무것도' 하지 않는 것을 가장 좋아하고 따라서 곰돌이 푸에게 그렇게 얘기하지만, 푸가 아무것도 하지 않는 건 어떻게 하는지 묻자 분명히 대답하지 못한다. "글쎄, 내가 막 뭔가를 하려고 자리를 뜨는 바로 그때 사람들이 불러서, 크리스토퍼 로빈, 뭐하고 있니,

하고 물으면, 아무것도요, 하고 대답하고는 가서 아무것도 안 하는 거지."“아, 그렇구나.” 푸는 그렇게 대답하지만 전혀 이해하지 못한다.

시종 계급의 일원인 무슈 귀스타브는 영화 〈그랜드 부다페스트 호텔〉 내내 거의 미친 듯이 바쁘다. 그가 아무것도 하지 않을 때는 없다. 그리고 그와 제로가 미망인 마담 D의 시신을 보기 위해 그 가문의 성에 도착하자마자 소동이 벌어진다. 그는 마담 D가 유품으로 그에게 남긴 그림을 들고 몰래 도망치고, 그녀의 살해범으로 몰려 감옥에 갇히고, 거기서 탈옥하고, 또 암살자를 피해 달아난다. 한마디로 정신없는 특수효과 같으면서도 롤러코스터처럼 파란만장하고 무모한 모험이 계속 이어지는 삶을 살게 된다. 그리고 그 과정 내내 결코 말을 멈추지 않는다. 그러다가 마지막에 가서 갑자기 총에 맞아 죽고, 실제로 몸이 뻣뻣하게 굳어간다.

반대로 유럽 중부의 어느 높은 산꼭대기에 자리 잡은 그의 호텔을 찾는 손님들은 시중을 받는 생활에 익숙하다. 전혀 바쁘지 않은 사람들, 적어도 그랜드 부다페스트 호텔의 되색되어가는 화려함 속에 안락하게 있는 동안은 바쁘지 않은 사람들뿐이다. 그러나 상층계급 사람들조차도 아침에 일어나서 밤에 잠자리에 들기까지 무언가를 할 수밖에 없다. 먹고,

마시고, 읽고(도서관이 있다), 섹스하고, 다른 사람과 별것 아닌 대화를 나누고, 광천수 욕조에 눕고, 경치에 감탄한다. 아무리 못해도 담배는 피울 것이다. 아마 여름에는 산책도 하고, 산의 공기로 기력도 보충하고, 이따금 어떤 게임을 하거나 공을 가지고 놀기도 하겠지만, 한여름 그랜드 부다페스트 호텔에서 벌어지는 일을 우리는 알지 못한다. 영화 속 모든 사건은 겨울의 눈 속에서 벌어지기 때문이다.

오늘날 궁극의 빈둥거림은 예전보다 훨씬 덜 유행하는 것 같다. 메이페어 같은 웅장한 호텔에서도 사정은 다르지 않다. 어쩌면 빈둥거림이란 시들어가는 기술일지 모른다. 지난주에 내가 묵었던, 계곡 건너편 어딘가에 있지만 지금은 안개에 가려 보이지 않는 차 농장에서도 그랬다. 그곳의 호텔은 손자수로 장식된 리넨 침구가 있고, 메이드와 웨이터와 정원사가 손님보다 훨씬 많을 만큼 사치스럽게 꾸며져 있지만 웅장할 정도는 아니다. 기본적으로 그 호텔은 모나코 면적의 세 배는 될 거대한 차 농장 한가운데 있는 잔디밭과 무성한 정원 사이에 위치한, 베란다 딸린 두 채의 커다란 저택이자 부티크다. 내가 묵을 동안 투숙객으로는 차 애호가인 패기 넘치는 네덜란드 단체 관광객과 영국인 과부 두 명, 윔블던에서 온 부부 한 쌍이 있었다. 그들의 눈빛으로 똑똑히 알 수 있었다시피 나는 그들에게 실망만 안겨주는 사람이었는데, 내가 크리스토퍼 로빈처럼 계속 '아무것도' 안 하려고 애쓰고 있었기 때문이다. 그들은 모두 밖으로 나가 안개 속을 돌아다니면서 차 따는 일꾼들의 마을을 방문하고 공장을 견학하고 엎어지면 코 닿을 만큼 가까운 곳인 시킴Sikkim으로 산책을 가곤 했다. 네덜란드에서 온 손님들은 나가서 돌아다니지 않을 때면 호텔 안에서 아주 활기차게 흥청댔다. 윔블던에서 온 부부는 특별히 하는 일은 없어 보였지만 그것은 빈둥거리거나 아무것도 하지 않는 것과는 달랐다. 멀대같이 큰 키의 영국인 지배인 윌에 따르면, 손님들은 빈둥거릴 때면 몹시 불안해한다고 한다. 그들은 바쁘게 지내기 위해 이면 곳을 찾아온 사람들이다.

〈그랜드 부다페스트 호텔〉에서는 늙은 마담 D만이 절대적으로 아무것도 하지 않는 사람인데, 죽어서 관 속에 누워 있기 때문이다. 죽지 않은 이상 절대 아무것도 하지 않는다는 건 사실상 불가능할 뿐 아니라 다른 사람들의 기분을 상하게 할 수도 있다. 오래전, 나는 어떤 이유로 내 인생이 눈 깜짝할 사이에 끝날 거라 생각하고는 비행기 일등석을 타고 세계를 돌기로 했다. 당신이 탄 배가 가라앉을 거라 확신한다면 삼등칸으로 여행할 이유가 없는 것과 마찬가지의 이유였다. 꽃으로 장식된 일등석 객실의 내 옆자리엔 유명한 백만장자가 앉아 있었는데, 간이 탁자에 노트북 한 대와 서류 다발이 흩어져 있는 걸로 보아 그는 오스트레일리아 위머라 Wimmera 상공의 호화로운 좌석에 앉아 있으면서도 자기만의 시간이라 할 만한 단 한 순간도 누리지 못하고 있었다. 실제로 그에게 급히 해야 할 일이 아주 많았다는 건 의심할 여지가 없었다. 그 시절엔 수천, 아니 수만 오스트레일리아인의 생계가 이 남자의 결정에 좌우되고 있었으니까.

우리는 특별할 것도 없는 것에 관해 두서없는 말을 나누었지만, 내가 그를 알아보았다는 낌새를 전혀 보이지 않자 결국 그는 자신이 얼마나 중요한 사람인지를 내게 제법 길게 설명했다. 20분 정도 우월함을 과시하고 난 후 그가 물었다. "선생은 무얼 하십니까?" 내가 대답했다. "아무것도 안 합니다. 전혀 아무것도 안 합니다." 그는 마치 뒤통수를 한 대 얻어맞기라도 한 표정으로 나를 보았다. "아무것도요?" "네." 나는 하릴없이 기내 잡지를 힐끔거리면서 거짓말을 했다. "전혀 아무것도요." 그 후 싱가포르까지 가는 동안 우리는 거의 이야기를 나누지 않았다. 비행기 앞 좌석에 앉은 남자, 그저 누군가의 아내도 아닌 한 남자가 아무 일도 하지 않을 수 있다는 생각은 그의 세계관으로는 너무 충격적일 만큼 비정상이어서 거론할 수조차 없는 어떤 것임에 틀림없었다. 정신 나간 영국 귀족들이야 아무 일도 하지 않을 수 있지만(실제로 트롤럽의 소설에는 하는 일이라고는 휘스트 카드 게임이나 만찬을 위해 옷 갈아입기가 전부인 인물이 가득하다) 요즘 세상의 엄청난 부자들은 '귀족'이 아니라 트롤럽이 '돈 많은 장사꾼'이라고 부르는 사람들이다. 그들은 열심히 일하고, 당신이 열심히 일하지 않으면 불같이 화를 낸다. 나는 그 비행의 나머지 시간 동안 거의 아무것도 하지 않았다.

설사 아무것도 하지 않는 것이 죽어서 몸이 뻣뻣하게 굳기 전까지는 엄밀히 말해 불가능하다고 해도 그것은 꽤 주기적으로 시도할 가치가 있으며, 사냥과 채집을 마치고 만찬을 끝낸 후(재미로 죽이거나 제때 배를 채우기 위해서 혹은 부를 과시하기 위해서 먹은 후가 아니라 진정한 사냥과 채집, 만찬을 끝낸 후, 또는 그것의 현대적인 형태를 끝낸 후)에는 특히 그렇다. 이런 유의 아무것도 하지 않기를 우리는 '빈둥거린다'고 하거나 그보다 완곡한 표현으로 '어슬렁거린다'고 한다. 10대 혹은 하층민에게는 종종 '뒹굴거린다'는 표현을 쓰지만, 어쨌거나 똑같은 말이다.

빈둥거리기와 어슬렁거리기는 어떤 경우에도 나태함이나 늘어짐과 혼동해서는 안 된다. 나태함과 늘어짐은 나약한 성격이나 청소년기의 특징을 말해주는 표지인 반면, 빈둥거리기와 어슬렁거리기는 그와는 반대로 강인한 성격, 의지, 성

숙함, 단호한 목적을 가리키는 것으로 고결함에 견줄 만하다. 그 예로 영국의 코미디 듀오인 플랜더스와 스완이 부르는 '편안한 삶을 사는 나무늘보의 노래'를 보자. "일하지 않는 것 죽지 않는 것에 만족하고/마음껏 빈둥거리네." 그렇다. 플랜더스가 선율을 넣어 말하듯, 그들의 나무늘보는 히말라야를 오를 수 있고, 테니스 대회에서 우승할 수 있고, 공주와 결혼하거나 클라리넷을 연주하거나 모나리자를 그리거나 "또 한 명의 카이사르"가 될 수 있겠지만, 대신 "잠자고 꿈꾸고 조는" 것을 택한다. 다시 말해, 그들의 나무늘보는 결코 나태하지 않으며 그냥 빈둥거리고 있을 뿐이다. 최대한 하는 일을 줄이고 거꾸로 매달려 있는 것은 단지 나무늘보 본성의 일부가 아니라, 그가 '하기로 선택한 어떤 것'이다.

진정한 의미의 한량과 빈둥거리는 사람들이 모두 그렇다. 이는 매우 중요한 점이다. 빈둥거리는 사람은 사실상 아무것도 하지 않으면서 시간에 대한 지배력을 행사하고 있다. 명심할 점은, 부르주아 계급 혹은 지주나 고용주는 자기 여가를 일정한 '생산 네트워크'에 통합시키길 원치 않는 사람에게 '나태하다'는 꼬리표를 붙이는 경향이 있다는 사실이다. 틀림없이 그들은 해먹에 누워 햇볕을 쬐는 사람더러 나태하다(또는 게으르다, 태만하다)고 할 것이며, 시를 읽거나 개를 산책시키거나 순전히 재미로 고대 그리스어를 배우는 사람에 대해서도 똑같이 매우 비판적일 것이다. 반면에 조깅, 음악 감상, 주방 리모델링 같은 여가 활동은 누군가의 주머니(아니, 당신의 주머니는 아니다)를 두둑하게 해줄 테니 나태하다고 하지는 않을 것이다. 이것은 '나태'라는 단어를 남용하는 것이다.

하지만 어떻게 하는 것이 가장 잘 빈둥거리는 걸까? 21세기에 빈둥거리는 사람은 실제로 어떤 선택을 할까?

과거의 유한계급에게는 가족이 편안하게 집에서 지내고 먹고 입기 위해 필요한 일을 해주는 하인이 있었으므로 어떻게든 마음이 내키는 대로 즐길 자유 시간이 많았다. 150년 넘게 어디서나 게으름뱅이의 대표 주자가 되어온 오블로모프를 예로 들어보자. 곤차로프의 소설 속 주인공 오블로모프는 1850년대 상트페테르부르크의 30대 초반 귀족인데, 매일 낮에 그의 상징과도 같은 실내 가운을 입고 소파에 누워 가수면 상태에서 대부분의 시간을 보낸다. 그렇게 하기로 선택했으니까. 이것은 그 계급 남자들에게 존재의 무의미함을 보어주는 행위다. 이따금 친구나 시나가넌 식객이 찾아와 장광설을 늘어놓거나 식사를 얻어먹고 가기도 하고, 어쩌다 책 한 권을 반쯤 읽거나 파리에 가볼까 생각도 하지만, 대체로 그는 아무것도 하지 않고 소파에 누워 반쯤 잠든 채 공상만

할 뿐이다. 그의 하인 자하르는 심술궂어도 충성심은 강해서 그를 먹이고 입혀주며, 관리인은 농노들을 대신 관리하고 시골 영지를 운영해준다. 그의 젊은 친구 볼코프는 흥미로운 일이 없을 때면 그를 보러 들르는데, 볼코프는 극장, 오페라, 양복점, 이상한 무도회는 말할 것도 없고 일요일에는 뱌즈니코프 장군 댁으로, 수요일에는 튜메네프 공 댁으로, 화요일이면 사비노프 가문 댁으로, 금요일이면 마클라신 가문 댁으로 다니면서 끝없는 사교계 순례를 즐긴다. 또 그는 사냥을 하며, 비록 상대가 바뀌기는 해도 사랑하는 사람과 함께 숲을 산책하기도 한다. 그러나 오블로모프는 이 모든 사교 활동을 생각하는 것만으로도 죽을 만큼 따분해진다. 아무것도 하지 않는 것은 따분하지 않지만, 사교계 생각은 따분하다. 그는 독일인 친구 스톨츠에게 이렇게 말한다. 사교계란 사람들이 춤을 추며 삶을 허비하고 그저 서로를 구경하면서 네프스키 거리를 돌아다니며 "매일같이 파리처럼 어지럽게 움직이"는 것처럼 보이지만, "나보다 더 깊이 잠들어" 있다고.

당신은 그가 하는 말의 뜻을 알리라. 사랑에 빠진다, 즉 섹스를 한다는 생각은 잠깐 그에게 기운을 불어넣기는 해도 영원히 그러지는 못한다. 삶의 부질없음에 대한 오블로모프의 대응은, 자리에서 일어나지 않는 것이다.

우리가 트롤럽의 소설을 통해 아는 것처럼, 영국의 젠트리 계층 역시 사냥과 연애는 물론 만찬과 클럽에서의 카드놀이를 즐겼고, 친구를 만나 섹스와 돈에 관해 토론하거나 가끔 여행을 다녔다(여행은 빈둥거리는 사람들이 시간을 때우기 위한 확실한 방법 가운데 하나다). 이렇게 그들은 담배를 피우고, 술을 마시고, 마약에 손을 대고, 여행을 떠나지만 결코 확실한 효과는 없다.

최근에 읽은 바로는, 현실 속 더비셔 북부의 대지주인 시트웰 가문 역시 몇 세기 동안 사냥개를 데리고 사냥하고, 사격하고, 낚시하고, 무도회를 열고, 결혼을 하고, 더욱 최근에는 골프에 탐닉해왔다. 골프는 아무것도 하지 않기의 보다 세련된 형태라고 스스로를 포장한다. 골프는 비슷한 부류의 괜찮은 사람들과 어울려 아무것도 하지 않는 행위다. 물론 시트웰 가문은 음악을 작곡하기도 하며 수집 활동으로도 유명하다. 그들은 서적, 가구, 회화를 수집했고, 유명한 이탈리아식 정원 가운데에 자리 잡은 레니쇼 홀 저택을 영국의 유명한 대저택으로 만들었다. 그들은 또한 윌리엄 월턴 같은 재능 있는 청년까지 수집했다. 이디스와 오스버트, 서셰버럴 시트웰의 아버지 조지 시드웰Jeorge Sitwell 경은 내가 기억하기로 발명도 했는데… 그 발명품이 음악 칫솔이었던가? 말벌을 쏘는 아주 작은 권총을 제작했다는 건 틀림이 없다. 아무리 보잘것없어도 창의력을 발휘한다는 건 늘 유쾌한 일이다.

설사 요즘에는 젠트리가 직업이라고 해도 오늘날 우리네 사회에서 젠트리는 거의 찾아볼 수 없으며, 자유로우면서 시간이 많은 사람도 거의 없다. 사실 모든 사람이 자신은 자유롭지 않다고 말하며 살아간다. 여기 메이페어 호텔에서 나는 완전히 자유로운데, 나만의 시대극에서 실질적인 주인공이 되어 옛날 젠트리처럼 살아보는 놀이를 하고 있기 때문이다. 그러나 지난번 차 농장에 있던 손님 중에 영국인 과부들 역시 저마다 마음 가는 대로 자유롭게 즐겼던 것 같다. 윔블던에서 온 부부는 일을 대신 해주는 사실상의 하인이 있었음에도 주체할 수 없는 시간을 어쩔 줄 몰라 계속 할 일을 생각하려 애썼고, 네덜란드 차 애호가들에게 차 농장 영내에 머물기란 거의 군사 작전을 방불케 했다. 물론 유럽에 처음 차를 들여온 건 네덜란드인이었으므로, 우리는 그들의 열성을 참작해주어야 하리라.

그렇다면 21세기 초의 진정한 선택지에는 어떤 것들이 있을까? 아무것도 하지 않기의 개념상, 그 극단의 형태는 '꼼짝 않고 멍하니 있는 것'이다. 광고판, 텔레비전, 라디오, 사이버 공간, 스마트폰이 내보내는 끊임없는 소음과 메시지의 시대에 완전히 손을 놓고 머리를 비운다는 것은 매력적으로 보이기도 한다. 나는 오블로모프가 빠져드는 그런 나른한 몽상을 이야기하는 게 아니다. 오블로모프는 생각했고 상상했고 느꼈다. 그의 정신 상태는 완전히 비어 있지 않았다. 그의 나른한 무관심은 별로 추천할 만한 것이 아니지만, 곤차로프의 말처럼 일종의 품위까지 느껴지는 그의 무기력, 하인이 주인만큼 게으른 탓에 지저분한 그의 방에 감도는 수도원 같은 고요함의 분위기는 그나마 괜찮다.

아니, 내가 말하는 건 조용함과 휴식 모두를 의미할 수 있는 단어, 이른바 '고요stillness'라고 포장되는, 머리 비우기가 따르는 무활동이다. 사람들은 고요에 관해 바쁘게 글을 쓰면서, 고요에 관한 강좌를 만들고, 그런 수업을 듣고, 고요하게 있을 수 있는 장소를 찾아 세계 곳곳으로 떠난다. 며칠 전 콜카타에서 북쪽으로 오는 비행기에서 내 뒷줄에 앉았던 한 캐나다 여인은 쉬지 않고 고요에 관해 떠들었다. 그 주제에 관해 피코 아이어Pico Iyer의 책에서 읽은 기억이 있는데, 레너드 코헨Leonard Cohen은 한번 앉으면 일주일 동안 '꼼짝도 하지 않고' 그대로 앉아 있었다고 한다. 여기 칸첸중가가 그림자를 드리운 곳, 멀리 티베트인의 외침 소리가 들리는 이 지역은 산마다 유럽인과 미국인이 찾는 고요로 살아 움직인다.

'아무것도 하지 않기'란 말의 의미를 콕 집어 설명하기는 힘들다. 그것은 바쁜 것을 접고 쉬면서 방금 바쁘게 하던 일이 무엇인지 생각하는 것(아이어는 미국인이나 넘어갈 만한 유혹적이고 감상적이며 과장된 미사여구로 "이따금 한 걸음 물러서라, 그러면 세상이 더욱 뚜렷하게 보이고 세상을 더욱 깊이 사랑할 수 있다"라고 쓰고 있다)부터 존 키츠John Keats의 시처럼 "나른한 오후/꿀 같은 게으름에 적신 밤"까지, 아무것도 하지 않고 있는 동안의 초각성 상태부터 일종의 사하자(인위적 노력이 없는 존재 상태를 뜻하는 산스크리트어) 상태까지, 나르시시즘에 빠진 자기 소통부터 니르바나(열반)에 이르기 위한 연습까지 모든 것을 의미하는 듯하다. 마치 사랑이 그렇듯 무엇을 제시해도 다 해당되는 것 같다. 아이어의 책 뒤표지에 이것이 간결하게 요약되어 있다. "방 안에 조용히 앉아 있는 것이 궁극의 모험일 수 있다." 맞는 말이다.

나에게 머리를 비운 채 꼼짝하지 않는다는 것은 사실상 유아론唯我論과 지루함의 극단적 형태처럼 들린다. 그야말로 순수한 지루함이다. 단지 좀이 쑤시는 따분함이 아닌 쇼펜하우어식의 순수한 지루함 말이다. "지루함이란 삶의 공허감이 아니고 무엇이겠는가?" 쇼펜하우어는 정확하지는 않지만 감정을 담아 그렇게 썼다. 어떤 이들은 그것이 너무 순수하기 때문에 전통적 의미에서의 지루함과도 다르다고 주장할 것이다. 진정한 지루함에는 무언가를 갈망하는 느낌이 있다. 어떤 권태감의 기조, 현재 하고 있는 것 대신에 할 수 있었거나 해야 할 것에 대해 자꾸만 떠오르는 자각, 당장 아무

계획은 없지만 상황이 지금과 달랐다면, 회의, 예배, 모텔방, 교도소든 뭐든 이 순간을 탈출할 수만 있다면 그럴싸하게 펼쳐졌을 이야기에 대한 막연한 의식이 있다. 체호프의 세 자매는 시골 생활이 참을 수 없이 지루해서 모스크바를 동경한다. 리치몰 크롬프턴Richmal Crompton의 소설 속, 내가 그였다면 얼마나 좋을까 하는 바람을 심어주었던 소년 윌리엄은 심심할 때면 6펜스를 얻을 기막힌 방법을 꿈꾸거나 소녀들이나 농부들, 눈빛이 교활하고 거만한 허버트 레인을 곯려줄 방법을 궁리한다.

그리고 사실 지루함을 느끼는 어른은 누구나 성적 모험을 꿈꾼다. 물론 그들은 그것을 사랑이니 결혼이니 하는 말로 부르겠지만. 하긴, 그거야말로 우리 대부분에게 허용된 사교 형태 중 유일하게 활기를 준다. 요약하자면, 머리를 비우고 꼼짝하지 않는 것은 적어도 이론상으로는 지루함을 넘어선 것일 수 있다. 나는 그것을 음미할 생각이 별로 없다는 걸 인정해야겠다. 나에게 그것은 대부분의 불교 사원과 수도원을 감싸고 있는 일종의 음울한 무관심처럼 느껴진다. 이를테면 여기 다르질링의 굼Ghum 역에서 가까운 한 사원은 회색 안개 속에서 적막하고 누렇게 보인다. 왠지 자꾸만 그 초연함과 무관심이 20세기의 저주처럼 느껴진다.

어떤 경우든 머리를 온전히 비운다는 건 엄밀히 말해 불가능하다. 머리라는 게 원래 그렇다. 머리는 온갖 것들을 생각한다. 상상하고, 계산하고, 기억하고, 판단하고, 결정하고, 온갖 감각과 감정으로 넘친다. 심지어 집게벌레도 생각을 한다. 물론 우리와는 다른 그만의 방식으로. "저 개가 지금 무슨 생각을 하고 있을까?" 나는 종종, 의미 없이 소리 내어 묻곤 한다. "아무 생각 없겠지." 내 파트너 피터가 말한다. "저 머리에는 아무것도 없을걸." 말도 안 되는 소리다. 그 개는 하루 24시간 생각하며 몸을 떤다. 비록 단어로 생각하지는 않겠지만 말이다. 어쩌면 난롯가에 누워 있거나 덤불 속을 걸을 때면 틀림없이 그 개의 머릿속에는 실제로 '저녁밥', '왈라비', '싫어' 등의 특정 단어들이 무언가를 지시하지 않을까? 우리는 결코 알 수 없을 것이다. 비록 어디선가 누군가는 그걸 알아내려고 애쓰고 있으리라고 믿어 의심치 않지만.

곰돌이 푸는 우리에게 말한다. "난 어떤 때는 앉아서 생각하고 어떤 때는 그냥 앉아 있어." 하지만 푸는 곰이다. 설상가상으로 장난감 곰이다. 우리 인간의 경우, 만약 심신이 건전하다면, 생각하지 않고 "그냥 앉아 있기"란 거의 실행하기 힘든 일이다. 우리에겐 언어가 있기 때문이다. 사실 곰돌이푸의 말은 원래 잡지《펀치 Punch》에 실린 만화에 나온 대사였다. 발을 다친 어느 무지렁이 시골뜨기에게 교구 목사의 아내가, 글을 모르거나 돌아다니지 못하는 사람이 대체 어떻게 자기 시간을 채우는지 묻자 그는 이렇게 대답한다. "저기, 사모님, 가끔 저는 앉아서 생각하고 그다음엔 다시 그냥 앉아 있답니다." 그 만화가가 비웃고 있던 건 교구 목사 사모님이었을까, 그 시골뜨기였을까?

많은 선불교 수행자는 말이란 순수 사고에 대한 장애물이자 진리의 깨달음에 대한 방해물이라고 여긴다. 선禪은 동양의 이불인 요와 함께 미국인이 제2차 세계대전 이후 공산주의를 막아줄 보루의 일부로 권장했던 일본 문화의 여러 측면 가운데 하나였다. 요가 그렇듯, 선도 처음에는 비실용적이고 별스럽게 보였다. 대신 우리가 곧잘 시도해보는 것은 선이 아닌 와비사비[1]다. 그게 무엇인지 제대로 아는 사람은 아무도 없지만, 그나마 덜 종교적으로 여겨지고 소소한 것들을 통해 무無에 다가간다는 점이 더 편안하게 다가오기 때문이다. 이를테면 멀리서 들리는 뱃고동 소리나 까마귀 울음소리에 귀를 기울이는 것이다. 요가는 확실히 그 인기를 유지하고 있으며, 어떤 요가 수련을 하면 언어라는 장애물을 극복하고 우리 정신을 흐르는 말의 급류를 하나씩 거슬러 마침내 자기중심적이고 강제적인 재잘거림이 없는 상태에 다다를

---

1   불완전함의 미학을 나타내는 일본의 전통적 미의식.

수 있다고들 한다. 단순한 사물 하나, 디자인 하나에 정신을 집중하면 햇살에 흩어지는 안개처럼 정신의 재잘거림이 사라지기 시작하는 것이다. 아주 작은 것이 서서히 무한한 것이 되고 심지어 때로는 스스로 무한자가 되며 둘 다 가능할 때도 있다고 주장한다. 다시 말하면 신이 된다는 것이다. 마침내 이 시점에 이르면, 수련할 때 애초에 집중하던 대상이나 무늬가 의식에서 사라지게 할 수 있어야 한다. 이제 머리는 텅 비어 고요한 상태가 된다. 생각이 없이 깨어 있는 순수 존재가 된다.

나는 호텔 아래까지 드리워진 무의 장벽, 안개 속을 가만히 바라보고 이런 생각에 잠긴다. 도대체 '순수 존재'란 무엇일까? 나에게 그것은 죽음 아니면 적어도 태아와 같은 상태로 여겨진다. 무한한 것보다 실존적으로 지루한 게 있을까? 그게 뭐가 됐든 무한한 것보다? 어쨌거나 지루함이란 그것이 아무리 순수하다고 해도 협심증처럼 위험을 알리는 경종이다. 무언가 근본적으로 잘못되었다는 얘기다.

나는 평생 수많은 사원과 곰파gompa[2], 사찰과 암자를 방문했다. 여기 인도에 있는 다람살라, 라다크, 사르나트(석가모

2   티벳 불교의 사원. 요새처럼 지어져 수도원, 교육기관을 겸하기도 한다.

니가 처음 설교를 했던 곳)와 멀게는 네팔, 스리랑카, 태국, 일본 그리고… 지금은 내 정신이 흐려지고 있어서 내가 갔던 곳들을 일일이 기억할 수도 없다. 한국에도 갔었던가? 울란 공에는? 그러나 어느 곳에서도 '말 없음'은 고사하고 '비어 있음'의 작은 증거조차 보지 못했다. 나는 셀 수도 없이 많은 불화와 불상, 명상하는 보살상을 보았다. 승려들이 경 읽는 소리를 수백 번 들었고, 마음 챙김을 수련하는 그들의 눈을 들여다보았다. 그들이 하려던 것이 무엇이든 간에 의식불명 상태가 아니라면 분명 생각을 하고 있었을 것이다. 정신의 재잘거림 속에도 반가운 소강상태가 있을 수는 있겠지만, 그걸 어떻게 알 수 있을까? 그리고 다음에는? 생각은 돌아올 것이다. 어쨌든 그러기를 바랄 뿐!

우리 시대의 허무주의, 즉 유럽인의 목구멍을 죄고 있는 메스꺼움의 핵심은 우리가 더는 우리 주변의 유한한 것들과도 진정으로 접촉하지 못한다는 상실감이다. 소란은 확실히 대도시의 문제이며, 나는 방금 콜카타에서 왔기 때문에 소란에 관해서는 잘 알지만, 그러나 그보다 더 큰 문제는 무관심이다. 도스토옙스키, 체호프, 사르트르, 카뮈, 지드 등 모두가 이 주제에 정통하다. 그러고 보니 알베르토 모라비아 Alberto Moravia 역시 마찬가지다(읽지는 않았지만 메이페어 호텔 테이블에 모라비아의 얇은 책 한 권이 있었다).

53

'깨어 있음을 자각하고 나머지는 어떤 것도 의식하지 않는 것'. 고타마 싯다르타의 제자들이 그 스승이 이루었노라고 주장하는 그 상태에는 내가 집어낼 만한 어떤 의미도 없다. 그것은 무형의 개념처럼 당신 스스로 그것을 말하면 왠지 영적인 느낌이 드는, 적어도 졸리게 만드는 공식 중 하나지만, 사실 우리 우주에서 일어난다고 알려진 어떤 것도 가리키지 않는다. 역사적 인물 고타마 싯다르타의 머릿속에서는 마가다 프라크리트어로 된 말이 재잘거렸을 것이며 그러다가 정확히 마담 D처럼, 시공 연속체 속에 존재하기를 멈춤으로써 실제로 무형에 다다른 순간 그 재잘거림은 사라졌을 것이다. 당신은 냄새로, 색깔로, 선율로, 그림으로, 또는 만다라로 생각할 것이며, 명상을 통해 어쩌다 무한한 의식이 무한한 무가 되는 경험을 짧은 순간에 할 수도 있겠지만, 그조차 오래 지속하지는 못할 것이다. 말은 곧 다시 당신의 머릿속에서 형태를 갖추기 시작해 시공 속의 사물에 들러붙을 것이다. 왜냐하면 우리는 말하는 동물이기 때문이다. 우리 가운데 다른 가능성을 꿈꾸는 사람이 많지만, 인간 종으로서 우리의 집단 지식에 따르면 그것이야말로 당신의 실체요, 당신의 전부다.

위험할 만큼 지루해하는 사람들의 뇌에서 보이는 권태의 신호 중 하나는, 언어 처리 중추가 뇌의 나머지 부분으로부터 단절된다는 것이다. 피터 투이Peter Toohey는 지루함에 관한 재기 넘치는 연구인 『권태: 그 창조적인 역사』에서 그것을 "말소리가 잠잠해지는 것"이라 표현했다. 그 구절을 어떻게 잊을 수 있을까? 건강한 인간의 언어 중추는 계속해서 웅웅 거린다. 언어에서 탈출해 지속적인 '말 없음의 상태'로 들어가는 것은 위험할 것이며 궁극적으로 불가능하다. 간헐적인 침묵과 말 없음의 상태는 전혀 다르다. 이런 수련을 하는 승복 차림의 신자들이 다람살라와 바라나시의 거리에서 왜 웅웅거리는지 나는 이해가 간다. 그들은 휴대전화로 마구 지껄이고 거리 모퉁이나 식당에 삼삼오오 모여 떠들면서 말의 구름 위를 떠다닌다. 그들은 말로써 활기가 넘치고, 이 남자들(그들은 남자다) 그리고 그들의 정신과 귀는 침묵 이후의 말에 굶주려 있다.

마찬가지로, 여가를 추구하는 사람들도 '머리를 비운 채 아무것도 하지 않는 것'에 매력을 느끼곤 한다. 이것은 인간이 고안해낸 것 중 절대적으로 아무것도 하지 않기의 순수한 한 형태다. 더욱이 치열하게 사냥하고 먹기를 마친 후라면 그보다 더 행복해 보이는 것이 또 있을까? 굳이 깨달음의 경지에 이르는 걸 목표로 할 필요는 없으며 최고의 자기실현이 메뉴에 있을 필요도 없다. 그저 편안하게 있는 것, 반쯤 자는 것도 좋으리라. 어느 냉소적인 사람이 그런 상태를 '종교적 빈둥거림'이라고 부르는 것을 본 적 있다. 하지만 거기에 종교적인 것을 필요로 하는 사람이 있을까? 극렬 무신론자인 내 파트너는 비행기 탈 때의 두려움을 극복하기 위해 아무것도 하지 않는다. 내가 여기 나른하게 앉아 지평선 위에 모습을 드러낼 칸첸중가를 꿈꾸는 바로 이 순간에, 전 세계에서 수만 명, 어쩌면 수십만, 수백만 명이 앉아서 명상하기를 선택한다는 걸 나는 알고 있다(서서 하는 명상도 강력한 효과가 있지만, 의자에라도 앉아서 자세를 가다듬는 것이 이완과 집중이 적절히 혼합되도록 도움을 준다는 주장이 있다. 이해할 만하지만, 초심자가 눕는 것은 권장되지 않는다).

그리고 많이들 주장하는 것처럼, 명상은 삶의 질을 높여주는 효과도 있을 수 있다. 굳이 비교하자면 생선 기름이나 아스피린만큼 효과가 있을 것이다. 사실 나는 캘리포니아대학교나 이스트앵글리아대학교 신경학자들이 그 효과를 확실하게 증명하지 않았다는 것에 오히려 깜짝 놀랐다. 아니, 미네소타대학교의 연구원들은 효과가 없다고 확실하게 증명했던가? 어느 쪽으로든 여가는 건전한 정신과 건강한 몸 만들기에 관한 것이 아니다. 여가는 놀이에 관한 것이다. 여가는 그 자체가 목적이다.

누워서 명상하기로 말하자면, 낮잠을 통해 '절대적으로 아무것도 하지 않기'에 얼마나 가까워질 수 있는지 알아보는 것보다 달콤한 일이 있을까? 열대지방 한낮의 열기 속에서는 그것이 특히 더 달콤한데, 거기서는 문과 창문을 모두 활짝 열어 놓은 채로, 심지어 길거리에서도 부끄러워할 필요 없이 낮잠을 잘 수 있다. 깊이 곯아떨어지든 깜빡 잠을 자든 그냥 눈을 붙이든 좋든 상관없다. 그러나 그 잠이 얼마나 즐거울지는 꾸벅꾸벅 졸기 전에 당신이 하고 있던 것이 무엇인가에 따라 달라진다. 스페인 속담에는 '한참을 아무것도 안 한 뒤에 즐기는 약간의 휴식은 달콤하다'라는 말이 있다. 그러나 그 말은 애교 있는 헛소리일 뿐이다. 당신이 일을 하고 있었다면 휴식은 정말 달콤할 것이다. 만약 당신이 날 때부터 노동과는 거리가 먼 스페인의 귀족 계급 출신이라면 휴식은 훨씬 덜 달콤하며(그 예로 오블로모프의 휴식은 그의 하인인 자하르의 휴식보다 덜 달콤하다), 만약 실업자라면 휴식은 전혀 달콤하지 않을 것이다. 솔직히 말해, 나는 오늘 점심 식사 후 30분 동안 눈을 붙였지만 집에 있을 때보다는 훨씬 덜 즐거웠다. 여기서 나는 일을 하지 않고 임금 행세를 하고 있기 때문이다. 영국의 작가 제롬 K. 제롬은 게으름이 진정 달콤하려면 훔친 것이어야 한다고 믿는다. 다시 말해 할 일이 많지 않을 때는 게으름을 제대로 즐길 수 없다는 얘기다. 그의 유명한 재담에 따르면, 할 일이 없을 때는 아무것도 하지 않는 것이 전혀 재미가 없는데 그런 경우엔 '시간 낭비'도 어느 정도는 일이기 때문이다. 이탈리아인이 말하는 "일 돌체 파르 니엔테Il dolce far niente", 즉 아무것도 하지 않는 달콤함은 절대 그런 게 아닐 것이다. 그것은 항상 당신이 의식적으로 결정하는 어떤 행위일 것이다.

잠을 예로 들어보자. 직업이 없는 사람에게 잠은 기력을 빼앗아가지만, 나머지 모든 이에게는 활력을 준다. 아침에 알람이 울릴 때, 특히 주중이라면 당신은 혼잣말을 할 것이다. 지금 일어나야 하나? 아침을 먹고 일을 해야 하나? 오블로모프처럼 하루의 일과를 대놓고 경멸하는 것은 얼마나 즐거울까. 곤차로프는 오블로모프에 관해 이렇게 쓴다.

그는 아침에 일어나 차를 마시고, 긴 의자에 누워 한 손으로는 머리를 받친 채 녹초가 될 때까지 사색에 잠기기 시작한다. 그러나 곧 그의 두뇌는 노동으로 피곤함을 느끼고 공익을 위한 일도 오늘은 이 정도로 충분하다고 말한다. 양심의 목소리를 듣고는 일에서 손을 떼고, 긴장한 자세에서 벗어나 조금 더 공상을 할 수 있는 편안한 자세를 취한다. 오블로모프는 사무적인 일을 마치고 마음의 긴장에서 벗어나 자신만의 세계에 빠져들기를 좋아했다.

달콤하다. 인생의 절반을 자면서 보내는 유서 깊은 상류층 출신에 천성이 게으른 그는 자기 집 너머로 의미 없이 종종거리며 오가기만 할 뿐 머리가 텅 빈 사람들의 세상에 관여하는 것도 내키지 않아 하지만, 자신은 쉬기 위해서가 아니라 '살기' 위해서 일을 그만두고 대충 입은 채로 하루 종일 소파에서 지낸다고 선언한다. '내 삶은 언제 즐기지?' 그는 스스로에게 묻는다. 확실히 일하는 동안은 즐기지 못한다. 누가 일하면서 삶을 즐길 수 있을까? 그래서 그는 일을 그만둔다. 그러나 그는 너무 멀리 갔다. 그는 삶 전체를 낮잠에 바쳐버린다.

아일랜드 작가 플랜 오브라이언Flann O'Brien의 환상적이고 천재적인 작품이자, 내가 집을 떠나기 전 피터가 억지로 읽고 있었던 책『헤엄치는 두 마리 새At Swim-Two-Birds』에 등장하는 번이라는 인물도 그렇다. 그는 대부분의 사람이 침대에서 충분한 시간을 보내지 않는 것이 문제라고 주장한다. 그는 우리가 아는 휴식과 활동의 개념이 뒤집혀야 한다고 말한다. "우리는 깨어 있을 때 쓰는 에너지를 회복하기 위해 삶을 자서는 안 된다. 그보다는 잠이 만들어내는 달갑지 않은 에너지를 배설하기 위해 이따금 깨어나야 한다." 도시 주변을 전속력으로 5마일 정도 달리면 괜찮을 것이며, 그런 다음에는 침대로 돌아가 잠의 신 모르페우스의 품에 안겨야 한다고 말한다. "담요 입장에서 당신은 끔찍한 사람이에요, 하고 케리건이 말했다." 맞는 말이다.

만약 누울 생각이라면 올바른 자세를 취하는 것이 중요하다. 천 년 전 공자가 말한 것처럼, 절대 침상에 시체처럼 몸을 뻗고 누워선 안 된다. 린위탕은 두 가지 기본 자세를 추천한다. 모로 누워 웅크리거나, 푹신한 베개를 여러 개 쌓아 30도 각도로 등을 대고 눕는 것이다. 그는 자신이 말하는 바를 잘 알고 있었다.

그러나 무슨 이유에선지, 대부분의 사람은 늦잠 자는 일에 죄책감을 느낀다. 톰 호지킨슨은 인기를 끈 선언서 『게으름을 떳떳하게 즐기는 법』에서 그것을 '침대 죄책감 ᵇᵉᵈ⁻ᵍᵘⁱˡᵗ'이라고 부르면서, 이 죄악의 감정에 대해 그리스도교 일반과 특히 프로테스탄티즘을 탓한다. 늦잠 자기를 옹호하는 열렬 가톨릭교도 G. K. 체스터턴은 도덕적 판단을 내릴 때 '아주 크고 근본적인 것들'(짐작건대 그는 간통과 도둑질을 말하는 것 같다)을 희생시키면서 '아주 작고 부차적인 행동의 문제'를 부풀리는 현대의 경향을 비난한다. 침대에 누워서 뒹굴기를 주저하는 사람들에게 왜 죄책감을 느끼는지 물어보면, 그들은 대개 수줍게 미소를 짓고는 늦잠 자는 게 '시간 낭비'처럼 느껴진다고 대답한다.

대체 이게 무슨 말인가? 시간은 시간이다. 당신은 시간을 자유롭게 보내기도 하고, 당신에게 필요한 것과 당신이 남들에게 빚진 것을 의식하면서 시간에 구속되기도 한다. 그들의 대답은 무얼 뜻할까? 이론상 시간이 오롯이 그들의 것인 토요일에 일어나서 몇 통의 이메일에 답장을 쓰고, 휴대전화를 충전하고, 어머니에게 전화를 걸고, 개털을 빗겨주고, 잔디를 깎고, 아이들을 테니스 클럽에 데려다주고, 산더미 같은 빨래를 해치우고, 어제 사온 묘목이 시들기 전에 심어주고, 과일을 뭉근히 끓여야 한다는 걸까? 아니면 일요일에 커피 한 잔을 들고 햇볕 아래 앉아서 신문을 정독해야 한다는 걸까? 아니면 교회에라도 가야 한다는 걸까(이것도 해야 하고, 저것도 해야 하고, 해야 할 일이 많아, 꼭, 반드시, 기필코 해야 해)? 글쎄, 진정한 한량이라면 베개에 얼굴을 묻고 이렇게 중얼거릴 것이다. 난 하지 않을래, 뒹굴거리다가 다시 잠들 거야, 오늘 오전에는 계속 침대에 누워 있다가 졸 거야, 호지킨슨이 말한 "망각의 꿀물"을 맛볼 거야('망각'이 정확한 단어인지는 모르겠지만 왠지 아무것도 없다는 것으로 이해된다. 하지만 '꿀물'은 확실하다).

간단히 말해서 늦잠 자기는 언제나 당신이 빈둥거릴 수 있다는 권리 주장이 되어야 하며, 계획에 따른 실천임을 보여주는 행위가 되어야 한다. 점심 식사 후 곧바로 잠깐 눈을 붙이는 것이 그렇듯 말이다. 예부터 내려온 낮잠 시간은 무리와 함께 사냥하는 것만큼이나 자연스러운 일이다. 그러나 늦잠 자기가 절대 그저 무기력한 것이어서는 안 된다. 멋쟁이 같은 느낌과 그냥 일어나지 못하는 것은 별개다.

아울러 우리는 어디에선가 누군가는 지금 일어나야 한다는 것을 인정할 필요가 있다. 이 점은 톰 호지킨슨이 『게으름을 떳떳하게 즐기는 법』에서 짚어내지 않았던 내용이다. 과거 젠트리 계층의 저택에서 그랬듯이, 다른 누군가 습관적으로 일찍 일어날 때에만 당신은 습관적으로 늦잠을 잘 수 있다(톰 호지킨슨이 젠트리가 아니듯이 그 독자들 가운데 젠트리인 사람은 거의 없을 것이다).

낮잠은 늦잠과는 전혀 다른 경우다. 낮잠은 무기력함을 보여준다고 할 수 없다. 나는 낮잠은 빈둥거리기와 함께 창의적인 삶을 뒷받침해준다고, 문명은 낮잠 없이 존재할 수 없다고 주장하고 싶다. 낮잠이 없다면, 당신이 할 일은 가게를 지키는 것뿐이다. 오블로모프의 고향 마을인 오블로모프카에서는 점심 식사 후에 아무도 나다니지 않기 때문에, 짖어댈 대상이 없어 개들조차 낮잠을 잤다. 오블로모프카에서는 모두가 정말로 진지하게 낮잠을 잤다.

이 낮잠은 모든 것을 삼켜버리고 또 물리치는 잠이었고, 그야말로 죽음과도 같았다. 집 안 구석구석에서 들려오는 온갖 코 고는 소리의 불협화음을 빼면 모든 것이 죽어 있었다. 이따금 누군가가 꿈결에 고개를 들고 어리둥절해서 초점 없는 눈길로 이리저리 두리번거리다가 다시 돌아눕고, 아니면 눈을 뜨지도 않은 채 잠결에 침을 뱉기도 하고, 그런 다음 입을 쩝쩝거리거나 중얼거리고는 다시 잠들기도 한다. 또 다른 누군가는 마치 소중한 시간을 허비하는 게 두려운 듯 갑자기 아무런 준비 동작도 없이 잠자리에서 벌떡 일어나서는, 맥주잔을 움켜쥐고 그 안에 떠다니는 파리를 한쪽 끝으로 몰기 위해 후후 불고 있다. 그때까지 꼼짝도 않던 파리는 궁지에서 벗어나려고 맹렬히 몸부림치기 시작한다. 남자는 이렇게 목을 축이고서 총을 맞은 사람처럼 다시 침대에 쓰러진다.

내가 처음 무언가를 하는 대신 낮잠의 즐거움에 굴복했던 건 학부생 시절, 오후 두시의 정규 프랑스어 수업을 듣던 때였다. 그 시절의 수녀는 여전히 두건을 쓰고 다녔는데(적어도 메리 조지프 수녀님과 카멜 맥널티 수녀님은 그랬다), 수강생들 사이에서는 두 분의 바로 뒷자리에 앉기 위해 치열한 경쟁이 벌어졌다. 운 좋게 그 자리를 차지한 날, B 교수님의 목소리가 강의실 앞쪽 멀리서 들리는 웅웅거림에 지나지 않게 될 즈음이면, 마음 놓고 책상 위로 고개를 떨구고 곧장 잠에 빠질 수 있었다. 두건이 있던 그 아련한 시절에는 정오에 점심을 먹었기 때문에 낮잠은 더없는 행복이었다. 우리는 치즈 토마토 샌드위치를 허겁지겁 삼키는 걸로 점심을 먹었다고 말하지는 않았는데, 1960년대에는 허둥지둥 달리면서 한 손에는 폴리스티렌 컵 속의 커피, 또 한 손에는 미지근한 파이를 들고 가볍게 때우는 일은 없었다. 천만에. 그 시절에 우리는 점심을 제대로 먹었다. 그리고 점심 식사 후에는 낮잠을 자야 했다. 더욱이 B 교수님이 강의하는 교실은 통풍이 안 되는 반면, 햇빛이 들어오게 창이 북쪽으로 나 있었기 때문에 겨울에도 따뜻했다.

수강생 중 절반은 수녀가 되고 싶어 하는 이들이었다. 30분쯤 지나면 나는 그제야 정신을 차리고 허리를 세우고 앉아 주변을 둘러본 뒤 다시금 세계에 관심을 가지기 시작했지만, B 교수님의 말씀에는 별로 흥미를 느끼지 못했다. 캔버라의 봄날 화요일 오후에 누가 얀선주의에 관심을 가질까? 타락에 관해서라면 몰라도 얀선주의자들이 타락을 어떻게 생각했는지는 내 알 바가 아니었다. 나는 그냥 잠깐 낮잠을 잤을 뿐이다. 그건 축복 같았다. 노곤함은 모두 증발해버렸고, 그러고 나면 혼자 생각하곤 했다. 나는 새사람이 되었다고.

몇십 년이 흐른 지금, 17세기 프랑스 문학 자체가 제공하는 연구 거리가 세계적으로 거의 없는 지금도 나는 날마다 낮잠을 잔다. 집에서 낮잠을 자고, 여행 중일 때에도 낮잠을 잔다. 오늘은 서벵골의 이곳, 상류층과 그 하인들처럼 행동하는 사람들의 이 둥지에서 낮잠을 잤다. 집에서 낮잠을 잘 때면 어김없이 내 개가 다정하게 옆에 눕는다. 녀석은 아무것도 하지 않거나 무언가를 하다가도 곧바로 달려와서는, 내가 늘 같은 안락의자에 같은 자세로 같은 러그를 덮고 누웠는지 확인한 뒤, 깊게 한숨을 내쉬고는 오블로모프카의 개들처럼 나와 함께 요란하게 코를 골며 낮잠을 잔다. 천국을 맛본다는 건 이런 것이다.

낮잠은 그저 뒤척이다가 잠에 빠지는 것이 아니다. 프랑스 철학자 티에리 파코Thierry Paquot에 따르면, 낮잠은 '자유와 자제력'을 나타내는데, 결국 그것은 여가의 본질 자체다. 파코의 말을 믿는다면, 낮잠은 사실 '삶을 사는 기술의 백미'다. 그 말은 너무 나갔다는 느낌이 없지 않지만, 파코는 도시 생활의 철학자요, 그 분야의 전문가이며, 그의 저서 『낮잠의 기술The Art of the Siesta』에서 이렇게 말한다. 도시 사람들은 삶을 조직하고 제한해서 포장하고 때로는 판매하려는, 도시의 자연적 경향을 벗어날 방법을 찾는 것이 불가결하다고. 그리고 낮잠이야말로 정확히 그 방법 중 하나다. 낮잠은 도시 주민의 '저항 행위'다. 낮잠을 자는 시간은 낮잠 자는 사람 외의 어느 누구에게도 속하지 않는 진정 자유로운 시간이기 때문이다. 당신은 잠깐 동안 토막 잠을 잘 수도, 두 시간 동안 푹 잘 수도 있고, 버스에서, 이슬람 사원에서, 해변에서, 정원의 접이식 의자에서, 침대 위 친구 옆에 누워 꾸벅꾸벅 졸 수도 있다. 그렇게 낮잠을 자는 것은 습관이 아니라 약동하는 리듬을 말해준다(우리는 리듬과 습관을 혼동해선 안 된다). 낮잠은 현대 도시에서 사라질 위기에 처한 불완전한 것, 불확실한 것, 우연한 것, 불안정한 것, 위험한 것, 결함 있는 것을 즐겨보려는 시도다. 낮잠의 정적은 왁자지껄한 도시 생활 속 휴식이자 공장, 시장, 도로, 열차, 그리고 시장 가치를 따지는 세계의 폭압(파코라면 이렇게 말할 것이다)에서 한숨 돌리는 것과 같다.

낮잠의 관능미를 프랑스 시인 조제-마리아 드 에레디아만큼 잘 포착한 사람이 있을까? 반쯤 감긴 눈꺼풀, "잠이 스며드는 노곤함"에는 주홍빛 번쩍임이 섞여들고, "빛에 취한 색색의 나비들"이 그의 눈을 덮친다.

바로 그때 떨리는 내 손가락은 엷고 섬세하게 짜인 그물의
황금빛 그물코 속에서 한 올 한 올 빛 오라기를 붙잡는다
평화로운 사냥꾼인 나는 이제 꿈을 잡을 덫을 놓는다

표현이 너무 과한가? 글쎄, 그는 원래 쿠바 출신이었고 예술을 위한 예술, 미를 최우선시하는 고답파高踏派 의 확고한 주자였던 만큼, 여섯 번째 시간의 악마들에게는 당연한 먹잇감이었다(로마인의 정오는 여섯 번째 시간sexta hora 으로 불렸고, 여기서 정오의 휴식 또는 낮잠을 뜻하는 스페인어 시에스타la siesta 가 나왔다). 로마인은 우리보다 훨씬 이른 시간, 해가 중천에 오르기 전에 점심을 먹었으며 그런 뒤에는 그림자 없는 거리를 활보하는 미친 존재, 유령, 정오의 악마, 음탕한 마녀 등을 피해 몸을 숨기고 컴컴한 곳에 잠시 누워 있었다. 파코에 따르면 이 집단적인 휴식 시간 동안 소 치는 목동까지는 아니더라도 염소 치는 목동들 사이에서는 특히나 자위행위가 흔했다고 하며, 오늘날 대중적으로 낮잠을 자는 나라들에서 그런 것처럼 성관계는 대개 잠에 빠지기 전후로 일어났다고 한다. 달리 말해, 여섯 번째 시간에 일어나는 이 짧은 '감각의 착란'은 인간이 자기 영혼을 탐구하기 위한 방편이라고 랭보가 생각하기 전부터 꼭 필요했다는 얘기다.

낮잠에서 깨어나면서 당신은 차를 마신다. 로마인은 꿀을 단 과일주 한 모금을 마셨을까? 그들이 무엇을 마셨는지는 모르겠지만 오늘날 문명화된 세계에서는 대체로 차를 마신다. 차 마시기는 우리가 아무것도 하지 않는 상태에서 무언가 하는 상태로 부드럽게 나아가는 가장 세련된 방식 중 하나다. 200년 전 오블로모프카에서는 한 남자가 커다란 주전자를 들고 부엌에서 달려왔고, 그러면 사람들은 하품하고, 머리를 긁고, 깔깔해진 목을 헛기침으로 가다듬고는 게슴츠레한 눈에 구겨진 모습으로 한자리에 모여 차를 마셨다. 때로는 열두 잔까지 마셨다. 러시아인은 차를 사랑한다. 그들은 거의 네덜란드인만큼이나 오래전부터 차를 마셨는데, 프랑스인이나 영국인과는 달리 처음부터 중국인에게서 직접 차를 받아들였다. 우리가 묵고 있는 이곳에서도 낮잠을 자고 일어나면 습관적으로 차를 마신다. 커피는 별로 어울리지 않을 것이다. 호지킨슨이 말했듯 커피는 노동자들을 위한 음료다. 차는 그가 지식인이라고 부르는 이들을 위한 음료다.

차는 느긋하게 마시는 것이다. 차는 결코 당신을 재촉하지 않는다. 여기 다르질링 사람들이 말하듯 차는 '차분'하고, 자기성찰을 장려하며, 일종의 섬세함, 나아가 온화함으로 서서히 심신을 상쾌하게 해준다. 내가 도서관에서 훑어보았던 어느 일본 책에 따르면 그렇다. 커피는 그런 섬세함을 갈망하지 않는다. 몇백 년 전 중국의 현인 전예형田藝蘅은 차를 마시면 "세상의 시끄러움을 잊는다. 차는 기름진 음식을 먹고 비단옷을 입는 이들을 위한 것이 아니다"라고 생각했다. 그보다 우리 시대에 가까운 일본의 미술 평론가 오카쿠라 가쿠조岡倉覺三는 차를 짜릿하면서 매력적이라고 했다. 일본에서는 오랜 시간 불교 명상을 하는 동안 졸음을 쫓기 위해 차를 자주 마셨던 것으로 보인다. 한마디로 차는 품위 있는 오락인 반면 커피는 노동자들이 번쩍 정신을 차리고 행동하게 만들기 위한 것이다. 아닌 게 아니라, 커피는 총도 아닌 것이 종종 '샷shot'으로 나온다. 오늘날 도심에는 거리마다 미지근한 커피 한 잔을 무슨 꽃다발이나 병리학 표본처럼 받들고서 사무실이나 건설 현장으로 돌아가는 일꾼, 점원, 은행원, 다시 말해 노동자들이 가득하다. 꼭 커피를 마셔야 한다면 어딘가에 앉아서 마시기를 권한다. 한량이라면 마시는 것이 아니라 앉아 있는 것을 갈망해야 한다.

지금은 세시가 넘었으리라. 차 한 잔을 더 마셔도 좋으련만. 나는 호텔 직원 슈밤을 발견한다. 그는 나에게 환한 미소를 날리고 급히 다가와서는 원하는 게 있는지 묻는다. 그는 바라나시 주변 저 아래 평원 어느 마을 출신이다. 우유를 넣은 아삼 홍차 드릴까요? 다르질링 세컨드 플러시는요? 우롱차는 어떠세요? 그리고 비스킷도 하나 드릴까요? 네, 부탁합니다. 쇼트브레드 쿠키는요? 완벽하다. 지방색이 묻어난다고 할 수는 없지만 그럼에도 완벽하다.

나는 스코틀랜드 쇼트브레드 쿠키에 관해선 아는 게 없지만, 지금 내게 공짜나 다름없는 헐값의 차가 사실 등골 휘는 노동의 산물이라는 건 물론 알고 있다. 메이페어 호텔 아래 산비탈에서부터 북쪽의 시킴까지, 이 지역의 하루 품삯은 내가 사는 지역의 길모퉁이 카페에서 마시는 차 한 잔값이다. 아니 그 점에서는 메이페어 호텔에서 슈밤이 나에게 가져다주는 차 한 주전잣값이리라. 덕분에 여기서는 모든 손님이 상류층처럼 행세한다.

마침내 안개가 걷히는 걸까? 저기 저 철쭉들 위로 보이는 것이 실제로 해일까? 오카쿠라 선생은 이렇게 쓰고 있다. "오후의 햇살이 대나무를 밝게 비추고, 샘마다 기쁨이 퐁퐁 솟는데 우리 주전자에서는 솔바람 소리가 들리누나. 우리 무상함을 꿈꾸자. 그리고 만물의 아름다운 어리석음 속에서 꾸물거리자." 참으로 도교적이다. 그래, 그러자.

"안개가 걷히나요? 슈밤, 어떤 것 같아요?" 슈밤이 찻주전자와 찻잔과 비스킷을 들고 돌아오자, 그가 알 거라 생각하지는 않지만 무언가 더 많은 말을 듣고 싶어 내가 묻는다. "몰로드에 내려가 있으면 칸첸중가를 볼 수 있을까요?"

"아뇨." 그가 여전히 환한 미소로 대답한다. "볼 수 없을 겁니다."

"안개가 언제쯤 걷힐 것 같아요?"

"누가 알겠어요?"

사실 그렇다. 안개의 문제는 그것이 기분 좋게 느껴지려면 언제쯤 걷힌다는 전망이 있어야 한다는 것이다. 그러나 우리는 그저 안개에 완전히 에워싸여 있다. 그 두텁고 고요한 흐름 속을 응시하는 나는, 오카쿠라 선생의 충고에 따라 안개의 초대를 받아들이고 저 너머에 있는 것을 상상해보려고 애써야 한다는 걸 알고 있다. 오카쿠라 선생이 계속 나에게 건네는 말은 이상하게도 내 프랑스 친구 티에리 파코의 낮잠에 관한 말과 비슷하게 들리는데, 아름다움은 완벽함에서 발견되는 게 아니라 불완전함을 마주한 상상 놀이에서 발견되는 것이다. 아름다움은 완성이 아니라 완성의 행위 속에 있다.

나는 그 말뜻을 알 것 같지만, 그래도 안개가 걷히면 좋을 것 같다.

꼼짝하지 않은 채 모험하기

지금이 일기를 쓰기 좋은 순간일까? 오늘 한 일에 관해 자신과 나누는 짧은 수다, 시답잖은 모험 그리고 사건에 관해 자신과 한가하게 나누는 한두 페이지 분량의 사담은, 거의 아무것도 하지 않으면서도 확실하게 무언가를 하는 이상적인 방식이다. 아니면 방이나 도서관에서 좋은 책 한 권을 펼치고 잠시 앉아 있는 게 더 나을까? 아마도 애니타 브루크너의 책이면 좋겠지?『약혼의 규칙』의 여주인공 엘리자베스 웨더롤은 남편이 죽기 전에는 일할 필요가 없었기 때문에 '상냥한 무감각'의 삶을 살면서 간간이 쇼핑하고 식사 준비나 했는데, 그녀는 이런 상태가 만족스럽다고 착각한다. 그러나 남편이 죽고 나자 그녀는 무엇을 해야 좋을지 모르고, 그래서 오전 시간은 주로 카페에서 책을 읽으며 시간을 때운다. 학교를 졸업하고 부족할 것 없는 중산층 여성이라면 자연히 독서를 먼저 생각하기 마련이다.

IIIII

디오니소스가 항해 중에 오락거리로 읽기 위해 에우리피데스의 『안드로메다』를 집어들었을 때[3] 그는 무얼 해야 좋을지 몰라서 그랬을까? 그건 아닐 것이다. 그는 포도주와 제의적 광기의 신이 아니던가. 이것은 독서의 순수한 즐거움을 위해 혼자서 책을 읽는 사람에 관한 언급일 것이다. 그의 이복형제인 헤라클레스는 성적인 즐거움 때문이라고 하지만 디오니소스는 그 말을 부정한다. 그는 자신의 즐거움은 대체로 요리와 관련되어 있다고 말한다. 굉장히 근대적이다. 어쨌거나 그는 내면의 지루함을 해소하려고 독서를 하고 있지는 않았을 것 같다.

나는 내가 무감각을 떨쳐버리기 위한 오락거리로 책을 읽는다고 생각하지 않는다. 내가 책을 읽는 건 세상을 보는 방

---

3   고대 그리스 시인 아리스토파네스의 희곡 『개구리』의 내용.

식에 어떤 참신함을 회복하기 위해서, 아마도 내 감수성을 갈고닦기 위해서지 단순히 무감각을 치료하기 위해서는 아니다. 요즘 아주 가끔은 내 인간성을 회복하기 위해서, 타인의 눈으로 세상을 보거나 정신 고양을 위해서 책을 읽기도 한다. 때로 나는 700년 전의 일본 시인 요시다 겐코가 말했던, 바로 그 고상한 이유에서 책을 읽는다고 감히 말하기도 한다. '보이지 않는 세대와 친밀한 대화를 나누는' 감각을 느끼기 위해서. 실로 무심한 듯 현명한 사람과의 친교나 그들과의 대화는 심지어 나의 세대에도 삶의 으뜸가는 즐거움 중 두 가지다.

미국 작가 도나 리언은 최근 한 소설에서 베네치아의 형사 브루네티의 입을 빌려 이 고고한 진지함을 보다 근대적으로 표현했다. 그는 만약 세상에서 책을 없앤다면 모든 기억이 지워질 거라고 선언한다. 물론 기억까지 지워질 일은 없겠지만 여기에서 '보이지 않는 세대들과 대화한다는' 겐코의 근사한 말이 들리는 듯하다.

브루네티의 아내 파올라는 그보다 더 열성적인 책 옹호자다. 파올라는 세상에서 책이 사라진다면 문화와 윤리학, 그리고 당신의 생각과 다른 수많은 견해와 주장이 파괴될 것이라 말했다. 그 말에 동의하기는 힘들지만, 그래도 그녀의 열정에 가슴이 훈훈해진다. 특히 그녀가 이탈리아인임을 감안

한다면 말이다. 이탈리아 작가 다차 마라이니가 언젠가 나에게 했던 말을 옮기자면, 이탈리아인은 전혀 책을 읽지 않는다. 그냥 쓰기만 한다.

거의 2천 년 전의 이집트 고대 도시, '코가 뾰족한 물고기'라는 뜻을 지닌 옥시링쿠스에서 최근에 쓰레기 더미가 발굴되었는데, 그 도시 주민들은 브루네티 부부 못지않은 열혈 독서광이었다. 이곳에서 발견된 수많은 파피루스로 보건대, 그들은 재미를 위해서는 물론 정신 함양을 위해서도 독서를 했던 게 분명하다. 오늘날의 우리처럼 그들은 집안 살림 요령, 사랑의 기술, 건강에 관한 조언이나 마법의 주문에 관한 글을 썼다. 해몽에 관한 내용 역시 인기가 있었다. 그들은 호메로스의 작품과 그리스도교 복음서(로마인을 혼내주는 평범한 사람들에 관한 신나는 이야기), 그리스 철학, 유명한 인물의 전기와 매우 선정적이고 짜릿하기까지 한 소설 등을 읽었다(소설은 전혀 새로운 게 아니다. 우리는 왜 소설이 새로운 장르라고 상상하는 걸까?). 이는 놀랄 만큼 근대적인 지적 여가인 독서를 즐겼다는 증거일 것이다.

요즘 내가 독서를 하는 이유는 대체로 아무것도 하지 않으면서 동시에 무언가를 하기 위해서다. 꼼짝도 하지 않은 채로 모험을 하기 위해서. 이를테면 프랜시스 영허즈번드 중

령4과 함께 티베트를 침략하기 위해서 그리고 그처럼 나만의 종교를 세우기 위해서, 자기 글이 혼란스럽다고 인정하는 레드먼드 오핸런5과 함께 보르네오를 도보 횡단하기 위해서, 확실히 혼란스럽지 않았던 패트릭 리 퍼머6와 함께 유럽을 도보 횡단하기 위해서. 내가 독서를 하는 이유는 '많은 사람이 되어보기 위해서…'라고 말할 생각이었지만, 아마도 '더 많은 측면에서 나 자신이 되기 위해서'라고 말하는 편이 더 정확할 것 같다. 더 과감하고, 더 다채롭고, 더 솔직하고, 더 교활하고, 더 깊고 더 다면적인 나 자신 말이다(그러고 보니 이건 거의 정신 함양이 아닌가?). 요즘 나는 현대 소설들을 거의 읽지 않는데, 그 이유는 나도 잘 모르겠다. 아마 '뒤처지지 않으려는' 시도를 전혀 하지 않기 때문이 아닐까?

흔히들 독서보다는 세상에 더 자주 나가보는 게 낫다고 생각한다. 내 기억에 로버트 루이스 스티븐슨은 어느 책에서인가 독서를 "삶을 대신할 막강하지만 팟기 없는 대체물"이라 불렀다. 그에 따르면 책을 읽는 독자는 절망적으로 탑에 갇힌 채 현실의 모든 번잡함과 화려함으로부터 등을 돌리고 거울 속의 세상과 랜슬럿 경만을 애타게 바라보며 앉아 있는

4 Francis Younghusband(1863~1942). 영국의 육군 장교, 탐험가.
5 Redmond O'Hanlon(1947~). 영국 작가.
6 Patrick Leigh Fermor(1915~2011). 영국 작가.

샬롯의 아가씨와 비슷하다.[7] 하지만 독서와 살아가는 일, 둘 다 할 수는 없지 않은가? 샬롯의 아가씨가 랜슬럿 경을 만나기 위해 탑을 빠져나갔을 때, 스티븐슨은 그녀가 사실상 얼어 죽었다고 말한다.

독서에는 영화를 보는 일보다 더 많은 것이 개입되는데, 훨씬 더 많은 상상력을 요구하기 때문이다. 활짝 펼친 상상력은 하루를 천 년처럼 만드는 힘이다. 시인 키츠는 동생 조지에게 이런 편지를 썼다. "내 상상력이 강해질수록 내가 단지 이 세계가 아닌 천 개의 세계에서 살고 있는 듯한 느낌이 날마다 새록새록 든다…." 나는 키츠가 아니며, 매일 천 개의 세계에서 사는 것도 아니다. 나도 천 개의 세계에서 살기를 갈망하지만, 그럼에도 나는 『다시 찾은 브라이즈헤드 Brideshead Revisited』[8]의 서배스천 플라이트이기도 하고 아니기도 하다. 나는 엘리자베스 웨더롤이기도 하고 아니기도 하다. 나는 일리야 일리치 오블로모프이기도 하고 아니기도 하다. 그리고 나는 방금 우연히 알게 된 알베르토 모라비아의 소설 『아고스티노 Agostino』의 그 소년 자체이기도 하고 전혀 아니기도 하다. 그는 나 자신이며, 14세 때 우리 학교의 모든

---

7 알프레드 테니슨(Alfred Tennyson)이 아서왕 이야기에서 모티프를 얻어 쓴 시집 『샬롯의 아가씨(The Lady of Shalott)』(1832). 많은 회화의 소재로 사용되기도 했다.
8 영국 작가 이블린 위(Evelyn Waugh)의 소설(1945). 같은 제목의 영화로도 만들어졌다.

친구이지만, 그는 무솔리니가 아닌 것만큼이나 내가 아니며, 우리 학교의 모든 친구도 아니다. 독서는 당신이라는 존재의 만화경을 흔드는 것과 같다. 그 안의 유리 조각들은 예의 똑같은 유리 조각이지만, 무언가가 그것들을 재배열해서 형태를 바꾼다. 당신은 새롭게 자신을 느끼며 자신이 재발견되었음을 깨닫는다. 일상의 자신이라는 감옥에서 해방되었다고 말이다. 결국 독서는 사실상 아무것도 하지 않으면서 무언가를 하는 가장 멋진 방법이다.

이렇게 그저 앉아 있기 위한 다른 방법은 틀림없이 또 있을 것이다. 솔직히 지금 내 기분으로는 사람들이 휴가 때면 종종 하는 것처럼 독서보다 조금 더 장난스러운 무언가를 하고 싶지만, 무언가를 생각해내기는 쉽지 않다. 아마 텔레비전을 켤 수도 있으리라. 성금요일[9]에 〈그랜드 부다페스트 호텔〉을 보러 가는 것처럼 환한 대낮에 텔레비전을 본다는 건 약간 부도덕하지만, 그렇다고 아주 부도덕한 일일까? 텔레비전 시청은 종종 아무것도 하지 않으면서 무언가를 하는 것처럼 보인다. 흡사 좋은 책을 읽는 것이나 좋은 음악을 듣는 것처럼, 또는 내가 끊임없이 장담하듯 마음이 맞는 사람들과

---

9 성주간의 금요일로 부활절의 이틀 전날.

골프를 치는 것처럼 말이다.

그러나 사실은 그렇지 않다. 텔레비전을 본다는 것은 십 중팔구 완전히 아무것도 하지 않는 것이다. 휴대전화로 SNS 피드를 스크롤하는 것과 같이 몸도 정신도 몰두한 상태가 아니다. 본질적으로 이것은 나태함이지 빈둥거리기가 아니며, 쇼핑객이 점원에게서 맥 빠진 대접을 받는 것과 같다. 아주 가끔 좋은 텔레비전 프로그램(이를테면 미어캣에 관한 다큐멘 터리, 북유럽 누아르 영화에 관한 멋진 소개, 또는 〈무디 크리스마스 A Moody Christmas〉 같은 약간의 사회적 풍자 작품)은 우리가 아무것 도 하지 않으면서 동시에 무언가를 한다는 실질적인 느낌을 주고, 덕분에 아무것도 하지 않으면서 무언가를 한다는 것이 좋다는 걸 알게 해주지만, 그런 경우는 드물다. 데이비드 애 튼버러[10]는 대체로 지나치게 진지하다. 만물의 의미와 우주 를 다루는 브라이언 콕스[11]는 전반적으로 훌륭하게 균형 잡 힌 시각을 가지고 있다. 플롭시의 아기 토끼들 이야기는 잠 깐 보는 것도 매력적인데 매우 흥미로운 정보까지 가득하다. 그러나 전반적으로 텔레비전을 보는 건 그저 앉아 있기 위한 최후의 방법이다.

브라이언 콕스를 생각하니 떠오르는 게 있다. 괜찮은 콘서

10　David Attenborough(1926~). 영국 방송인, 프로듀서, 작가.
11　Brian Cox(1968~). 영국 물리학자, 과학 프로그램 진행자.

트에 갔을 때 내가 꼼짝하지 않고 좌석에 조용히 앉아서 연주자들에게서 눈을 떼지 않는다는 것이다. 그러는 동안 사소하고 예정된 무언가를 하고 있다는 느낌도 들지만 동시에 거대한 무언가를, 뭐라 표현할 수 없이 아름답고 포괄적이며 우주를 시간 여행하는 것과 비슷한 무언가를 하고 있다는 느낌도 동시에 든다. 그것은 굉장히 차분하면서도 때로는 머리가 쭈뼛거릴 만큼 짜릿하기도 하다.

내가 종종 머무는 인도 바라나시의 호텔에서는 매일 저녁 손님들이 테라스에서 저녁 식사를 하는 동안 한 중년 남자가 낮고 긴 의자에 책상다리로 앉아 시타르를 연주하고, 그보다 훨씬 젊은 동료들이 촛불 아래 검은 피부를 빛내며 무아지경에 빠져 고개를 뒤로 젖힌 채 타블라를 두드린다. 나는 몇 시간이고 그 음악을 감상할 수 있지만 인도 음악에 관해선 전혀 아는 게 없다. 그럼에도 이 음악이 좋게 느껴지는데, 그 이유는 다름이 아니라 매일 저녁 이것을 들으면서 아무것도 하지 않는 동시에 전혀 힘들이지 않고 근사한 무언가를 하는 나 자신을 발견하기 때문이다. "우리 음악이 마음에 드십니까?" 한 곡이 끝나면 젊은 연주자가 묻는다. "네." 우리는 대답한다. "아주 좋아요." 우리는 왜 좋은지는 몰라도 좋아한다는 건 알고 있다. 물론 어떻게 보면 우리가 좋아하는 것은 그 음악이라기보다는 그 음악에 빠져드는 우리 자신이다.

안개에 싸인 메이페어 호텔에서 이 시간만큼은 온전히 빈둥거리면서 골치 아픈 일은 아예 떠올리지 않게 된다. 침대에서 애니타 브루크너 책의 한 장면을 읽더라도 마찬가지일 것이다.

||||

한때 흡연이 오락거리였다는 건 물론 의문의 여지가 없다. 하지만 흡연은 너무나 절묘하게도 만족감을 주지 않는다. 오스카 와일드는 흡연을 아련한 집시풍 나태함fainéantise의 전형, 삶의 기쁨을 뽑아내는 나른한 한 모금이라고 했다. 충분히 이해할 만한 일이지만, 요즘 흡연은 눈살을 찌푸리게 하는 오락거리가 되었다. 심지어 여기 메이페어에서도 그렇다. 죄 없는 동물을 도살하고 그 고기를 먹는 것에는 아무 생각이 없으면서 흡연에는 눈살을 찌푸린다. 워릭대학교 교수이자 조직적 어리석음에 관한 국제 전문가인 앙드레 스파이서 교수는 스마트폰 사용의 폭증과 함께 흡연율의 급감을 비난하는데, 현대 서구인에게서 '생각하는 시간'을 빼앗아 사람들을 필요 이상으로 어리석은 상태로 만든다는 이유에서다. 그에 따르면 하루에 수십 번씩 '과거 우리가 누렸던 5분 동안의 짧은 휴식' 덕택에 근거가 더 탄탄한 논쟁과 더 나은 조

직적 결정, 훨씬 더 나은 공적인 삶이 가능했었다. 그는 날씨가 좋을 때면 그가 '팝업 철학 의자'라고 부르는 간이 의자 두 개를 런던의 의회의사당 같은 '어리석음 집약적인' 건물 앞에 놓고는 지나가던 행인이 잠시 앉아서 생각하도록 자리를 마련한다. 그러나 어쩌랴! 담배는 안 된다. 그랬다가는 말썽을 자초하게 될 것이다.

지금은 담배 한 개비를 음미하기 위한 이상적인 순간일 것이다. 파이프 담배나 시가가 아니라 하얀 종이로 만 가느다란 담배. 온갖 용품과 주머니와 시가 커터가 필요한 파이프 담배와 시가 그리고 흡연 의자는 일순간의 덧없는 느낌을 주지 못한다. 오후의 이때가 되면 시간을 교묘하게 죽일 필요가 있다. 흡연자라면 누구나 알겠지만, 시간을 무너뜨리는 무한의 작은 기쁨을 맛보는 데는 담배 한 개비만 한 것이 없다. 물론 그 순간은 지속되지 않으며 거의 시작하기도 전에 끝나버리고 시간은 다시 시작되지만, 바로 그것 때문에 완벽하다. 불과 얼마 전까지만 해도 세계 성인의 3분의 1이 알고 있던 것처럼, 흡연은 일하지 않기 위한 둘도 없는 방법이다. 다시 말해 당신이나 당신 고용주의 이익을 위해서가 아니라 순수한 쾌락을 위해 무언가를 하는 방법이다. "나는 일하고 싶지 않다. 나는 담배 피우고 싶다." 프랑스의 시인 기욤 아폴리네르는 그렇게 선언했다. 스페인인이 프랑스인에게 담배를 맛볼 기회를 준 후, 흡연에 관해서는 아주 프랑스적인 무언가기가 있다.

그러나 흡연은 여기 메이페어 호텔에서든 다른 어느 곳에서든 내가 나에게 허용하는 즐거움은 아니다. 하지만 한때 내가 담배를 피웠다는 건 다행스럽게 생각한다. 그것은 우리에게는 있되 로마인이 절대 알지 못했던 유일한 즐거움이다. 프랑스인의 더욱 생생한 표현에 따르면 '관능적 쾌락Volupté'이다.

그것이 많은 이들을 이른 죽음으로 몰아가는 위험한 쾌락이라는 건 분명하다. 하긴, 등산이나 일요일의 드라이브, 선탠을 비롯한 수많은 여가 활동이 사람들에게 때 이른 죽음을 안겨준다. 그러나 수십억 명의 수명(소나 돼지의 수명이 아닌 인간의 수명)이 그저 중요한 것을 넘어서 절대적 가치가 된 오늘날의 세계에서, 당신을 일찍 죽일 수도 있는 무언가를 한다는 건 특히나 비난받을 일일 수 있다. 흡연은 또한 얼마든지 예방할 수 있고 어느 정도는 매우 비도덕적으로 여겨지며, 따라서 고상한 감정과는 상충하기 때문에 그것을 단속하는 것도 좋을 것이다. 동의하는 바다.

그러나 흡연을 예방하고 싶은 건강 전도사나 쾌락 단속 경찰이라면, 흡연을 그토록 숭고하게 만드는 것이 그 위험성 자체라는 사실을 인정하는 것이 좋을 듯하다. 담배에 불을 붙이는 것은 낭떠러지 끝에 서는 것과 같지만 사람들이 담배를 피우는 것은 바로 그 때문이다. 식물성 기름에 튀긴 감자 칩을 먹는 것 역시 건강에 나쁘지만 그것은 숭고하지 않다. 담배는 나쁘다. 그것이 요점이다. 당신을 비롯한 누구도 예외 없이 존재 자체가 고뇌로 얼룩지고 곧 비벼 꺼지는 것과 같다. 담배를 자주 끊었던 사르트르가 주목했듯이, 금연했을 때의 삶은 살 가치가 조금 떨어진다. 사람들에게 담배를 끊게 하고 싶다면, 이 점을 고려해야 한다.

‖‖‖

브루크너 소설의 여주인공 엘리자베스 웨더롤이 만약 담배를 피웠다면, 그녀의 빈둥거림이 그렇게 짜증스러울 만큼 혼란스럽거나 그렇게 맥 빠지게 지루해 보이지는 않았을 것이다. 사실 그녀와 한 시간 정도를 함께 보내고 나자, 나는 살짝 그녀에게 화가 나기 시작했다. 심지어는 그녀가 남편을 여의기 전에도, 그녀가 조금이라도 기쁘게 생각하는 건 연인과의 섹스뿐인 것처럼 보였다. 연인을 만날 가능성이 없으면 그녀는 어떤 목적의식을 가지고 런던을 산책하는 것조차 할 수 없다. 그녀는 말한다. "나는 순전한 부랑자가 되어버렸다." 부랑은 방랑의 한 상태다. 어둠이 내리기 전에 산책을 나가야 할까? 아니면 그냥 테라스에 나가서 바라보기만 할수도 있을 것이다.

그냥 바라보기란 거의 아무것도 하지 않는 또 하나의 방법으로, 매우 만족스럽지만 과소평가되고 있는 예다. 딱히 아무것도 하지 않는다고는 할 수 없는데, 차를 마시는 것처럼 명상이나 수면에서 한 걸음 나아갔지만 그 보폭은 작다. 당신은 오블로모프카의 주민들이 흔히 그러듯 차를 마신 후 강가를 거닐며 바라볼 수도 있고 그냥 바라보기만 할 수도 있다. 당신은 무언가를 바라보면서 마음이 내키면 골똘히 생각할 수도 있다. 구름이든 반짝이는 귀걸이든, 또는 영국에서 기차를 타고 라임 레지스로 가는 길이라면 교회 첨탑들이 뾰족뾰족 솟아 있던 도시의 찬란했던 과거를 생각해도 좋으리라. 아니 연습만 한다면 그냥 바라보기만 할 수도 있다. 예를 들어 나는 인도로 가는 비행기 안에서 한 시간 동안 우드나다타 북서부 붉은 평원에 끝없이 펼쳐진 천연 염전과 사막을 내려다보았다. 지금 나는 그냥 바라보고 싶은데, 안개 속에서 바라볼 만한 게 있을까? 안개는 귀를 기울이는 데 더 적합할 것이다.

매우 흥미로운 사실이지만, 러시아인에게는 유유자적하게 바라보기를 일컫는 온갖 어휘가 있다. 특별한 목적 없이 눈을 뜨고 앉거나 서서, 뭐든 좋아하는 것에 눈길이 머물도록 내버려두는 행위를 가리키는 어휘 말이다. 그리고 그렇게 하는 사람들, 주로 남자인 그런 부류를 가리키는 단어도 많은데 그중 일부(*zeváka, rotozéy, razínya*)[12]는 입을 벌리고 있음을 내포한다. 다시 말해, 무언가에 몰두해 입을 벌린 상태를 말한다. 이런 단어에는 멍청이라는 암시가 있기는 해도 그 이상의 심술궂은 의미는 없다. 그저 바라보며 입을 벌리는, 그러면서도 얼빠진 것은 아닌 상태로 있기는 러시아인이 우리보다 더 능숙한 걸까? 여름에 러시아를 방문하면 전국 어디서나 항상 앉아서, 또 서서 그렇게 하는 사람들을 목격한다. 강둑에서, 둔치에서, 공원에서, 거리 모퉁이에서, 기차역에서, 그리고 추운 계절에는 아케이드에서 그렇게 한다. 러시아인은 '그냥 보는 것'을 즐긴다. 조금의 거리낌도 없이 몇 시간이고 바라본다. 그냥 바라보는 행위는 무언가에 기대고 있을 때 가장 잘되지만, 잘 기대는 것도 기술이며 누구나 그런 재능을 가진 것도 아니다. 러시아에서는 물론이고 더 무더운 나라에서도 마찬가지다.

서구에서는 이처럼 두 눈 멀쩡히 뜨고 빈둥거리는 것이 사회적으로 용인되지 않는다. 돈 받고 고용된 도시 사람들에게

---

12 멍청히 입 벌리고 바라보는 사람, 얼뜨기, 멍청이를 뜻한다.

는 더욱 그렇다. 집에서나 캠핑장에서 가만히 불을 바라보는 것은 의심을 살 만한 일이 아니며, 물이나 하늘을 바라보는 것도 미심쩍게 여기지 않는다. 그러나 도시에서 목적 없이 바라본다는 건 목적 없이 어정거리는 것과 마찬가지로 당신이 무얼 하려는지 미심쩍은 의심을 사게 된다. 가만히 바라보면 정찰한다는 오해를 살 수 있다. 거리 모퉁이에 기대서서 그냥 가만히 바라보는 남자는 불신을 산다. 일단 여성이 그럴 가능성은 별로 없으니까. 노인이라면 공원 벤치에서 반 시간 정도 그럴 수도 있지만, 그건 어디까지나 노인은 종종 할 일이 없다고 여겨지고 대체로 해롭지 않기 때문이다. 일단 그들은 달릴 수 없으니까.

내가 사는 곳에서는 날씨가 제법 따뜻하면 시내의 쇼핑몰에 이따금 젊은 남자들이 그냥 서서 주변을 두리번거리며 몰래 담배를 피운다. 그러는 동안 그들은 뭔지는 몰라도 그 또래 젊은이들이 계속 살펴보는 것들을 내내 주시하곤 한다. 이런 환경에서는 그들이 진정한 한량이라고는 생각하기 힘든데, 거기 서 있거나 잠시 앉아 있기로 선택한 남자들은 그것이 즐겁다는 것 말고는 다른 이유를 찾지 않기 때문이다. 그들이 빈둥거리는 모습에는 제대로 된 나른함이 없다. 개인적으로 나는 늘 그들과 거리를 둔다. 우선 그 청년들 대부분은 한가하게 바라보는 게 아니라 무언가를 지켜보고 있다.

사실 경계하듯 지켜본다. 한가하게 바라보기는 특정 수준의 집중력이 필요한데, 그것까지는 아니더라도 어떤 이들은 보통 전화를 하면서 멍하니 쳐다볼 것이다. 그들은 무엇을 기대하는 걸까? 할리우드에서 걸려올 전화? 우리 멋대로 생각하면, 마약상의 전화? 아니면 게으름뱅이 친구 중 한 명에게서 문자를 기다리고 있을 가능성이 높다. 지나가는 사람들도 그들이 지켜보고 있다는 사실에 불편함을 느낀다. 저 빡빡머리에 코에 피어싱을 한 남자는 왜 나를 쳐다보는 거지? 그의 눈은 당신을 따라오고 있다. 그냥 나를 쳐다보는 게 아니라 관찰하는 건가? 아니면 보지 말라고 노려보는 걸까? "그렇게 빤히 보지 말아요!" 공공장소에서 내 파트너는 가끔 이렇게 말한다. 왜 아니겠는가? 실제로 점잖은 사람들은 공공장소에서 그렇게 빤히 쳐다보지 않는다.

반면에 인도의 크고 작은 도시에서 '바라본다'는 것은, 남자들이 빈둥거리며 시간을 보내는 방법으로 완벽하게 용인된다. 호텔 로비에서, 쇼핑몰에서, 포장도로에서, 공원에서, 시장에서 사람들(남자들과 아이들)은 무언가를 빤히 바라본다. 사실 인도의 몇몇 작은 소도시와 마을의 중심가에서는 그 외의 별다른 일이 일어나지 않는다. 가게 점원들은 가게 밖으로 나와서 행인을 쳐다보고, 행인은 가게 진열대를 보거나 서로를 쳐다보고, 그곳의 남성 인구 중 절반은 도로변에 앉거나 서서 무언가를 쳐다보고 있는 것 같다. 물론 담배를 피우는 이들도 있고 친구의 종잡을 수 없는 패션에 관해 수다를 떠는 이들도 있지만, 대부분은 '그냥 바라보고' 있다. 그런 거리를 한가롭게 거닐면서 나도 따라서 그들을 쳐다보는 것이 나는 무엇보다 좋다. 내가 사는 곳에서는 교활하거나 건방진 사람으로 보이지 않는 이상 그렇게 쳐다볼 수 없다. 아니 적어도 이런 방식으로는 못 한다. 내가 걸어 지나가는 동안 가벼운 농담을 주고받기도 하고, 점원 한두 명이 가게 안으로 들어오라고 나를 유혹하기도 할 것이며("그냥 재미 삼아 구경하세요" 하고 말한다. 아니 이건 모로코에서였던가?), 몇몇은 한가로운 농담이나 나누며 시간을 보내기 위해서, 심지어는 누군가에게 집적대기 위해서, 아니면 그날 하루를 좀 더 빛내기 위해서, 어쩌면 팔팔한 기운이 넘쳐서, 또는 그저 갈매기가 거기 있다는 이유로 개가 갈매기를 쫓듯 낯선 사람과 약간의 장난을 치고 싶어서 나를 불러 세우기도 할 것이다. 그러나 이들 점원과 행인을 비롯한 우리 모두의 밑바탕에는 그저 '바라보기'의 행위가 있다. 물건을 사고파는 것은 계속되지만 결코 그것만 있는 건 아니다.

여기서 '약간의 장난' 이야기를 하고 넘어가자. 아미트 차우두리Amit Chaudhuri의 최근 소설 『콜카타에서의 2년Calcutta: Two Years in the City』에는 그가 엘진 로드의 포럼 몰(인도 최대의 쇼핑

몰 중 하나로, 인터넷에 따르면 "쇼핑 경험의 일대 혁명을 안내"한다
고 소개된다)을 방문한 이야기가 나오는데, 에스컬레이터 주
변에서 '구경하는' 군중을 묘사하는 대목이 있다. '구경'은
내가 사용해볼 생각을 하지 않았던 단어지만, 그것이 어떤
쇼를 암시하는 방식, 어떤 게임을 지켜보는 군중을 떠올리게
하는 방식이 마음에 든다. 차우두리는 이렇게 쓴다.

> 사우스시티 몰이나 포럼 몰에서 발코니에 기대어 서서 아래층
> 을 살펴보는 사람들, 에스컬레이터를 타고 올라가는 유령 같은
> 사람들…. 그렇게 많은 사람을 다른 나라의 쇼핑몰에서는 본 적
> 이 없다. 그것은 따뜻하고 무기력한 기후가 우리에게 준 파생물
> 로, 유년기부터 줄곧 외로운 신의 관점에서 삶을 바라보는 그런
> 기분일 것이다. 그렇게 움직이는 타인을 구경한다는 건 목적 없
> 는 사람들과 향수병을 앓는 사람들에게는 크나큰 위안이다.

나 역시 '구경'을 무척 좋아한다. 여기 다르질링에서 내가
묵는 호텔의 길 아래쪽에는 초우라스타 또는 간단히 '몰'이
라고 불리는 이상하게 생긴 광장이 있는데, 사람들은 그 광
장에 모여 무언가를 바라본다. 광장은 소도시 꼭대기의 좁은
돌출부를 가로지르고 있고, 거기서 사방으로 가게와 가두 판
매대가 늘어선 골목길과 도로들이 뻗어가면서 산 아래 안개

속으로 사라진다. 아래쪽 계곡에서는 뚝딱거림과 고함 소리가 아득하게 들려온다. 광장 위쪽의 뿌연 회색 안개 속 윈더미어 호텔 뒤쪽에는 전망대 언덕이 있는데, 힌두교와 불교의 성스러운 작은 사원들과 화려한 깃발로 치장된 성소들이 모여 있다. 성소들의 지저분한 집합소라고 할 만큼 약간 실망스러운 이곳은 원숭이들로 우글거린다. 이곳을 찾은 군중에게는 경배라는 목적이 있으며, 전망대 언덕에는 승려들이 기도하는 웅성거림이 끊이지 않는다.

그러나 그 아래쪽 초우라스타에서는 모두가 축축한 공기 속에 하염없이 앉아서 그저 '바라보고' 있다. 더러 몇몇 관광객이 서성이거나 서점이나 골동품 가게, 파시미나 가게와 카페를 들락거리는 모습이 보이기는 하지만, 지역 주민들 대부분은 그저 광장 언저리에 앉아서 바라보고 있다. 나도 여기 도착한 날 이후 매일 이곳에 앉아서 사람들을 지켜보곤 했다. 누구도 나를 성가시게 하지 않는다. 적어도 이런 환경 속에서는 누구도 무언가를 하고 싶어 하지 않는 것 같다. 내 고향이었다면 웬만해서는 불가능했을 방식의 무해함이다. 초우라스타의 시간은 분으로 표시되는 게 아니라, 인상으로, 소리와 색의 작은 폭발로 표시된다. 여기서 시간은 화살처럼 날기를 멈추고 천천히 춤추기 시작한다.

차우두리는 도시 주민들에게 이 시간에 난간에 기대 구경할 만한 장소로 발코니를 추천한다. 그는 특히 내면의 평화를 추구하는 사람들에게 발코니를 추천한다. "사람들은 무얼 보고 있나요?" 그는 관찰자들에게 묻는다. 적어도 그의 책에는 아무런 답이 없다. 그들은 그저 거기 있는 것을 본다.

얼마 전 유달리 화창한 금요일 오전, 브리즈번으로 가는 길에 골드코스트를 지나게 되었는데, 고속도로를 따라 협곡의 절벽처럼 늘어선 초고층 아파트 건물들을 바라보다가 깜짝 놀랐다. 눈에 보이는 발코니란 발코니는 모두 텅 비어 있는 게 아닌가. 어디를 봐도 발코니들의 벽이 40층 높이로 서 있었다. 이곳은 해변 휴양지, 휴가의 메카, 여가 추구자들의 낙원, 느긋한 생활방식을 대표하면서도 조용하고, 전단에 따르면 기적적일 만큼 "속도가 빠르고" "약동치는" 곳이다. 반짝이는 발코니들의 거대한 판이 구름 한 점 없는 파란 하늘로 솟아 있었고, 발코니마다 탁자와 의자, 그리고 보통은 화분 한두 개까지 있었지만, 사람이라곤 그림자도 보이지 않았다. 쿨랑가타, 브로드비치, 서퍼스 파라다이스, 사우스포트의 어느 한 사람도, 머메이드 비치, 마이애미, 또는 벌리 헤즈까지 어느 곳에서든 어느 누구도 발코니에서 구경하는 사람이 없었다. 일광욕하는 사람도 없었다. 심지어 한가하게 신문을 읽는 사람도 없었다. 우리는 바라보지 않는다. 우리는 방법을 모른다. 혹시나 사람들을 엿본다고 오해를 살까 두려워하는 걸까? 엿보기는 불미스럽다. 엿보는 건 느긋하게 아무것도 하지 않는다는 의미의 바라보기가 아니다. 엿보기란 어린아이들이 모험 책에서나 하는 것이며, 앨런 베닛[13]의 독백에서 '지옥에 떨어진 영혼들이 베네치아인들 사이를 지나가면서 하는 것'이며, 늙어서 항상 지루해하는 사람들이 지루함을 달래기 위해 하는 것이다. 엿보기는 바라보기가 아니다.

그러나 서구의 여러 나라에서도 시골에서라면 느긋하게 바라보기가 사회적으로 용인되기도 한다. 특히 강이나 호수, 바다 같은 물 근처에서는 더욱 그렇다. 또는 산 주변에서도 그렇다. 그것은 우리 모두가 바라보기로 동의한 풍경을 바라보기 때문일까? 그런데 이상하게도 초우라스타에서는 아무도 광장 바깥쪽을 바라보지 않는다. 만약 전단의 사진이 정확하다면, 날씨가 좋을 때 상상을 초월해 숨이 멎도록 아름다운 산악 풍경이 펼쳐지는 곳은 바깥쪽인데 말이다. 초우라스타에서는 모두가 광장 안쪽을 바라본다.

서구에서 풍경을 바라본다는 관점은 1336년 4월 26일에 생겨났다고 한다. 이탈리아의 시인 페트라르카Petrarca가 그

---

13 Allan Bennett(1934~). 영국의 극작가이자 소설가. 『일반적이지 않은 독자』가 국내에 소개되었다.

저 꼭대기에 오르면 볼 수 있는 것을 보기 위해 프로방스의 방투 산에 올랐던 바로 그날까지, 은둔자든 목동이든, 순례자든 여행자든 어느 누구도 그것을 보았을 때 떠오를 시적 감흥을 느끼기 위해 산에 올라 바라보고 세상을 멀리 굽어보았다는 증거가 없다. 산이 아니라 호숫가나 해변에서도 그랬다는 증거가 없다. 물론 그렇게 했던 경우는 헤아릴 수 없이 많았겠지만 그랬다는 증거가 전혀 없기 때문에, 영국의 미술사학자 케네스 클라크는 등반 자체를 위해 그리고 산꼭대기에서의 풍광을 즐기기 위해서 산에 오른 사람은 페트라르카가 처음이라고 선언한다. 실제로 그는 페트라르카를 최초의 근대인으로 선언했다. 아무도 그의 주장에 군이 토를 달려고 하지 않았다.

페트라르카는 고해신부에게 쓴 편지에서, 자신은 다른 이유 때문이 아니라 높은 곳에서 보이는 풍경이 얼마나 아름다운지 알아보고 싶어서 프랑스의 그 지역에서 가장 높은 산에 올랐노라고 주장한다. 그는 눈앞에 펼쳐진 방대한 풍광에 정신이 아찔해졌다고 썼다. 그는 그때까지 누구도 등반했다는 기록이 없기 때문에 "기쁨에 빠져" 있었고, 그 즐거움이 "순수"한 것인지 (요컨대 여가로 볼 수 있는지) 염려된다고 했다. 그전까지 사람들은 어떤 목적을 가지고 높은 곳에서 풍경을 바라보았을 것이다. 적군을 정찰하기 위해서, 잃어버린 양을 찾기 위해서, 이웃 마을 사람들은 무엇을 하고 있는지 지켜보기 위해서 등으로. 또한 세계 많은 곳의 사람들이 신과 소통하기 위해서 산에 올랐는데, 여기 전망대 언덕에서는 지금도 그렇게들 한다. 산봉우리에서 바라보는 풍경은 이승과 저승 사이의 문턱에 걸쳐 있는 듯하다. 그리스의 신들은 호수 바닥이 아닌 산꼭대기에 산다. 모세는 시나이 산을 올랐고, 홍해 옆에서 군중과 여호와의 말씀을 들은 게 아니었다. 산 꼭대기에서는 오르기를 열망할 더 높은 곳이 없다. 할 수 있는 것이라곤 내려오는 일뿐이다. 그래서 지구 곳곳에 신성한 산들은 있어도 신성한 골짜기는 거의 없다. 비밀의 골짜기는 있을지언정 신성한 골짜기는 없다.

페트라르카 이후 700년이 지난 오늘날, 그 자체를 즐기기 위해 풍경을 바라보는 것은 우리가 기회만 있다면 아무 때나 하는 일이다. 이곳 다르질링에는 날마다 비행기 한가득, 실제로 열차 한가득 사람들이 풍경을 보려고 찾아온다. 다른 무엇 때문이 아니라 그냥 바라보기 위해서 말이다. 서벵골주의 도시 실리구리에서 오는 도로는 교통체증 때문에 밤낮으로 막힌다. 버스, 밴, 택시, 자가용마다 풍경을 보려고 이곳을 찾는 사람들로 만원이다.

내 고향에서는 집을 지을 때 이른바 거실은, 그리고 가능하면 방 한두 개까지 특별히 '조망'을 제공하도록 설계하면 서도 집의 나머지 공간까지 그러는 경우는 거의 없다. 그 예로 조망을 갖춘 욕실은 여전히 재미난 괴짜 취향으로 여겨진다. 나는 주말 주택에 있을 때는 거실 책상에서 종종 창문 너머 수풀이 우거진 언덕을 바라보면서 글을 쓰곤 한다. 그 풍경은 내 머릿속의 번잡함에 일종의 대위법을 제시하면서 나를 깨어 있게 만든다. 사실이 그렇더라도 내가 이해하는 한, 저 밖에선 별다른 일이 일어나지 않는다. 검정 앵무 한 쌍이 정답게 소리치며 빠르게 지나가고, 서쪽에서 비의 장막이 다가오면서 골짜기를 자욱하게 뒤덮는다. 이 광경을 바라보다 보면 가만히 앉아 있어도 제2의 자아 같은 것이 느껴진다.

오스트레일리아에는 전망대(우리는 그렇게 부른다)가 많은 데, 실로 가만히 서서 바라볼 수 있을 뿐 아니라, 그렇게 하라고 권장하는 장소다. 지역 의회에서 그런 곳에 표지판을 세워둔 덕분에 관광객들은 자동차를 멈추고, 휴대전화를 그쪽으로 향하고, 그런 다음에는 상쾌해진 마음으로 다시 길을 떠난다. 그렇지만 전망대에서 무엇이 우리를 상쾌하게 해주는 걸까?

어찌 보면 모든 풍경이 우리에게 조금씩은 숭고의 감정을 느끼게 해주는 것이리라. 안전한 상태에 있으면서 느끼는 두려움의 쇄도. 모든 풍경에는 아무리 희미할지언정 번뜩이는 통찰의 순간이 담겨 있다. 화창하고 조용한 날의 바다 풍경도 그 잔잔한 파도 아래 도사린 것에 관한 생각을 일으킬 수있다. 한편에는 아무것도 없는 끝없는 어둠, 또 한편에는 물에 빠져 죽는 익사, 도사린 왕퉁쏠치로 인한 죽음, 상어의 공격으로 인한 죽음, 대왕오징어로 인한 죽음, 죽음들. 괴물이있든 없든 간에 어느 경우든 망각으로 떨어지리라. 그러나그 무엇도 여기 해변이나 곶에 있는 우리를 건드릴 수는 없다. 알프스의 낭떠러지 끝에 있다 해도 마찬가지다. 깊은 심연 속을 바라보면서 우리는 추위로 인한 죽음, 추락으로 인한 죽음, 또는 눈사태로 인한 죽음, 스스로 몸을 던지는 죽음을 생각하고, 또는 히말라야에서는 갑작스러운 산사태로 인한 죽음, 펄쩍 덤벼드는 눈표범에 의한 죽음(드물지만 상상할수는 있다)을 생각한다. 이것을 바라보는 나는 두 사람이 된다. 직접적인 의미에서 자신의 바깥에 있다는 것은 말 그대로 황홀경이다. 오스트레일리아 작가 피터 팀스가 『자연 만들기Making Nature』에서 풍경에 관해 사색하며 말했다시피, 이런 종류의 이원적 삶은 목장에서는 일어나기 힘들다.

풍경은 어떤 이야기를 들려주기도 하는데, 이 역시 평원을바라볼 때는 얻을 수 없는 것이며 특히나 우리네 전망대에서볼 수 있는 많은 파노라마가 그렇듯 신중하게 구도가 잡혀 있다면 더욱 불가능하다. 일부 파노라마에는 가장 광범위한 의미에서의 극장 같은 느낌마저 있다. 어릴 때 본 풍경 중 기억에 남아 있는 첫 번째 것은 시드니 서쪽 블루 산맥의 에코 포인트에서 본 풍경이었다. 네팔인이나 스위스인의 기준에는 낭떠러지라 할 것도 아니지만, 여섯 살짜리 꼬마의 기준에서는 등골이 오싹해지는 풍경이었다. 그것은 단지 깎아지른 절벽의 문제나, 혹여 미끄러지기라도 할 경우 뱀이든 거미든 뭐든 치명적인 동물이 들끓는 수풀로 우거진 험준한 풍경 속에서 죽을 게 확실하다는 것 때문이 아니었다. 그것은 150여 년 전 최초 탐험가들의 이야기였고, 사슬에 묶인 죄수들에 관한 생각이었으며, 우리라면 훨씬 더 아래 만들 수 있었을 텐데 그 농장 사람들은 왜 처음 거기 정착했으며, 어떻게 거기까지 갔고, 길은 어디에 있었으며, 어떻게 농장을 만들었을까 하는 질문이었다.

다시 말해 거기에는 곰곰 생각해볼 이야기가 있었는데, 여느 해안선에도 어김없이 그런 이야기들이 있다. 밀수업자와 해적(만약 영국의 동화 작가 에니드 블라이턴Enid Blyton의 이야기를 읽었다면)과, 난파선과 모험과 침략과, 도착과 출발의 이야기가 있었다. 이것 역시 평원에서는 얻을 수 없는 감정이다. 평원에서는 정말이지, 그렇게 극적으로 느껴지지 않는다. 평지에서라면, 예를 들어 시골 들판을 거닐면서, 어쩌면 강가에서 초록이 펼쳐진 풍경을 바라볼 때 한두 번쯤 기분 좋은 전망을 보기는 하겠지만 그것은 풍경이 아니다. 4번 채널의 건축 프로그램 〈그랜드 디자인〉을 진행하는 케빈 매클라우드는 나무 한 그루와 낡은 헛간이 있는 녹색 전망이 펼쳐지면 항상 '장관'이라고 주장하겠지만, 태즈메이니아에 살고 있는 나로서는 더 많은 것이 필요하다.

우리가 풍경, 심지어 웅장한 풍광(느낌을 담아 그렇게 불린다)을 즐기는 이유는 일부 이론가들이 주장하듯, 주로 풍경이 우리에게 부여하는 힘 때문이라는 말을 나는 믿지 않는다. 물론, 더러 우리가 전능하다고 착각하게 되는 풍경도 있다. 발아래를 굽어볼 때(대체로 그렇다. 올려다보는 경우는 거의 없다) 원하는 대로 얼마든지 개조할 수 있는 모형처럼 작은 세상을 보게 되니까 말이다. 그러나 내 생각에는 대체로 그보다는 훨씬 더 미묘한 문제다. 나는 풍경이란 바라보기가 허용되는 한 방식이라고 생각한다. 그것은 우리가 규범을 어기거나 나쁘게 행동하도록 자극하는 법 없이 부가적인 즐거움을 주기 때문이다. 밤하늘을 바라보는 것도 비슷하다. 둘 다 내 존재에 대한 인식을 증폭시키는 동시에 나를 소멸시키기도 한다. 두려우면서도 장엄하고, 친숙하면서도 굉장히 낯설다. 경이로움을 느끼며 풍경을 바라본다는 것은 완벽하게 용인되는 일이다. 물론 바다를 바라볼 때면 머지않아 보이는 것 이상의 것은 볼 수 없고, 방투 산에서의 풍경도 곧 공허하게 느껴져 집에 가고 싶은 마음이 든다. 무한함만큼 따분한 것은 없다. 그리고 무한의 첫글자를 대문자 "I"로 쓰는 것도 더는 매력적이지 않다.

굳이 짚고 넘어가자면, 페트라르카가 방투 산 꼭대기에서 내다보이는 풍경 자체를 보고 싶었을 뿐이라는 그 품위 있는 주장을 나는 믿지 않는다. 실제로 그가 고해신부에게 보낸 편지를 주의 깊게 읽다 보면, 젊은 페트라르카가 우선은 이탈리아를 그리워하고 있었고, 동쪽에 있는 사랑하는 조국(동쪽으로 멀지는 않지만 방투 산에서 보일지는 의문이다)의 모습을 조금이나마 보고 싶다는 간절한 마음에 결국 시간을 내어 그 산꼭대기에 올라, 볼로냐를 떠난 후 10여 년 동안 자신이 변해온 수많은 과정을 돌이켜보았던 게 틀림없다는 생각이 든다. 그러니까 우리가 산꼭대기에서 곧잘 하는 것처럼, 자신의 삶을 돌이켜보면서 그것을 펼쳐지는 하나의 이야기로 여겼을 거라는 말이다. 그리고 중요한 것은, 산을 오르는 그의 걸음이 세속의 것을 뒤로하고 천국에 더욱 가까워지는 것에 대한 알레고리라고 생각함으로써 그 역시 남아메리카부터 일본, 팔레스타인의 거룩한 땅 유럽에 이르기까지 전 세계에 걸친 등반의 위대한 전통 속에 놓여 있었다는 점이다. 어쨌거나 페트라르카가 그날 여행에 가져간 책은 성 아우구스티누스의 『고백록』이었다.

여기 메이페어 호텔 도서관으로 쓰이는 아늑한 방에는 로맨틱한 소설부터 『브리태니커 백과사전』까지 다양한 종류의 책이 수백 권 진열되어 있지만, 페트라르카의 책은 한 권도 없다. 나는 이곳의 크고 편안한 의자 하나를 골라잡아 자리를 잡고서, 다 읽지도 못할 두꺼운 책을 서가에서 빼와 펼쳐놓고 차를 마시는 것이 좋다. 옛 시킴 왕국의 궁정에 관한 책이거나 조애나 트롤럽Joanna Trollope의 책이면 어울린다. 서가에 페트라르카는 없지만 참고 도서들 속에는 그의 한 구절들이 있다(이 두꺼운 책들을 꺼내와서 읽는 사람이 있을까?). 페트라르카는 방투 산의 정상에 올라 고해신부에게 쓴 편지에서 이렇게 말한다. "산꼭대기에 서기 위해서가 아니라 세속의 충동에서 솟아나는 그 욕구들을 발밑으로 짓밟기 위해서 우리는 얼마나 진지하게 노력해야 할까요." 실제로 편지 뒷부분에서 그는 고해신부에게, 마땅히 오래전에 이미 영혼 외에는 "훌륭한 것"이 없으며, 영혼은 "그 자체가 위대하다면 영혼 외의 어떤 것도 위대하지 않다"는 것을 배워야 했건만 여전히 세속의 것을 찬양하는 자신에게 화가 난다고 털어놓는다. 물론 그런 동기의 중심에는 기본적으로 여전히 즐거움이 있다. 자유로이 그 동기를 선택했다면 진지한 동기는 여가와 완벽하게 양립할 수 있다. 페트라르카는 여가를 탐닉하고 있었는지는 몰라도, 거의 아무것도 안 하고 있던 건 아니었다. 그가 하고 있던 것이 무엇이든 간에, 빈둥거리기가 아니라는 건 확실하다.

우리가 풍경과 관련해서 할 수 있는 약간의 마법 같은 행위 하나는 이상하게도 흡연과 매우 비슷하다. 바로 행글라이딩이다. 행글라이딩은 내가 한 번도 시도해보지 않았고 지금은 시도할 수 없는 것이라 진정 후회하는 것 중 하나다. 인도 북동부의 히마찰프라데시의 로탕 패스 근처를 오르다 보면, 당신이 차를 몰고 느릿느릿 겨우 올라온 골짜기를 향해 아찔하게 깎아지른 낭떠러지를 굽어보는 도로 옆의 여러 지점에, 지나가는 차를 세우려는 젊은이들이 모여 있다. 그들은 당신에게 그들 중 한 명과 벼랑 끝에서 그 심연 속으로 뛰어들어 화려한 색깔의 행글라이더를 타고 하늘을 날아보라고 권한다. 주변 바위 위에서는 독수리들이 일종의 기분 나쁜 희망을 품고 작게 무리지어 있다.

아마도 그건 내가 해볼 수 있었던 가장 희열에 가까운 전환적 경험 중 하나였을 것이다. 그에 비하면 에코 포인트 전망대에서 제이미슨 계곡을 내려다보는 것은 실로 시시하게 여겨지리라. 그것은 에코 포인트를 숭고의 범주에서 떼어내어 지극히 평범한 것으로 만들어버리리라. 다시 말해서 햇볕에 검게 그을린 행글라이딩 강사 아래에 내 몸을 묶고 풍경 속으로 즐겁게 뛰어내릴 때, 아마 나는 난생처음으로 죽으면서 동시에 죽지 않는 경험을 할 수 있었으리라. 나는 무언가 엄청난 일을 하면서도 아무것도 하지 않았을 것이리라. 이것이야말로 내가 주장하는 가장 세련되고 가장 계몽된 형태의 여가다.

아무것도 하지 않는 사람은 없다

　기분 좋게 시간을 보내는 방법 가운데 하나는 한가로운 대화를 나누는 것이다. 물론 이것은 시계와 산업혁명, 그리고 대화보다는 발표를 해야 하는 요즈음의 남성적 요구 때문에 어쩌면 쇠퇴해가는 기술이기는 하다. 여기서 말하는 대화는 파티에서 술잔을 들고서, 친해지고 싶은 더 재미있는 사람을 찾아 이리저리 곁눈질하며 나누는 생기 없는 수다가 아니다. 그런 수다에는 아무런 알맹이가 없다. 그보다는 작은 배처럼 같이 흔들리면서 사방으로 열린 전망에 다정하게 감탄하고, 그러면서 더욱 친해질 가능성을 언뜻 보고 기뻐하며 함께 떠갈 수 있는 그런 교류를 말하는 것이다.

소셜 미디어의 맹공이 있기 전, 인도 사람들은 차 한 잔을 곁들여 대화를 나누었다. 그 풍습은 서벵골 지역에서 겨우 명맥을 잇고 있는데, 이곳 사람들은 아무것도 하지 않기보다는 무언가를 하는(그러나 많이 하지는 않는) 식의 대화, 이른바 아다Adda를 완성했다. 아다를 진정으로 즐기는 사람, 곧 아다바지Addabaj라면 보통 차와 커피를 놓고 친구들과 함께 중요한 일에 관해 느긋하게 대화를 나눈다. 이런 대화는 공적인 장소에서 그러나 매우 사적인 방식으로 벌어진다. 그러므로 그 논의는 사적이면서도 바깥세상의 것이 된다. 대화에 가담하는 사람들은 뒷담화를 하기 위해서가 아니라, 과거 살롱에서 프랑스인들이 하던 것처럼 서로 과시하기 위해서가 아니라, 또는 누군가에게 무언가를 가르치거나 무언가를 사고 팔기 위해서가 아니라, 보복에 대한 두려움이 없이 관점을 교환하고, 배우고, 논쟁하고, 적극적으로 알고 싶어서 모인다. 그것은 경쟁이 아니며 선술집에서 술에 취해 고래고래 소리 지르며 싸우는 것도 아니다.

지역 주민들은 이런 대화가 전형적인 벵골식이라고 주장하시만, 나머지 많은 지역의 사람들도 수백 년 동안 이런저런 형태로 그런 대화를 즐기곤 했을 것이다. 스페인, 터키, 이집트, 크메르, 우즈베크, 그리고 고대 그리스에서도 그랬을 것이 틀림없다. 하지만 나는 벵골인 대화광들이 무엇을 말하는지 알 것 같다. 오늘날 그 대화가 지극히 인도스럽다는 뜻이다.

그런데 나는 딱 한 번 그걸 해본 적이 있다. 콜카타 칼리지가 근처의 인도식 커피 하우스에서였다. 그곳은 깊은 안마당을 둘러싼 몇 층 건물에 자리 잡은, 좌파 사고의 전설적인 산실이었다. 공기는 담배 연기 때문에 탁했고 커피는 최악이었으며 웨이터는 퉁명스럽고 음식은 도대체가 입에 넣을 가치도 없었지만, 대화만큼은 짜릿했다. 우리 테이블에 앉은 모두가 혁명가였다. 호기심 많고 화도 많은 그 중산층 젊은이들은 훌륭한 대화 상대였다. 나는 몇 시간이나 머물렀다.

'아다'는 운명을 다했다, 아니 적어도 쇠퇴하고 있다. 이제는 새로운 레고식 건축물이 인도의 도시들을 점령하고 있기 때문이다. 심지어 사우스 콜카타도 예외가 아니다. 반은 실내에, 반은 실외에 걸친 현관 베란다에서 빈둥거리며 차 한 잔을 앞에 두고 수다를 떨며 옥신각신하면서 거리 풍경을 바라보는 일은 더는 불가능하다. 현관 베란다가 없기 때문이다. 그리고 한편으로는 동냥 그릇을 옆에 놓고 벽에 기대앉은 거지부터 외제 스포츠카를 타고 굉음을 내며 시내를 달리는 영리한 젊은이들까지, 토론을 위해 적어도 정보 쪼가리라도 거래하기 위해서는, 물리적 공간이 아닌 가상공간에 모이기 때문이다. 더욱이 요즘은 거의 모든 사람의 시간이 판매되고 있다. 자유 시간은 고갈되고 있다.

'아다'라는 단어는 새의 둥지라는 단어에서 나온 것으로 보인다. 그러나 그보다 더 심오하게 인간적인 단어는 없을 것이다.

‖‖‖

땅거미가 서서히 내리고 안개는 더욱 짙어져가지만 산책을 나가볼까 한다. 뚜렷한 목적이 없기는 해도 이 산책이 '순수한 방랑'도 아닐 것이다. 나는 온전히 빈둥거리는 데는 그다지 소질이 없으며, 아무것도 하지 않는 것에 점점 가까워질수록 이론적으로 내 믿음이야 어쨌든 나는 점점 더 안절부절못하게 된다. 나는 그 저울의 한쪽 끝 무언가를 하는 상태에 가까워질 때 오히려 편안하다.

물론 제대로만 한다면, 시골에서든 도시에서든 상관없이 아무것도 하지 않으면서 동시에 무언가 한다는 느낌을 동시에 받을 수 있는 것은 걷기다. 시실 걸으면서 빈둥거리기는 상당한 기교를 요구하기 때문에 요즘엔 좀처럼 보기 힘들다. 그래도 아주 불가능하지는 않다. 대체로 우리는 걸을 때 어렴풋이 무한을 명상하는 행위에서 확실하게 멀어지게 된다.

플루타르코스와 이상한 편력 수사에게는 미안한 일이지만, 걷기는 당연히 '지금 여기'라는 유한한 것에 바탕을 두고 있다. 얼마 전 읽은 인도네시아 작가 고에나완 모하메드의 나무에 관한 수필집이었던가? 여하튼 어딘가에서, 숲속을 걷다가 형언할 수 없는 존재의 현신을 발견한다는 수피교 관념에 대한 글을 보게 되었다. 빛과 어둠으로 된 7만 겹 베일 뒤에 신이 그만이 가장 잘 아는 이유로 숨겨놓은 성스러운 것을 얼핏 보게 된다는 것이었다. 우리 대부분에게 낮 시간의 산책은 흔히 도시 공원이나 도시 경계 너머 작은 숲속의 나무에 관한 것이며, 나도 그에 대해서는 동의하는 바다. 그러나 산책이 나뭇가지 사이의 푸르스름한 빛 속에 숨은 형언할 수 없는 어떤 것과의 소통인 경우는 드물다. 걷기는 '세계 안'에 존재한다는 것의 문제다. 여기서 세계 안이라는 점을 주의해야 한다. 사람들은 수많은 나무를 볼 때의 감정을 묘사한답시고 아무렇게나 '영적'이라는 단어를 던지지만, 나무들은 영적이지 않다. 감정도 영적이지 않다.

걷기는 너무도 쉽게, 철저히 의도적인 행위로 바뀌기도 한다. 사람들은 건강을 위해 걷고, 어딘가에 닿기 위해 걷고, 개를 운동시키려고 걷고, 보여주기 위해서 걷고, 심지어는 이탈리아 전역의 도시에서 오후 늦게, 또는 파리의 튈르리 공원에서 온종일 그러는 것처럼 자신을 전시하기 위해서, 사실 상 팔기 위해서 걷는다.

그러나 걷는 사람이 아무것도 하지 않고 있다는 유쾌한 착 각을 하기도 한다는 건 맞는 말이다. 시골에서는 특히 그렇 다. 프랑스 철학자 프레데리크 그로Frédéric Gros가 『걷기, 두 발 로 사유하는 철학』에 썼듯이, 평소의 "교환망"에서 완전히 풀려났다고 느낄 때 사람들은 자신이 "더 이상 정보와 이미 지, 상품을 재분배하는 네트워크 안의 한 교차점으로 축소되 지 않"았다고 느낀다. 그로에 따르면 걷는 사람은 "이런 사 물들은 오직 당신이 부여하는 실체와 중요성만을 가진다"라 고 자유롭게 이해한다. 나는 이 문장을 처음 읽었을 때 그 소 리가 듣기 좋았다. 물론 프랑스 철학자가 종종 그러하듯 그 의 생각이 지나치게 나아가기는 했지만, 이런 인식은 매력적 이다.

사실 나는 걷기에 관한 그의 생각 중 꽤 많은 구절을 내 일 기장 뒤에 적어두고 산책할 때면 곱씹어보곤 했다. 그렇다고 내가 여기 다르질링에서 또는 차 농장에서 많이 걸었다는 얘 기는 아니다. 길은 너무 가팔라서 편안하지 않고 하늘은 너 무 낮으며 야생의 개들은 너무 위협적이다. 나로선 그게 가 능할까 하는 의문이 들지만, 그로는 이상적으로, 걷는 사람 은 심지어 가끔은 역사 자체로부터 자유로워져 '아무도 아닌 상태'가 될 수도 있을 거라고 생각한다. 아무도 아닌 상태가 된다는 것이 아무것도 하지 않는 것과 아주 똑같지는 않아도 연결점이 있다는 건 확실하다. 아니, 아무도 아닌 상태가 될 수 있다면 연결점이 있을 것이다, 물론 나는 그 경지 근처에 가본 적도 없지만. 다른 것들을 다 떠나서 아무도 아닌 상태, 즉 완전히, 절대적으로 아무도 아닌 빈 서판은 그로가 말하는 "우리 언어의 소멸"을 불러올 것이다. 내가 단언해왔던 것처럼 그건 무리한 주문이다. 특히 인도에서는 말이다. 인도인은 과묵하지 않으며 그들은 어디를 가도 있다. 언어의 소거는 절대적으로 지속되는 것, 한마디로 한때 우리가 자연이라 생각했던 것의 가장자리에 홀로 있을 때에나 겨우 이를까 말까 한 경지다. 오늘날 우리가 사는 방식의 문제점 중 하나는 첫째, 안데스나 히말라야산맥의 높은 보루에 있을 때를 제외하고는, 절대적으로 지속된다고 보이는 것조차 없다는 것이다. 그리고 둘째는 우리가 과거에 걷던 사람들이 경험하지 못한 방식으로, 과학 기술을 통해 덧없는 것들과 늘 접촉한다는 것이다. 어디를 가든 사소한 교환들이, 예전의 우리가 상상도 못했을 방식으로, 끊임없는 폭격처럼 우리를 덮친다. 덧없는 것들이 우리 일상을 채우고, 영원한 것은 잡히지 않는다.

만약 페트라르카가 순수한 기쁨을 위해서 풍경 보기를 찬양한 첫 번째 유럽인이라고 한다면, 우리는 450년 후의 윌리엄 워즈워스William Wordsworth와 그의 누이를 걷기의 순수한 기쁨을 위해 자연 속을 거닐었던 첫 번째 유럽인으로 꼽고 싶을 것이다. 걷기의 역사를 연구한 어느 학자가 쓴 대로 워즈워스는 정원을 벗어나 산책을 했다. 시골 지역이 대체로 안전해진 뒤부터는 이것이 가능했다. 워즈워스 남매가 아무것도 하지 않기를 실천하던 것은 아니었지만, 그들이 한 발 한 발 내디디고 있던 이유는 어딘가에 이르기 위해서나 무엇을 팔기 위해서도 아니었고 더욱이 정복이나 약탈을 위해서도 아니었다. 그들은 떠돌이 상인이나 부랑자가 아니었으며 노상강도는 더더욱 아니었다. 달리 말해서 그들은 자연을 지나가는 것이 아니라, 자연 속에 있는 것을 즐기는 데 열중했다.

물론 사람들은 예부터 시골을 걸어서 배회하고 있었다. 그것이 아무리 위험해도 18세기 말 영국의 그 남매가 산책을 다니기 수백 년 전부터 그래왔다. 17세기 초까지는 그 의미를 표현할 정확한 단어기 절실히 필요할 만큼 자주는 아니더라도, 분명 느긋하게 정처 없이 거닐기는 했을 것이다. 우리가 알기로는 고대 그리스에서도 더러 기분 전환을 위해 어슬렁어슬렁 시골을 거닐었다. 그것보다 따분한 일은 생각할 수 없다고 소크라테스가 말했기 때문이다. 여가를 자기 계발로 잘못 생각했던 소크라테스는 시골이 자신에게 가르쳐주는 것은 없다고 했다. 소크라테스는 느긋한 소요객이 아니었다. 로마인들은 느긋한 걷기를 즐겼을까? 특정 계급은 그랬을 것이다. 베르길리우스는 분명히 그랬다. 로마 시대에는 뚜렷한 목적을 가지고 시골을 걸어다닐 노예와 병사가 있었고, 노예의 경우 뛰어다녔으며(그래서 그들은 '달리는 노예들'로 불렸다), 그리스인들처럼 도시를 산책하는 전반적인 문화를 가지고 있었다.

그러나 로마인들이 정말 한가롭게 거닐었을까? 그러고 보니 떠오르는 이야기가 있다. 로마령 스페인의 토착 부족민들이 시골을 거닐던 로마 장교들을 보고 소스라치게 놀랐다는 이야기다. 부족민들은 그들이 미쳤다고 생각하고 막사로 돌아가도록 그들을 안내하려고 했다. 당신들은 앉아서 쉬거나, 또는 일어서서 싸워야 할 것이오, 그들은 로마 장교들에게 그렇게 말했다. 대체로 로마령 스페인에서 걷기란 여기서 저기로 가기 위해서만 하는 행위였을 것이다. 일본에서 겐코는 14세기 초에 마음이 흡족하도록 (『쓰레즈레구사』 영문판에 따르면) '한가롭게 거닐고' 있었다. 그에 따르면 풀 푸르고 물 맑은 시골의 호젓한 곳을 거니는 것에 비할 기쁨은 없다.

워즈워스 남매에게 산책을 나서도록 처음 영감을 주었던 장본인 루소는 사실 한가롭게 걷는 사람은 아니었다. 루소는 스스로 인정하기를, 오래 걷는 소요객이 아니라 잠깐 걷는 산보객이었다. 그가 사회를 초월한 일종의 미개인이었다는 인식은 터무니없다. 1770년대와 1780년대 이 행성에는 실제 미개인들이 존재하기는 했어도 프랑스에는 거의 없었으며 루소는 그 가운데 한 명이 아니었다. 그리고 루소는 분명 아무도 아닌 사람이 되려고 하지도 않았다. "나는 혼자 걸어서 다닐 때만큼… 많이 생각하고, 생기 있게 존재하고, 많이 경험한 적이 없고, 나 자신이었던 적이 없다."

그런 한편, 요즘《뉴욕 타임스》지면에는 '거닐다'라는 말이 이틀에 한 번 꼴로 자주 등장하는데, 아마도 지금 치매에 쏟아지는 관심과 관련이 있는 것 같다(확인해본 것은 아니다). 사람들은 늘 헤맸다. 고트족은 유럽을 헤맸고, 반달족은 북아프리카를 헤맸으며, 노상강도들은 대로를 헤맸다. 하지만 소요와는 달리 '헤맴'은 무언가를 찾고 있다는 것, 종종 당신의 것이 아닌 것을 찾고 있음을 암시한다. 헤매는 동안에는 뚜렷한 계획이 없을지 몰라도, 목적은 얼마든지 가질 수 있다. 역사를 통틀어 사람들은 종종, 굽이돌며 느리게 흐르는 강물처럼 끊임없이 자신에게 되돌아오는 것을 희미하게 암시하며 정처 없이 '배회'하기도 했다. 이런저런 형태의 '방랑'은 시간이 시작된 이후 사라져가고 있지만, 확실히 '헤맴'이라는 단어에는 어디를 향하는지 알지 못한다는 것뿐 아니라 어렴풋이 길을 잃었다는 낌새도 있다.

'어정거리기'는 어디로 향하고 있는지 아느냐의 여부보다는 다리와 몸통으로 하는 일과 더 관련이 있다. 무엇보다도 그것은 걸음걸이에 관한 것으로, 아주 살짝 멋진 느낌으로 한가로운 걸음걸이일 것이다. '느긋하게 걷기'는 거닐기와 비슷하지만, 이 역시 다른 무엇보다도 걸음걸이에 대한 묘사다. 서두르지 않는 걸음, 시간이 많은 사람의 걸음걸이다. 여성에게 '느긋하게 걷는다'고 표현하는 것을 자주 들어봤는가? 여성이 느긋하게 걷는 것이 품위 있어 보이는가? 예를 들어 스완 부인이 느긋하게 걸었던가? 실크 양산이 준비되면 잘 차려입은 여러 신사의 호위를 받으며 그녀가 했던 것은 분명 '산보'였다. 산보 하면 우리는 여유로운 걷기(그것이 주는 한가로운 기쁨을 위한 걷기)를 생각하지만, 산보는 멀리 가는 게 아니다. 당신은 얼마든지 시골길을 따라서 산보할 수 있지만, 숲속이나 황야를 오래 걷기보다는 도시의 거리를 따라서 또는 도시공원을 산보할 가능성이 더 높다. 내가 메이페어에서 초우라스타 광장까지 걸어서 가는 것은 산보다.

그렇다. 오직 '거닐기'만이 워즈워스 남매가 했던 그것을 아우를 수 있는 것 같다. 그것은 매우 18세기답고, 멋스럽게 영국적이며, 귀족의 정원이나 시골 영지가 아닌 자연이라 여겨지는 배경 속에서 안전하게 실행되었고, 비록 지금은 젠트리 계층이 탐닉하는 그런 것은 아니지만 그렇다고 농부들이 즐겨 할 그런 부류의 것도 아니다.

요즘 영국이나 프랑스에는 그로가 말한 의미의 "절대적으로 지속"되는 것 속에서 아무도 아닌 상태가 되는 경험을 하게 해줄 자연이 루소와 워즈워스의 시대보다도 더욱 적어졌다. 하지만 영국인들과 프랑스인들은 자연이 있다고 생각하는데, 그들이 그렇게 생각한다는 점이 중요하다. 사실 유럽에는 사람의 손을 타지 않은 자연이 많이 남아 있지 않으며, 모든 것이 요리되어 왔다. 내가 사는 태즈메이니아를 방문했다가 진짜 자연을 보고 충격을 받은 영국인들은 그들 눈앞에 보이는 것을 '야생'이라고 부른다. 프랑스인들은 그저 당황한다. 그들은 하나같이 적절한 말을 궁리하고, 숲이라는 말을 붙여보았다가 결국 포기하고는 덤불이라고 한다.

이 위쪽 히말라야의 구릉지에는 인긴의 손을 타지 않은 자연이 많이 남아 있기도 하고 그렇지 않기도 한데, 고도에 따라 약간씩 다르다. 이곳의 걷기를 지배하는 것은 전혀 다른 단어다. 먼 거리를 걷는다는 뜻의 '트레킹'이다. 이 단어는 루소스럽지 않으며 워즈워스스럽지도 않다. 그것은… 사실 그것이 무엇인지는 신만이 알리라.

엊그제 아침 식사에는 건장한 젊은 여성 둘이 무언가를 위해 단단히 갖춰 입고 나왔다. 그들의 신발은 무슨 첨단 작품 같았다. 그저 시내나 돌아보려고 채비한 건 분명 아니었다. "산닥푸요." 친구와 함께 어디를 가느냐고 내가 물었을 때 멜버른에서 온 한 여성이 대답했다. "산닥푸 트레킹 갈 거예요."

"아." 나는 평소 이런 상황에서 곧잘 하는 것처럼 대답했다.

"닷새 일정이에요." 그녀의 친구가 뮤즐리 위에 요거트와 베리를 쌓으며 말했다. 그녀는 남아프리카 억양을 쓰는 다부진 체격의 곱슬머리 젊은 여성이었다. 간호사일까? 그녀가 나를 위아래로 훑어보았다. 나는 건장하지 않다.

"잠은 텐트에서?" 내가 물었다.

"아뇨, 오두막에서요."

"아."

나는 묘한 부러움을 느꼈다. 얼마나 근사할까. 아무리 안개가 자욱해도, 아무리 만병초 꽃송이가 자취를 감춘 지 오래되었다 해도, 아무리 히말라야 봉우리들의 모습이 어쩌다 한 번 겨우 보인다고 해도, 그 봉우리들 아래 능선 위에서는,

또 우거진 골짜기 안에서는 외경스럽도록 아름다우리라. 머리 위에는 독수리들이 맴돌고, 숲은 살아 있고….

"눈표범, 눈표범은 위험하지 않나요?"

그들은 깔깔거렸지만, 그다지 다정한 웃음은 아니었다. "눈표범을 볼 일이 있을까 모르겠네요." 멜버른에서 왔다는, 실은 구급 의료대원인 여성이 말했다. "그러면 횡재한 거겠지요. 어쩌면 빨간 판다나 짖는 사슴도요."

"하지만 새들은 많을 거예요." 동료 트레커가 말했다. "그 구릉지는 조류 관찰자에게는 천국이거든요. 새를 좋아하세요?"

"많이 좋아하죠." 내가 말했다. 이때쯤 나는 샘이 나서 미칠 것 같았다. 산닥푸 트레킹은 정신을 고양시켜 주겠지. 그것은 일종의 희열을 주겠지. 잊지 못할 경험일 거야. 그것은 나를 넘어서는 일. 나는 절대 할 수 없으리라. 비록 걷기의 저울에서 '무언가를 하기'라는 끝에 있는 것이겠지만 그것이야말로 여가의 정수리라. 그러나 지금 나로선 불가능한 일이다.

"림빅까지 지프를 타고 가서 기기서부터 걸어요."

내가 임금이었다면, 가마를 대령하라고 명령하고 그들과 함께 떠났을 것이다.

도시에서 거닐기는 전혀 다른 상황이며 항상 그래왔다. 어떤 아테네인은 아고라 _{agora}에서 어슬렁거리기를 즐겼지만, 보통은 목적이 있었다. 다른 아테네인을 붙잡고 걸으면서 이야기를 늘어놓기 위해서였다. 사실 '아고라'라는 단어는 '대화하다'는 의미를 가진 어근에서 나온 것으로 보이는데, 흥미로운 사실은 그리스어에서 페리파테인 _{peripatein}이 이와 같은 '말하기를 함축한 걷기'를 뜻한다는 것이다. 영어에는 왜 그런 동사가 없을까? 어쩌면 '거동하다 _{comport oneself}'가 비슷할 것이다.

로마는 아테네보다 소란스러웠다. 유베날리스는 도시에서 거리를 걷기란 곤란을 자초하는 일이라고 단언했다. 강도를 당하거나 칼에 찔리거나, 흠씬 얻어맞거나, 어느 지붕에서 떨어지는 기왓장이 (내 친구 스티븐 밀러 _{Stephen Miller}의 표현을 빌리면) '머리를 후려갈기는' 경우가 생길 수도 있었다. 스티븐은 맨해튼 주변 걷기의 역사를 생동감 있게 다룬 책 『뉴욕 걷기 _{Walking New York}』(전치사가 없다)에서 대서양 양안의 도시 거리 걷기를 좋아했거나 좋아하지 않았던 유명한 사람들을 재미있게 소개한다. 기대하다시피 영국 시인 토머스 그레이 _{Thomas Gray}도 등장한다. 그레이는 '광란의 무리를 밀러 떠나

(*far from the madding crowd*)'라는 문구를 만들었으며, 버킹엄셔 스토크 포지스의 어느 교회 묘지에서 쓴 만가로 주로 기억되는데, 시내로 들어가는 걸 몹시 싫어했다. 같은 시대에 영국 해협 건너편에 살았던 루소나 영국의 수필가 윌리엄 해즐릿William Hazlitt도 마찬가지였다.

이와는 반대로, 해즐릿의 친구이자 매우 세련된 또 한 명의 수필가인 찰스 램Charles Lamb은 런던의 북적거림과 심술궂음을 사랑했고, 평생 또 다른 산을 보는 것에는 전혀 관심이 없었다. 영국 작가 맥스 비어봄은 와자지껄한 도시의 악덕과 죄악을 좋아한다고 인정하지는 않았지만, 시골에서의 걷기가 도시에서의 걷기보다 어떻게든 더 고상하고 고결하다고 생각하는 사람들의 허세를 경멸했다.

파리에서는 보들레르Baudelaire가 도시 산책이 사람을 취하게 하는 효과가 있음을 발견한 것으로 유명하다. 이 때문에 발터 벤야민Walter Benjamin과 그의 수많은 제자들은 공원 오솔길을 걷고, 우리가 보기엔 거기서 빈둥거리며 멍하니 있는 것 같지만 지금도 그들은 무언가를 쫓고 있다고 확신한다. 한편 찰스 디킨스Charles Dickens는, 그의 표현을 빌리면, "약간 비전문적인 방랑"을 무엇보다 좋아했다. 바다 건너 뉴욕에서 거의 비슷한 시대를 살았던 월트 휘트먼은, 부와 산업의 집중은 물론 매춘부와 도둑이 우글거리고 돼지들이 발목까지 오물에 빠진 채 주둥이로 먹을 것을 뒤지는 악취 나는 거리에서 만나게 되는 "거칠고, 살찌고, 세속적이고, 먹고, 마시고, 번식하는" 군중이 그를 "흥분하게 한다"는 걸 발견했다. 당연한 일이다.

설사 서구 사회 도시들이 적어도 겉으로는 램이나 휘트먼의 시대보다는 덜 위협적이고 덜 소란스럽다고 해도, 여간한 당당함이 없다면 도시의 거리를 어슬렁거린다는 것은 자칫 잠행이나 호객행위로 변질될 수 있다. 내 파트너 피터는 나를 만나기 오래전, 미술을 공부하면서 뉴욕에서 여러 해 동안 살았다. 그는 디킨스가 "확실한 목표를 향해 똑바로" 걷기라고 부른 것과 어슬렁거리기를 결합한 방식으로, 부러울 만큼 느긋하게 맨해튼을 산책하곤 했다. 방법은 가장 가까운 거리 모퉁이를 향해 출발해서 아무 방향이든 녹색 신호등이 켜진 횡단 보도를 건넌 뒤 다음 모퉁이까지 걸어가는 것이다. 때로는 이런 식으로 몇 시간이고 맨해튼을 돌아다녔는데, 너무 지저분해서 기분이 언짢아지는 곳에 이르러 결코 볼 생각이 없었던 것들을 보게 되어 발길을 돌리면서 보통 산책을 끝내곤 했다.

이런 부류의 한가로운 도시 답사도 괜찮은 것 같다. 어떤 목적이니 목표는 없지만 완전히 무작위적이지는 않기 때문이다. 거기엔 일종의 패턴이 있다. 관여하기와 물러나기 두 가지를 동시에 할 수 있다. 직선으로 뻗은 거리의 방대한 망으로 된 뉴욕은 실로 이런 식의 걷기에 완벽한 장소가 아닐 수 없다. 이 방식이 어디에서나 통하지는 않을 것이다. 우리는 지금 도시라기보다는 소도시에 살고 있고, 거리들을 속속들이 알기 때문에 이런 식으로 걷기는 쉽지 않다.

또 다른 친구인 리처드는 이제 막 마드리드에서 돌아온 50대 초반의 남자인데, 그 역시 도시 풍경 속을 한가롭게 거니는 기술을 통달했다. 그는 어정거리기, 느긋하게 걷기, 느리게 걷기의 방법을 알고 있을 뿐 아니라, 여기저기 어슬렁거리며 빌붙는 데도 선수다. 나는 그가 부럽다. 그는 쿠바에서 많은 시간을 보내면서 그 기술을 연마했지만, 완전히 터득한 것은 마드리드에서였다. 언젠가 나는 곰돌이 푸처럼, 그것을 어떻게 하는지 리처드에게 물어보았다. 그는 몇 분 동안 느긋하게 그 질문을 곱씹어보더니 이렇게 대답했다. "하루를 처음 시작할 때는 어디 가고 싶은지, 어느 방향으로 갈지에 관해서는 그저 막연한 생각밖에 없어요. 그 이상으로는 별 계획이 없지요. 누군가를 만나기로 약속되어 있다면, 이를테면 오후 세시에 시르쿨로 데 베야스 아르테스 미술관 앞에서 스티브나 누군가를 만나기로 했다면 그 계획은 망치는 거예요."

심지어 스티브도? 나는 놀란다. 스티브는 그에겐 평생의 동반자이며, 스티브도 그만큼이나 쿠바와 스페인의 리듬에 잘 적응되어 있기 때문이다. "스티브는 우리가 왜 이쪽으로 가고 저쪽으로는 가지 않는지, 왜 하필 이 거리를 걷고 있는지, 왜 이 미술관이나 교회, 아니면 다른 공원으로 향하지 않는지 알고 싶어 하거든요. 그런 걸 왜 알아야 하죠? 난 몰라도 되거든요." 리처드는 그가 좋아하는 걷기의 방식에 관해 다시 몇 가지 질문을 생각하면서 마드리드를 떠올리는 게 분명했다. "한가롭게 걷기란, 몇몇 가능성을 제외하고 모든 것을 열어둔다는 의미예요." 이런 식의 불확정성은 당장에 매력적으로 다가왔다. "그건 명확한 목표를 포기하고 그냥 걷다가 어디까지 왔는지 본다는 뜻이죠." 걷기에 대한 리처드의 태도에는 좋은 대화가 어떤 것인지를 떠올리게 하는 무언가가 있다. 당신은 입으로 말할 때까지는 당신이 말하려는 것을 정확히 모른다. 당신이 찾아내는 그것은 말하는 과정에 있다.

리처드가 항상 혼자 걷는 건 아니다. "마드리드에 이런 친구가 있어요." 그가 말했다. "그 친구가 저녁에 나한테 전화하면 같이 밤거리로 나가서 정처 없이 걷는 거예요. 우리가 즐길 만한 이런저런 것 약간만 염두에 두고서 말이죠. 그러니까 잠깐 서 있을 만한 단골 타파스 바에 들른다든지, 가우디 아파트를 구경한다든지 하는 것 정도로요. 그 친구 말로그 아파트는 길거리에 사람 하나 없는 이른 아침이면 멋지게 '잠자는' 것처럼 보인대요…. 그게 무엇이든 될 수 있어요. 그거야말로 내가 가장 좋아하는 소일거리죠." 소일. 하는 일 없이 시간을 보내다.

그렇다. 리처드는 시간을 두려워하지 않는다. 그리고 그 결과 그는 빈둥거리며 걷기 또는 걸으면서 빈둥거리기에 최대한 근접하게 되었다. 이것이 바로 리베카 솔닛^{Rebecca Solnit}이 도시 걷기에 관한 유명한 사색『걷기의 인문학』에서 쓴 "용무와 번뜩이는 깨달음의 혼합"이다. 나도 리처드가 하는 것을 할 수만 있다면! 나는 번뜩이는 깨달음을 얻을 준비가 되어 있다. 나한테도 그런 재능이 있지 않을까?

리처드식의 도시 배회는, 특히나 해가 진 후에는 남성들만을 위한 행위다. 브루크너 소설의 여주인공 엘리자베스는 남편 디그비가 사무실에 있는 낮 시간에는 주로 쇼핑을 하거나 요리를 했지만, 사우스 켄싱턴 주변인 듯한 곳을 걷기도 했다고 말한다.

그러나 나는 나를 둘러싼 것들, 그 따분하고 잘빠진 거리와 광장에는 거의 눈길을 주지 않았다. 그런 곳에서 조용한 오후 시간을 채울 요량으로 똑같은 쇼핑 나들이를 나온 이웃을 어쩌다 만날 수도 있었기 때문이다 (…) 이런 걷기는 전혀 즐겁지 않았지만 내가 느낄 수 있었을 어떤 불만을 초기에 가라앉히는 해롭지 않은 방법이었다.

런던은 별다른 사건이 일어나지 않는 도시이고, 그녀의 삶에는 별다른 사건이 없다. 그녀는 시간이 덜 비어 보이도록, 덜 무한해 보이도록 '시간을 채우고' 있다. 개를 데리고 나오지 않았다면, 또는 누가 봐도 쇼핑하는 게 아니라면, 이처럼 완전히 혼자서 도시의 거리를 느긋하게 걷는 여성은 전 세계 거의 어디서나, 그리고 어둠이 깔린 후라면 더더욱, 남성을 유혹하고 있는가 아니면 미친 사람으로 여겨질 것이다.

몇 주 전 나는 뉴욕을 배경으로 사진작가 다이앤 아버스의 삶을 다룬 영화를 보고 있었는데, 거기서 니콜 키드먼은 어느 날 밤 남편에게 이렇게 말한다. "산책을 나갈까 해요." 정말? 밤중에 혼자서? 그것도 뉴욕에서? 있을 법하지 않은 일이다. 버지니아 울프라면 날마다 혼자서 다운스를 산책할지 몰라도 니콜 키드먼이 밤중에 혼자 맨해튼을 산책한다는 건 우리의 의구심을 불러일으킨다. 말할 필요도 없지만 그녀는 산책하러 가는 게 아니다. 심지어 이 영화처럼 개연성 없는 내용으로 가득 채워진 영화에서도 우리는 니콜이 거짓말하고 있다는 걸 안다. 그녀는 로버트 다우니 주니어를 만나러 갈 것이다. 그렇다면 완벽하게 말이 된다. 그런 반면에, 개가 목적 없이 어슬렁거리며 무엇을 하는 건지 궁금하다면 개야말로 인간이 하는 것처럼 한가로이 걷는 것을 즐기는 몇 안 되는 동물이라는 사실을 기억해야 한다. 개는 여기저기 살피고, 산들바람을 킁킁거리고, 그저 빈둥빈둥 돌아다니며 시간을 보낸다(특정 돼지와 특이한 염소도 그 후보에 오를 것이다).

엘리자베스는 남편이 사무실에서 발작을 일으켜 급작스레 죽은 후 실제로 혼자서, 밤중이나 새벽 어스름에 사우스 켄싱턴과 런던 인근을 산책한다. 그때가 유일하게 목격자가 한 명도 없는 시간이어서 그녀를 알아볼 사람이 없을 거라고 확신했던 것이다. 그리고 이렇게 쓴다. "나는 신선한 공기를 마시고 싶다는 진짜 물리적인 갈망이 있었을지도 모르겠다. 그러나 내가 정말 원했던 건 해방의 환상, 자유의 환상이었다…." 어떤 경계도 없고, 그녀의 시간을 잡아먹는 것도 없고, 벗어나지 못할 의무가 부여되지도 않는 자신의 삶을 꾸려가는 것에 관해서는 "평범한 낮보다는 어둠 속에서 생각하는 게 더 쉽다." 막 과부가 되었지만 먹고살 걱정은 없는 엘리자베스에게 걷기는 하루의 주요 일과가 된다. 그렇지만 그녀는 개를 동반하지 않고 위험을 무릅쓴다.

내 친구 리처드가 마드리드를 걷던 이야기를 듣노라니 친구와 함께 걷기는 혼자 걷는 것과 같지 않다는 생각이 든다. 어떤 차이가 있을까?

이를테면 안개비 속에서 초우라스타 광장으로 뻗은 몰로드를 따라 혼자 걸으면, 마터호른이니 돌핀이니 드림랜드니 너바나니 욕심껏 이름을 붙인 호텔들과, 나로선 살 생각이 없는 것들을 파는 노점들을 지나, 까불까불한 어린 학생들과 평원에서 온 관광객들을 요리조리 피하는 사이에 "정보와 이미지, 상품을 재분배하는 네트워크 안의 한 교차점"으로서 나 자신에 대한 인식이 실제로 약간 엷어지는 것 같고, 그로가 말한 것처럼 날마다 모두에게 '나'를 말하며 평생을 살아온 이 나이에 가능한 선에서 최대한 "아무도 아닌 상태"가 된다.

물론 다르질링은 소도시이지 사방이 트인 시골은 아니지만, 그래도 초우라스타 광장에 다다라 눅눅한 구석에서 빈둥거리는 한량 무리와 뒤섞일 때쯤이면 실제로 나는 수많은 인상이 뒤섞여 유랑하는 교차점이 되고, 어떤 네트워크에도 섞이지 않은 채 역사(영국 통치 시절이 느껴지는) 감각도 거의 없이, 벵골어와 네팔어가 뒤섞인 소용돌이의 가장자리 말 없는 자리에서 길을 따라 이리저리 표류하고 있었다. 숲의 일부를 가로질러 도로가 난 곳에서는 그런 느낌이 더욱 생생했다.

그렇다. 나는 마음의 눈으로 나 자신이 아닌 지속되는 것만을 바라보며 남겨졌다는 의미에서 혼자다. 그 모든 것에, 심지어 이 소도시에서도, 진리의 알맹이는 존재한다. 길동무가 함께 있었다면 전혀 달랐을 것이다. 예를 들어 슈밤과 함께였다면 말이다. 아침 식사 때 슈밤이 차를 따라주면서 오늘 오후는 휴가라고 말했는데, 사실 그는 무엇보다도 다르질링의 숨은 구석구석을 나에게 보여주면서 영어 연습을 하고 싶어 할 것이다. "똥물원을 보고 싶으세요?" 그는 마멀레이드를 더 내주면서 누구나 들을 만한 소리로 소곤거렸다. "똥물원이라뇨?" "똥물원요. 안 지루해요. 거기에 눈표범이 있어요. 하지만 목요일에는 문을 닫죠."

슈밤과 함께라면, 나는 누군가가, 틀림없이 누군가가 될 것이다. 나는 언어와 문화와 욕망의 네트워크 안의 선택된 위치에서 보고 말하게 될 것이다. 나는 과거가 있고, 유머 감각이 있고, 규칙을 (그리고 그것이 어떻게 바뀔 수 있는지를) 인식하고 있는 누군가가 될 것이다. 그것이 더 나은 걷기의 방법은 아니겠지만, 사뭇 다른 방법인 것은 맞다. 그것은 소크라테스가 했던 다른 사람과 함께 걷기는 아닐 것이다. 어느 모로 보나 자기 계발의 연습은 아닐 터이므로(적어도 나한테는). 대신에 나는 유쾌하게, 사교적으로, 무도덕적으로 보내는 시간에 대한 감각을 가지게 될 것이다. 슈밤에게는 그 걸기가 어떨지 모르겠다. 아마도 언어의 에로스, 심장에 꽂히는 일종의 화살 같은 내 영어를 경험하지 않을까. 누가 알겠는가?

|||||

지금까지 말한 걷기의 두 종류(리처드처럼 마드리드를 돌아다닌가든가, 슈밤과 함께든 아니든 나처럼 다르질링을 돌아다니는 것) 중 어디에도 속하지 않는 것이 독일 사상가 발터 벤야민이 근사하게 현대적인 의미를 새롭게 부여한 플라느리^{flânerie}[14]일 것이다. 그렇지만 적어도 내 생각은 그렇지 않다. 벤야민은 이 단어 하나로 너무 많은 것을 의미했기 때문에 그게 무엇인지 확신하기는 힘들다. 요즘은 한가롭게 걷는 사람인 플라뇌르^{flâneur}에 관해 말하고 쓰는 것만도 하나의 산업이며, 북아메리카와 서유럽 전역에서는 그런 단어 자체를 상품처럼 사고판다. 벤야민을 읽은 사람이라면 누구나 그렇게 될 거라고 생각했을 것이다. 벤야민의 열성적인 한 여성 팬은 상당한 수수료를 받으리라 확신하면서 순진하게 이렇게 썼다. "우리는 누구나 낯선 사람에게 우리 자신을 파는 매춘부

---

14   한가롭게 거닐기를 뜻하는 프랑스어. 여기서는 눈앞에 나타나는 풍경과 구경거리에 정신을 팔며 걷는 행위를 말한다.

들이다."[15] 나는 그녀가 매춘부들을 더 많이 만나볼 필요가 있다고 생각한다. 자기 자신을 파는 것이 꼭 몸을 파는 것은 아니다.

리처드와 나 둘 다 보통 쓰이는 의미 또는 흔한 의미에서 플라뇌르인 것은 분명하다. 우리는 우리의 본거지가 아닌 도시를 천천히 한가롭게 돌아다니면서, 지식이 아니라 경험 그 자체를 얻으려고 하니까. 우리는 떠돌이의 시선을 연습한다. 어슬렁거리며 걷는 동안 우리는 군중의 일부가 되지만 그들과는 분리되어 있고, 우리의 눈(그리고 귀와 코도)은 사람들이 좀처럼 주목하지 않는 것들을 찾아 헤맨다. 우리는 도시에서 플라느리를 실천하는 걸 좋아하는데, 건물 앞을 지날 때면 그 내부가 포장도로 위로 흘러내리는 것 같다. 그러나 벤야민은 『아케이드 프로젝트』에서 그 단어가 훨씬 더 많은 것을 의미하도록 확장해나간다. 벤야민이 보들레르를 읽으면서 생산적으로 빚어냈던 의미에 엄밀히 비춰본다면, 리처드나 나는 플라뇌르가 아닐 것이다.

사실 누가 진짜 플라뇌르일지 궁금하다. 현대의 도시에서 벤야민이 말하는 의미의 실제 플라뇌르가 얼마나 될까? 심지어 파리에 곧게 뻗은 대로들(마들렌 교회와 본누벨 대로 사이,

15   수잔 벅 모스, 『발터 벤야민과 아케이드 프로젝트』 중.

기본적으로 제2구의 북쪽 끝)을 따라 걸으면서도, 벤야민은 그 단어의 논쟁 가능성에 집중하고 있었다. 나는 그 대로를 제법 잘 아는데, 지금 거기 있는 사람들 가운데 쇼핑 온 관광객이 아닌 이가 누구인지, 발칸반도 출신의 사기꾼이 아닌 이가 누구인지 알아내기란 쉬운 일이 아니다. 요즘 도시에서 포장도로를 따라 걷는 것에는 별로 '모호함'이 없다. 모두 무언가를 사고 있거나, 팔고 있거나, 개를 산책시키고 있다.

벤야민이 말하는 의미의 플라느리가 실제로 얼마나 지속되었는지도 의심스럽다. 내가 이해하는 한, 19세기의 느긋한 산책자에 관한 그의 복잡미묘한 생각, 군중의 일부가 된다는 것의 의미를 막연하게 전복시켜 군중 속에 묻힌 채 군중 사이를 지나면서, 열띤 생산성 사이에서 비생산성을 유지한 채, 날뛰는 소비주의의 한가운데서 소비하지도 소비되지도 않는 만보객이라는 상념은 그가 삶에서 끌어낸 것이 아니라 제2 제정기에 쓰인 시들을 읽다가 끌어낸 것이다. 우리는 근대 자본주의를 전복시키는 이런 플라뇌르를 현실의 포장도로 위에서는 단 한 명도 보지 못한다. 플라뇌르라는 관념은 유혹적이지만, 왠지 스쳐가는 환영처럼 느껴진다.

21세기 초 도심지에서 우리가 만나는 사람들은 의식적으로든 무의식적으로든 많은 것을 하고 있지만, 모호하게 하는 법은 거의 없다. 우리는 플라뇌르를 많이 만나지 않는다. 우리는 뒷골목이나 아케이드에 있는 카페에 앉아서, 모든 플라뇌르가 결국엔 그렇게 될 거라는 벤야민의 예언처럼, 우리가 먹는 식품을 생산한 기업을 홍보하는 사실상의 샌드위치 보드 역할을 할지언정 한가롭게 거닐지는 않는다. 오늘날 벤야민식 해석으로 보자면 우리가 거니는 대로라 할 만한 것은 인터넷이다. 인터넷은 우리가 한가롭게 거닐 가능성이 가장 많은 장소로, 우리는 상인과는 물론이고 행인과도 종종 모호하게, 심지어는 가명으로 수다를 떤다. 그게 아니라면 리처드와 나처럼 현실 속의 관광객이 되어 새로운 장소를 탐험하기도 한다.

그러나 그것조차도 지금은 기이해진 것 같다. 여기 인도에서뿐 아니라 세계 곳곳에서, 한 명의 인솔자를 따라 무리 지어 다니는 단체 관광객들이 압도적으로 많다. 그것이 싸고 실용적인 여행법이기는 하지만, 우리를 위해 우리의 시간을 포장해서 부가가치 기능을 갖춘 관리된 여가 활동으로 우리에게 되팔려는 상인들에게는, 단체 관광객이 완벽한 표적임은 말할 필요도 없다.

IIIII

아직 우리가 어떤 위험도 없이 어슬렁거리며 빈둥거릴 수 있는 장소는 해변이다. 해변에서는 나른함이 허락되고 어느 정도의 시간 낭비가 당연하게 여겨지며, 원하면 모래 위에 나른하게 누워 아직 활동적인 다른 사람들을 응시할 수도 있다. 파도를 타고, 먼 바다를 향해 헤엄치고, 비치 발리볼을 하고, 산책로에서 스케이트보드를 타거나 그냥 장난치는 사람들을.

시골 영지에서 아무것도 하지 않는 것에 만족하지 못한 영국의 상류 계급은 거의 300년 전부터 해변을 찾아 빈둥거리곤 했다. 이 모든 것은 귀족들을 위한 유서 깊은 온천 소도시인 스카버러에서 시작된 것으로 보인다. 1735년 또는 그즈음에 최초의 이동식 탈의차가 스카버러에 등장했고, 건강을 추구하던 풍속이 사소한 쾌락 추구의 풍속에 밀려나기 시작했다. 이후 국왕 조지 4세는 브라이턴을 즐겨 찾았고, 빅토리아 여왕은 아일오브와이트와 램스게이트를 좋아했으며, 바야흐로 최초의 증기기관차가 등장하고 낮은 계급들도 블랙풀을 찾아 떠들썩하게 놀기 시작하면서 휴일의 행락이 탄생했다.

왜 영국인들이 처음이었을까? 바다가 멀지 않았을뿐더러 노동자들에게 휴일이 생겼고 이윽고 기차가 생겼기 때문이다. 철도가 니스까지 놓이자, 왕족들도 니스까지 갔으며, 빅토리아 여왕은 심지어 리비에라까지 갔다. 이후 어중이떠중이까지 수백만 명씩, 종종 결코 점잖다 할 수 없는 옷차림을 하고서 그 뒤를 따랐다.

그런데 잠깐, 2천 년 전 로마의 상류 계급들도 무리를 지어 나폴리만의 바이아를 찾아 모래밭 위에 눕고, 애무하거나 그보다 더한 것을 하고, 그러고 나면 바닷물로 달려가 흥겹게 놀며 몸을 식히지 않았던가? 휴양도시 바이아는 오비디우스 시절에는 성적 오락으로, 세네카 시절에는 악덕의 온상으로 유명했지만, 로마인들이 그저 해변에 누워서 최신작 두루마리를 읽으며 치즈를 곁들인 핫도그를 먹으려고 해변을 찾지는 않았을 것이다. 물론 그들은 즐거움을 위해 파피루스 두루마리를 읽고 치즈와 함께 소시지를 가져와서 빵에 올려서 먹기는 했겠지만, 우리가 아는 한 그 아이들이 파도 속을 들락날락하며 노는 동안 모래 위에 누워서 먹지는 않았다.

부서진 조개껍데기로 독특한 무늬를 수놓은 듯한 모래사장과 바위 위에서 맨살을 조금 드러낸 채 사실상 아무것도 하지 않고 그저 재미를 위해서 빈둥거릴 생각을 처음 한 사람들은 바로 영국인들이다. 물론 나도 베를린 주변의 공원에서 발가벗고 햇볕을 쬐며 아무것도 하지 않는 베를린 시민들을 본 적이 있지만, 그것과는 같지 않다. 도시의 공원에서는 해변에서처럼 거의 아무것도 하지 않고 빈둥거리기란 불가능하다. 그건 호숫가에서도 마찬가지다.

빅토리아 여왕이 니스를 찾은 뒤 100년이 채 지나기 전, 이탈리아 작가 알베르토 모라비아는 어느 이탈리아 해변을 배경으로 『아고스티노 Agostino』를 썼다. 지금 내가 읽는 작품인데, 매우 짧아서 속도를 조절하는 중이다. 그럼에도 천천히 읽기가 쉽지 않은데, 너무 유혹적이라 단단히 마음을 빼앗겼기 때문이다. 이 책을 덥석 물어버린 이상, 앉은 자리에서 전체를 다 해치우고 싶다. 모라비아가 배경으로 삼은 해변이 어디건 그곳은 결코 근사한 휴양지라 할 수 없다. 하지만 그곳은 조지 2세 시대의 스카버러부터 오늘날의 와이키키까지 모든 곳의 해변을 상징한다 할 것이다. 이 해변에서 열세 살 소년 아고스티노는 어머니와 함께 여름을 지내게 되고, 남자로 성장하기 시작한다. 어른 남자가 된다는 건 그를 괴롭히는 모든 소란에 대한 해결책일 거라고 그는 믿는다. 사춘기를 겪는 모든 소년이 그렇게 생각하지 않는가?

이 짧은 소설이 진행되는 동안 아고스티노가 이룬 것은 성에 대한 유년기의 순수함을 잃은 것이 전부다. 그는 성에 눈을 뜬 젊은 새 친구들과 어울리면서 유년기를 졸업하지만, 물론 남자가 되는 데는 실패한다. 그 자체가 자연과 문명 사이의 좁은 전이 지대인 해변은, 적어도 우리네 사회에서는 오래전부터 성적 과도기의 장소가 되어왔는데, 내 친구 드루실라 마제스카Drusilla Modjeska가 지적했다시피, 파푸아뉴기니를 필두로 한 전통적인 여러 사회의 성인식처럼 소년이 남자가 되었음을 알리는 합의된 방식이 전혀 없는 탓이다. 사실 우리는 대체로 그 문제를 인정하려 들지 않는다고 마제스카는 말한다. 그녀의 말이 옳을 것이다. 소년이 집단 폭력이나 전쟁, 잔혹한 성향의 과시를 통해 남자가 되는 경우가 너무 많다.

내가 아고스티노의 나이였을 때 이후로 달라진 것이 있다면, 할 일 없이 모래사장에서 빈둥거리고 몸에 기름을 발라 거의 벌거벗은 채로 햇볕에 몸을 그을리던 그 시절의 자유다. 아고스티노는 성적으로 모험적인 어머니에게 처음 욕망의 설렘을 느끼고, 그 욕망을 일깨운 어머니를 미워하면서 하루빨리 완전한 남자가 되기를 간절히 원한다. 그가 성인의 욕정을 처음 경험한 때로부터 10년이나 20년이 지난 후, 모라비아 소설 배경의 이름 없는 해변으로부터 지구 반대편에 있는 곳에서, 그 시절의 우리 또한 무리 지어 해변에 다니면서 성장하고 있었다. 우리가 어른이 되고 나서는 휴가철에 해변으로 떠나서 일상과의 연결을 끊은 채 아무것도 하지 않고 딱히 아무것도 보지 않았다. 우리 중 몇몇은 너무 덥다고 느껴지면 아마추어의 방식으로 유쾌하게 서핑을 하기도 했지만, 그럴 필요까지는 없었다. 그저 모래사장과 바다와 하늘 그리고 사람들의 몸뚱이를 바라보기만 해도 즐거웠다.

맥스 듀페인의 1930년대 사진 작품은 말할 것도 없고, 에델 캐릭의 회화 〈맨리 비치—여름은 여기에Manly Beach—Summer is Here〉(1913)나 찰스 미어의 〈오스트레일리아의 해변 패턴 Australian Beach Pattern〉(1940) 등 해변 풍경을 그린 오스트레일리아의 대표적인 회화들은 오스트레일리아인들이 제대로 옷을 갖추어 입었든 수영복을 입었든 상관없이, 빈둥거리고, 놀고, 일광욕을 하고, 장난을 치는 등 대체로 해변에서 편안히 쉬고 있는 모습을 보여준다. 어느 비평가의 글처럼, 그들은 바다의 흥에 젖어 바닷가에서 뛰어놀고 바닷물에 발가락을 담그지만, 나서서 바다를 껴안지는 않는다.

얼마 전 인도의 항구도시 첸나이의 마리나 비치에서 내가 본 바로는, 인도인은 아직도 그런 방식으로 해변을 즐긴다. 그들은 수다떨고 산책하고, 뛰어다니며 잡기 놀이를 하고, 연을 날리고, 말을 타기도 하고, 서로에게 간식을 팔거나 아이스크림을 할짝거리지만, 벵골만 바다로 뛰어들기는커녕 바닷물에 발을 담그는 사람은 거의 없다.

이제 내 고향 오스트레일리아에서는 해변에서 이렇게 편안히 쉬는 사람을 찾아보기 힘들다. 때로 날이 더울 때면 내가 사는 동네 근처 커다란 해변에는, 10대들이 모래사장으로 내려가는 계단에 삼삼오오 모여서 떠들거나 장난을 친다. 어린아이를 데리고 온 몇몇 부모들은 얕은 물에서 패들링을 한다. 소년 한두 명은 바다에 박힌 철 기둥 위에서 쉬다가 해안으로 헤엄쳐 돌아오기도 한다. 해안 돌출부의 바위 위에서는 대여섯 명의 낚시꾼들이 운을 시험하기도 한다.

그러나 수많은 사람이 알록달록한 줄무늬 비치 타월 위에 몸을 뻗어 햇볕을 쬐며 한가로이 졸던 시절은 거의 지나가버렸다. 비치 타월이 아직 있기는 할까? 줄무늬 간이 의자가 있기는 할까?

요즘엔 햇볕 아래 누워 몸을 태우고 있으면 정신 나갔다고 오해받기 십상이다. 선크림을 발랐다고 해도 말이다. 재미를 위해서 그렇게 하기에는 너무 위험한 행동이라 번지점프와 별반 다르지 않은 행위로 받아들여진다. 일광 화상으로 죽을 수 있다는 사실이 밝혀지기 전에도 햇볕에 몸을 태우는 건 썩 대중적이시 않았다. 아도르노는 평소의 우울한 말투로, 햇볕에 몸을 갈색으로 그을리는 것은 "그저 햇볕에 태우기 위해서일 뿐… 전혀 즐겁지 않으며… 자칫… 신체적으로 불쾌할 수 있고, 확실히 정신을 가난하게 만든다"라고 했다.

어떤 경우든 모래 위에서 거의 아무것도 하지 않고 빈둥거리며 누워 있기 위해 물리적으로 모일 사람들은 더는 별로 없는 것 같다. 대부분은 이제 가상 세계 속을 돌아다니지 바닷가 모래사장에 수건을 펼쳐 몸을 뻗고 햇볕에 그을리는 세계 속을 돌아다니지는 않는다. 우리 집 근처 해변에는 여름날 오후에 10대 몇몇이 바비큐 장소 근처 풀밭에 앉아 서로에게 문자를 보내고, 어쩌면 카약을 쌓아놓은 해변의 남쪽 끝에서는 한두 명이 카약을 바다로 밀어내고, 산책로에서는 많은 이들이 개를 산책시키며 한가롭게 거닐고, 은퇴한 사람들 한두 명은 벤치를 차지하고서 잡담을 하고, 심지어 몇몇 괴짜들은 페탕크를 하겠지만, 전혀 아무것도 하지 않는 사람은 없다. 요즘은 모두가 무언가를 하고 있는 것처럼 보인다.

그 모든 걸 떠나서, 요즘 누가 성*의 기술을 연마하기 위해 또는 빈둥거리기 위해 모래사장을 필요로 할까? 누가 성적 환상을 실천하기 위해 해변을 필요로 할까? 해변은 서핑을 위한 곳이다. 서핑은 분명 여가 활동이지만 대어낚시가 그렇듯 실제로 아무것도 하지 않는 그런 여가는 아니다. 그것은 빈둥거리기가 아니다. 그것은 스포츠다.

나는 보았다. 마지막 순간에 드디어 보았다. 산을 보았다.

희뿌연 허공 위 하늘 어디쯤에서인가 해가 막 고개를 내민 후였다. 나는 여행 가방을 옆에 내려놓고 로비에서 운전기사를 기다리고 있었다. 10분 후면 떠날 시간이다.

"오늘 가시는군요." 안내 데스크 직원이 방금 교대해 근무를 시작했는지 생기 넘치는 미소를 지으며 말한다. "그럼 어디로…?"

"카주라호요."

"아, 카주라호…." 그녀가 약간 쉰 목소리로 말을 끌며 중얼거린다. "전 한 번도 카주라호에 못 가봤어요." 아쉽다는 미소를 짓는다.

"여기서는 가기가 쉽지 않더군요." 내가 말한다. "이 나라를 절반은 건너가는 거 아닌가요?"

"솔직히 말씀드리면," 그녀가 고개를 돌려 안개를 바라보며 말을 잇는다. "전 어디든 별로 가본 적이 없어요. 실리구리에는 몇 번 가봤지만, 다른 곳은 못 가봤죠. 콜카타에도 못 가봤는걸요."

"언젠가 꼭 가게 될 겁니다." 내가 밝게 말한다. 그녀는 다시 나를 보며 힘없이 미소 짓는다. 무슨 생각을 하는지 알 것 같다. "아뇨, 아마 못 갈 거예요."

실리구리를 막 지난 장소가 오늘 오전 나의 목적지다. 평원을 향해 굽이진 산길을 세 시간 내려가, 교통지옥과 누추함과 개인 병원의 광고판밖에 없는 듯한 실리구리를 통과한뒤, 다시 바그도그라로 가서 히말라야의 산기슭의 네팔과 부탄 사이에 끼어 있는 이 이질적인 서벵골 지역의 공항으로가는 것이다. 그다지 기대되는 여정은 아니다.

갑자기 해가 나온다. 다르질링에서의 일정을 불과 8분 남겨두고 해가 나오다니. 마치 초자연적인 환영 같다. 불쑥 태양신(그 이름이 뭐든)이 세 개의 눈과 네 개의 손을 가진 모습을 드러낸다. 아니 네 개의 눈과 세 개의 손이었나. 그 신의이름을 딴 호텔에 묵은 적도 있건만, 도무지 그 이름이 생각나지 않는다…. 수리야! 마치 전차를 탄 수리야가 구름을 뚫고 나타난 것 같다. 성스럽다.

이제 7분 남았다.

"계단을 뛰어 내려가서 칸첸중가가 보이는지 봐야겠어요." 내가 말한다.

"오늘은 보이지 않을 거예요." 그녀의 얼굴에서 핏기가 완전히 사라진다.

"그래도요." 나는 성큼성큼 문으로 걸어간다. "뛰어가서 보죠. 금방 올게요."

계단에서 위쪽으로, 호텔의 시바 신전을 지나 차도로 향한다. 해는 여전히 깜짝 놀랄 만큼 환하게 빛나고 있다. 나는 거리를 가로질러 달려 몰로드 근방에서 반대쪽으로 방향을 튼다. 그러자 칸첸중가가 거기 있다. 반짝이는 빙하를 이고 이 세상의 것 같지 않은 거대한 산이 마터호른 호텔 위 북쪽 지평선을 따라 뻗어 있다. 주변으로 인도인들이 모여들고, 그걸 외경스럽게 바라보고, 배경으로 자기 모습을 사진에 담는다. 그래, 이것은 영원하다. 이것은 신과 같다. 그 앞에서 나의 존재 자체가 서서히 사라지는 느낌이다. 이윽고 그것이 사라져버린다. 불과 몇 분도 안 되는 시간이지만, 그럼에도 그것은 경험이다. 무언가를 알아차리는 것이다. 기억하는 것이다.

나는 빙글빙글 맴도는 습기 속을 달려 내려가 호텔 로비로 돌아온다. 운전기사가 와 있다. 우리는 잿빛과 녹색이 뒤섞인 안개 속으로 출발해 비탈길을 내달리며 미차와 트럭을 피하고, 보행자들과 지체장애인들과 염소들 사이로 길을 내고, 버스를 잡으러 뛰어가는 어린 학생들 사이를 헤쳐 간다. 누군가 방금 도로에서 차를 출발시키나 싶더니 금세 안개 자욱한 아래 골짜기로 사라진다. 그가 안개 사이로 만들어놓은 틈새 옆 안전 장벽에는 부동산 광고판이 보인다. "무언가가 훨씬 더 좋아졌습니다." 우리는 구경꾼의 무리를 뚫고 길을 내면서 계속 내려간다. 아래쪽 평원은 맑고 뜨거웠다.

카주라호. 에로틱한 사원 조각품을 볼 기분이 난다. 다르질링은 기억에 남겠지만 내 정신 구조에는 너무도 다른 세계 같은 느낌이었다. 습한 건 분명하지만 푹푹 찐다고는 할 수 없었다.

|||||

나는 무슈 귀스타브가 로비 보이 제로에게 했던 말, 무엇을 하든 아무 소용이 없다던 말을 생각하기 시작한다. "왜냐하면 눈 깜짝할 사이에 전부 끝나거든… 그리고 나면 사후경직이 시작되지." 바쁜 남자가 할 법한 그런 말이다. 봄날의 말벌처럼 바빴던 무슈 귀스타브는 좀 더 빈둥거렸어야 했다. 그랬다면 그가 미처 삶을 알기도 전에 삶이 날아가버리는 것처럼 보이지는 않았을 것이다.

어쨌거나 하는 일이 적을수록 시간은 더 천천히 지나간다. 언젠가 괴테는 '게으름'은 시간을 참을 수 없이 길게 만들지만, '일하는 것'은 시간을 짧게 만든다고 했다. 그래, 그렇더라도 결국엔 사후경직이 찾아오리라. 그건 사실이지만, 그게 꼭 눈 깜짝할 사이는 아니다. 제로도 같은 결론에 도달했나 보다. 우리가 마지막에 본 그는 노인이 되어서 자신의 그랜드 부다페스트 호텔 한가운데 있는 스파 욕조에서 행복하게 빈둥거리고 있다.

말할 필요도 없지만, 당신은 게으름을 피우기 위해서 행복해야 한다. 행복하기 위해 게으름을 피워야 하는 게 아니다. 무슈 귀스타브가 진정 행복한 사람이었는지 의심스럽다.

| 2장 |

깃들이기와 단장하기

우리는 집을 지어야 한다.
그다음엔 집에 깃들어야 한다.

요제프 피퍼, 『여가: 문화의 바탕』(1952)

새가 둥지를 틀 듯이

피터와 나는 물건을 버리며 굉장히 뿌듯한 오전을 보냈다. 다른 말로, '깃들이기[1]'를 한 것이다. 그것은 가장 순수한 형태의 깃들이기였고, 그래서 우리 둘 다 지금 말할 수 없이 상쾌한 상태다. 우리는 철물점에 가지 않았고, 온라인에서 무언가를 뒤적거리지도 않았으며, 칠을 새로 하지 않았고, 카펫을 새로 깔거나 식물을 새로 심지도 않았다. 어떤 상거래노 하지 않고 그저 옛날식으로 물건들을 버렸을 뿐이다.

물론 이것이 깃들이기처럼 보이지 않는다는 것을 안다. 텅

---

1 깃들이다: 미물러 자리를 집다. 보금자리를 만들어 그 속에 들어 살다.

빈 수납장과 서랍이 깃들이기의 결과처럼 보이지는 않는다. 개나 고양이는 깃들이기를 시작할 때 바로 우리가 버리는 것들을 주워 와서는, 새끼를 품을 아늑한 장소에 온갖 낡은 셔츠와 담요와 좀먹은 스웨터를 쌓아 근사하고 푹신한 자리를 만든다. 가끔은 유용할지 몰라도 책이나 파일, 망가진 여행 가방은 별로 가져가지 않는다.

그러나 우리가 하고 있던 것은 사실 진정한 깃들이기라고 할 수 있다. 아이가 생긴다는 건 우리가 꿈에도 생각하지 못할 일이지만, 솔직히 오늘 아침은 뭐랄까, '아이를 갖고 싶은' 그런 기분이다. 무언가 내 안에서 조용히 알을 깨고 있다. 심지어 새 삶을 위한 우리의 둥지를 나만의 방식으로 준비하고 있다고 해도 좋을 것이다. 오늘 아침 식사를 마치자마자 나는 봉지와 쓰레기통을 가져다가 더는 쓰지 않는 물건들을 버리기 시작했다. 눈곱만큼의 자비도 허락하지 않았다.

일을 마친 하루의 끝이나 한 주의 끝, 또는 한 해의 끝에서 이따금 혹은 직장 생활의 끝에서 종종 우리 인간이 하는 것이 바로 이것이다. 삶의 원대한 단순성이랄까, 우리는 그것으로 돌아간다. 내가 기억하기로, 요시다 겐코는 『쓰레즈레구사』에서 다른 무엇보다도 음식, 의복, 그리고 우리 '주거'를 돌볼 필요성에 관해 썼다. 그는 주거가 인간에게 으뜸가는 일이라고 했다. 그리고 다시 생각한 다음 치유와 음악을 덧붙였다. 나는 바로 얼마 전에 북인도 카주라호에 며칠 있었는데, 그곳의 사원마다 새겨진 놀라운 부조들은 힌두교도들이 생각하는 현재 우리 자아 개념의 중심에 온갖 형태의 새로운 생명이라 할 것들과 우리가 집에서 하는 것들이 있음을 일깨워주었다. 물론 섹스도 포함해서 말이다. 어디에 강조점을 두는지만 제외한다면, 젠코의 접근법과 힌두교도의 접근법은 크게 다르지 않다. 시대와 장소를 막론하고 사람들은 깃들이기를 좋아한다.

오늘 오전에 케케묵은 물건들을 얼마나 많이 내다 버렸는지, 그 모든 것을 없애버리기 위해 특별히 쓰레기장까지 가고 싶은 유혹을 느낀다. 쓰레기장 나들이는 진정 활력을 불어넣는 행사일 수 있다. 나는 늘 기운이 넘쳐서 돌아오고, 더 많은 것을 버리고 싶은 기분이 든다. 해가 떠서 질 때까지, 우리 지역 쓰레기장은 대형 쓰레기 바구니와 밑이 열리는 첨단 호퍼에 쓰레기를 내던지기 위해 줄 선 가장들로 북적거린다. 주말이면 잡동사니를 가득 실은 트럭과 트레일러, 자동차의 행렬이 끝이 없어 보인다. 분위기는 항상 쾌활하고 결연하다. 모두가 활기차게 깃들이기를 하고 있다.

우리 쓰레기장에는 넝마주이가 없다. 오직 분해되는 쓰레기만 존재한다. 이 광경은 마치 장엄한 부패의 교향곡 같아, 거의 그림처럼 아름답다. 사실, 그곳은 더 이상 쓰레기장이 아니다. 이름하여 쓰레기 관리 시설이다. 장미 나무의 잔가지, 매트리스, 누렇게 바랜 신문지가 가득한 상자, 낡은 토스터와 착즙기, 처음 나올 당시엔 멋진 아이디어처럼 보였을 온갖 기묘한 장치들…. 저마다의 물건에서 그것을 버리는 결연함이 느껴진다. 우리 집의 정원(또는 주방이나 침실이나 창고)은 이제 새로운 시작을 맞이하고, 나는 어서 빨리 그곳으로 돌아가고 싶은 마음이다.

내가 내 시간의 주인이라면 깃들이는 방법의 선택지는 많다. 양말을 꿰매는 것부터 과일나무 가지를 치는 것까지, 피아노 치는 것부터 개털을 빗어주는 것까지, 자동차에 광을 내는 것부터 은식기를 닦는 것과 머랭을 치는 것까지. 그리고 물론 혼자 하든 친구와 하든 섹스도 있다. 단지 그 효용 때문이 아니라 어느 정도는 그것이 안겨주는 즐거움 때문에 자유로이 선택한 것이라면 이런 활동이 모두 여가 활동이 된다. 내 친구 이자벨에게는 다림질도 즐거움을 주는 여가다. 생각을 집중하는 훈련이며, 그녀 자신과 타인에게 친절을 베풀고 위안을 주는 자유로운 행동이다. 참으로 그렇다.

그런데 이런 활동 가운데는 상당히 고된 육체노동이 필요한 것도 있다. 사실 돌담 쌓기는 아무것도 아니다. 하인도 없는데 6인분의 른당[2]을 요리하려고 해보시라. 그렇다면 그런 활동은 어떤 의미에서 즐거울 수 있을까? 내가 보기에 톰 호지킨슨이 다양하게 소개하는 전업 게으름뱅이들은, 다소 언짢은 그의 표현대로라면, "지저분하고, 술에 취해 벌이는 음탕하고, 늘어진" 섹스를 제외하면 깃들이기에는 아무 관심이 없다. 그렇지만 우리 대부분은 깃들이기에 관심이 있다.

나는 초콜릿 케이크를 만들거나 방 청소를 해야 여가를 잘 보냈다고 느끼는 반면에, 꽃다운 나이의 당신은 점심 식사 후에, 정확히 마드리드의 내 친구 리처드가 하는 것처럼, 오후에 아무 계획 없이 즐길 만한 일 몇 가지만 염두에 두고서 때 묻은 작업복을 입고 뒷마당으로 나갈 때가 확실히 생기가 넘쳐 보이니, 그 이유가 무엇일까? 당신은 몇 시간 후 녹초가 되어 돌아오지만, 자유 시간을 보낸 방식에 굉장히 만족한다. 당신은 매우 편안한 기분으로 집에 들어온다. 어쩌면 이것이 핵심 아닐까? 당신 자신에게 편안한 느낌이? 더 넓은 세계에서는 느끼지 못할, 자신을 향한 특별한 친밀함을 즐기는 것이? 깃들이면서 보낸 만족스러운 하루의 끝이 해체로 마무리되는 일이 매우 흔하기 때문에, 그와 반대되는 '구성' 역시 깃들이기의 핵심적 즐거움 하나를 포착하는 또 하나의

---

2 인도네시아 요리. 주로 축제와 행사에서 접대에 쓰이며 고기를 코코넛 밀크와 향신료와 함께 장시간 삶아 낸다.

단어가 아닐까 하는 생각이 든다. 수프를 만들고, 양말을 뜨고, 현관문을 새로 칠하는 즐거움…. 저건 무슨 색이라고 할까? 짙은 버건디색? 어쩌면 나는 앞으로 며칠 동안 마음이 즐거울 방식으로 나 자신을 재구성하고 있는 것이리라.

그렇다고 해도, 이런 부류의 만족감에 관해 뭐라도 쓰는 소설가는 거의 없다. 아마도 대부분의 이야기꾼에게 그런 감정은 너무 차분하고 극적이지 않기 때문일 것이다. 내가 무척 좋아하는 러시아 소설가 이반 투르게네프Ivan Turgenev는 가정 꾸리기가 위협으로 다가오는 지점에서 소설을 끝내거나, 등장인물을 죽이기까지 했다. '당신은 나와 집 짓기를 원하고… 아침 식사를 하고 싶어 하고… 심지어 함께 아이를 만들고 싶다고? 그렇다면 미안하오. 안나 안드레예브나, 아니 당신 이름이 뭐든 간에 당신에게 그건 장티푸스요. 아니 적어도 수녀원과 같을 거요.' 투르게네프는 연애에 관심이 많았지만 결혼에는 관심이 없었고, 가정생활에는 더더욱 관심이 없었다. 반면에 톨스토이는 악명 높을 만큼 가정생활을 소중히 여겼다. 『전쟁과 평화』에서 탁아소를 중심으로 끝이 없는 듯한 따분한 삶을 살아가는 행복한 가족의 그림보다 더 맥빠지는 결말이 있을까? 그것은 오랜 시간 공들여야 하는 꾸스꾸스 요리만큼이나 지루하다. 디킨스도 가정생활에 관심이 많았지만, 소설 속에 엮어넣으려 하지는 않았다.

일부 미술가들의 경우는 전혀 다르다. 사실 17세기 델프트 가정의 일상을 선명하게 묘사함으로써 가정생활이란 주제를 고안한 사람은 다름 아닌 네덜란드 화가 요하네스 페르메이르라고 이야기된다. 우유 따르는 하녀, 버지널을 연주하는 젊은 여인, 그림 그리는 화가, 음식과 음료가 차려진 탁자 주변에 모인 사람들, 한마디로 그의 그림에는 집 안에서 분주히 음식을 준비하고 가사를 돌보는 사람들, 먹고 예술 활동을 하고 희롱하는 사람들이 등장한다.

20세기 초의 피에르 보나르Pierre Bonnard도 가정생활을 그린 것으로 유명하며, 비슷한 시기의 에두아르 뷔야르Édouard Vuillard도 마찬가지였다. "나는 자기 집 안에 있는 사람들을 그린다." 늘 그랬던 건 아니지만, 어쨌거나 뷔야르는 감탄스러울 만큼 소박한 말을 남겼다. 정교한 구성은 이 화가들이 유독 탁월했던 부분이다. 두 사람 모두 앵티미스트intimist[3]라고 불렸다. 가정에 대한 친근한 묘사는 이들의 가장 두드러진 장기이며, 비밀을 털어놓기 좋은 낮은 목소리로, 앙드레 지드의 표현을 빌리면, 그들은 "말하고" 있다. 이들의 회화

3　앵티미즘 화가. 앵티미즘이란 '친밀하다'는 뜻의 intime에서 따온 말로, 19세기 말과 20세기 초에 소소한 일상과 가정의 정경을 주로 다룬 회화 경향을 가리킨다.

를 생각하면, 작음, 다정함 같은 단어가 떠오르고, 밝다기보다는 풍부한 색감의 실내가 떠오른다(약간의 정원도 등장하는데, 델프트 회화에는 정원이 전혀 없었다). 생각에 잠긴 분위기가 떠오르기도 하고, 청소를 하거나 탁자 앞에 앉아 있거나, 목욕을 하는 가족의 모습이 조용히 떠오른다. 테이블보와 다기와 사랑하는 개가 떠오른다. 그들이 하는 일을 가만히 생각하노라면 어떤 포근함에 젖어든다.

보나르나 뷔야르가 위대한 화가라고 주장할 사람은 거의 없을 것이다. 그들은 사상가도 아니었고 피카소나 하다못해 마티스 같은 화가도 아니었다. 그러나 두 사람 모두 다정하게, 무심한 듯한 위트로, 사실상 어느 근대 화가도 묘사할 생각조차 하지 않았던 지극히 일상적인 어떤 것을 포착했다. 그냥 집에 있는 것처럼 편안한 느낌을 주는 것을. 어쩌면 데이비드 호크니David Hockney도 그걸 묘사하려고 했던 건 아닐까? 생각해보면, 그도 가끔은 그랬던 것 같다. 그렇다면 호크니는 오늘날의 앤티미스트 중 가장 성공한 화가가 틀림없다.

그런데 오스트레일리아에는 애써 그런 그림을 그리려는 화가는 별로 없다. 여가에 관한 한, 가정적 상황보다는 사회 속의 동료를 그리는 화가가 압도적으로 많다. 그들의 그림에는 해변에 있는 사람들, 스포츠를 즐기는 사람들, 바와 공원과 거리의 사람들, 심지어 극장이나 무도회의 사람들까지 등장하지만, 그 사람들이 집에서, 조용히 깃들이는 모습은 거의 보이지 않는다(그냥 앉아 있는 것은 깃들인다고 보기 힘들다). 그레이스 코싱턴 스미스가 교외 주택들의 실내를 발랄한 색채로 그리기는 했어도, 그림 속에서 사람을 찾아보기 힘들다. 그녀의 〈양말 짜는 여인The Sock Knitter〉(1915)도 전쟁물자용 양말을 짜고 있는 모습을 그린 것이다.

반면에 우리는 피에르 보나르를 생각할 때면 거의 틀림없이, 평온한 가정을 떠올리게 하는 유명한 회화들을 먼저 생각한다. 예를 들어 많은 사랑을 받는 〈전원 속 다이닝 룸The Dining Room in the Country〉(1913)은 베르노네에 있는 그의 집 다이닝 룸 정경이다. 문은 정원을 향해 열려 있는데, 이미 여기저기 깃들이기가 제법 이루어졌다. 식탁 위 접시에는 갓 따온 과일들이 놓여 있고, 꽃병에는 붉은 양귀비가 꽂혀 있다. 창밖으로는 햇빛이 쏟아지는 정원에서 여전히 바쁜 듯한 그의 아내 마르트의 모습이 보이고, 고양이 두 마리는 제각기 의자에 앉아 금방이라도 장난을 칠 것처럼 서로를 가만히 쳐다본다. 이 가정생활 시나리오의 기본 요소에는 우리기 음미할 것들이 있다. 먹을 것, 정원, 그리고 드러나지는 않아도 일단 창가에 있는 사람이 누구인지 안다면, 다정한 성적 애착까지도.

12년 후 보나르가 〈다이닝 룸The Dining Room〉이라는 제목으로 다시 그린 이 방을 보면, 색조가 변했고 푸른빛 식탁 테두리 위로 비죽이 나온 개의 주둥이가 보이기는 해도, 여전히 똑같은 요소가 존재한다. 식탁 위의 먹을 것, 꽃병에 꽂힌 꽃, 그리고 이번에는 바깥 정원에 있는 마르트의 그림자가 비친다. 이 정경에서 요리하거나 청소하거나 과일 따는 사람이 보이지는 않지만, 누군가가 그걸 하고 있다는 것은 분명하다. 일상생활의 단조롭고 쉬운 일들(물론 그 시대에는 거의 전적으로 여성의 일이었다)은 중간계층의 가정에서는 늘 그렇듯이 계속 진행 중이다. 무언가가 일어나고 있다. 등장인물들은 가만히 앉아 있지 않는다.

우리는 우리의 둥지에서 많은 일을 하지만, 그 모든 일이 깃들이기는 아니며 어떤 것은 선택에 따라 다른 것보다 더 많이 행한다. 전통적으로 여성은 특권층으로 태어난 경우가 아니면 집에서 진정으로 자유로운 적이 없었다. 따라서 당신이 공주라고 해도 지금 당신이 자유롭고 특권을 누리고 있음을 보여주기 위해, 이따금 소소하고 한가롭게 바느질을 할 필요가 있었다.

오늘날 교외 생활을 하는 우리에게는 사실상 남녀를 불문하고 모두, 저마다 깃들일 방법을 선택할 수 있는 시간이 있다. 큰 부자가 아닌 한, 남 보기에 흉하지 않고 순탄하게 지넬 수 있도록 날마다 해야 할 그 많은 청소와 정리가 있고, 집 주변에서 사부작거리며 몇 가지 장식을 하거나 직접 만드는 '두 잇 유어셀프'(아도르노는 거만하게 이를 '가짜 활동'이라고 치부했는데, 그는 직접 집 꾸미는 사람을 좋아하지 않았다)가 늘 있기 마련이지만, 깃들이기의 가장 든든한 뿌리는 음식 준비와 정원 가꾸기, 성적 친밀함에 있다. 그 가운데 적어도 하나가 없다면 둥지는 둥지가 되기 힘들다. 두말할 필요 없이 삶과 예술 모두에서 그것들은 서로 공명한다. 물론 우리가 집에서 즐길 수 있는 정원이 창가 선반에 늘어선 다육식물 화분 몇 개가 전부라면, 우리가 먹는 음식이 무엇보다 건강 유지를 위한 것에 지나지 않는다면, 우리에게 섹스가 더는 축구 경기 시청보다 크게 재미있는 일이 아니라면, 우리는 정원과 음식과 섹스가 과거에 어떻게 서로 관련이 있었는지 제대로 이해하지 못할 수도 있겠지만 말이다.

||||

먹는다는 행위는 확실히 많은 점에서 섹스와 비슷하다. 인도의 음식 비평가이자 문화사학자인 푸시페시 판트Pushpesh Pant의 말대로 먹는 행위는 섹스와 마찬가지로, 오감을 모두 사용하며 기대에서 시작해 황홀한 몰두와 포만감으로 이어

지는 주기가 같다는 특징이 있다. 여기서 '황홀'이 너무 앞서 간 측면이 없지는 않지만, 판트가 한 말의 의미는 충분히 알 만하다. 힌두교 우주생성론에서 말하는 최초의 젖꼭지가 문득 떠오른다. 아니, 그냥 젖꼭지가 떠오른다.

먹는 행위가 섹스보다 이점이 많다고 주장하는 이들도 있다. 내 친구 찬드라하스는 그 주장을 판단하기 좋은 위치에 있는데, 얼마 전 나에게 이렇게 말했다. "우선 음식은 상상과 현실 사이의 깊은 심연이 실제보다 훨씬 작은 감각의 영역이에요…." "그렇군요." 나는 고개를 끄덕이고는 그 말을 곱씹어보았다. 그는 잠시 말을 멈추더니 몹시 뜨겁고 크림처럼 부드러운 무엇인가를 먹었다. "그리고 두 번째로 음식에 관한 한 겉모습은 상관없어요." "그러네요." 나는 또 대답했지만 썩 호응하지는 않았다. 하긴, 나는 대단한 식도락가는 아니니까. "그리고 세 번째, 용건이 끝난 후 치워야 할 것도 훨씬 적고요." 그러나 그 문제는 모두가 알다시피 누가 요리를 하는가에 따라 다르다.

현대 생활에서 취미 삼아 하는 아마추어 활동 대부분이 그렇지만, 음식을 준비해서 사람들을 당신의 식탁에 초대하는 즐거움은 사실상 전문가들이 가로채왔다. 이는 정원 가꾸기와 관련해서도 어느 정도는 사실인데, 다만 정원 가꾸기는 최근 들어 요리와 먹는 행위에 가려 급속히 빛을 잃었으며, 지금은 공적 영역에서 그 위치가 크게 축소된 까닭에 어느 정도까지 전문가들이 차지했는지 판단하기도 힘들다.

그러나 요리 전문가들이 교외 가정의 핵심부에서 거둔 승리는 특히나 위협적인데, 적어도 빅토리아 시대 이후 이 공간은 비전문적 업무의 영역으로 남아 있었기 때문이다. 더 솔직히 말하면 그것은 여성에게 속한 일이었다. 오늘날의 어법에서 '아마추어'와 '취미 삼아 해보기'라는 말 자체는 경멸의 느낌으로 쓰인다. 나는 사실상 삶의 모든 분야를 다루는 파렴치한 아마추어 비평가로서 주로 집에서 글을 쓰거나 주방 식탁에서 책을 읽기 때문에, 당연히 그 어법은 예외로 친다. 별 효과는 없지만, 그래도 그렇게 한다.

이제 주방에서는 나이절라 로슨Nigella Lawson이나 제이미 올리버Jamie Oliver, 또는 정말 놀랍게도 포Poh[4]를 머리에 떠올리지 않고는 재미 삼아 무언가를 만들기가 불가능해졌다. 흠잡을 데 없는 단정한 옷차림, 립밤을 바른 입술로 짓는 미소, 반짝이는 스토브 위에 준비된 반짝이는 냄비와 팬…. 바로 거기 작업대 위에 필요한 모든 재료가 준비되어 있다. 석류 열매

---

4 포 링 야오(Poh Ling Yeow). 말레이시아 출신 중국계 오스트레일리아인으로 2009년 오스트레일리아 마스터셰프 시즌 1 우승자. ABC TV에서 자신의 이름을 건 요리 프로그램을 진행하고 있다.

로 만든 당밀, 네팔산 염소 치즈, 심지어 플로레스 섬에서 공수해온 시큼한 피시 소스까지. 그 모든 것 하나하나가 정확한 양만큼 계량되어 반짝이는 작은 그릇에 담겨 있다. 타버리는 것도 없고 지나치게 푹 익어버리는 것도 없다. 모든 것이 완벽하다. 나이절라와 제이미와 포는 모두 미소를 짓고 빛을 발한다. 사실 포는 종종 통제할 수 없을 만큼 들떠 있어서, 발작을 일으키는 것처럼 보인다.

결국 당신은 양파를 볶을 깨끗한 냄비를 찾기도 전에 맥이 빠져버린다. 이 사실을 잊지 마시라. 당신은 아마추어다. 당신은 그들이 쓴 책과 그들이 나오는 DVD를 살 수 있고, 그들 중 한 명과 함께 메콩강을 거슬러 오를 수 있고, 다른 한 명이 사르데냐 섬의 어느 농부네 오두막에서 엄청난 양의 음식을 만드는 걸 지켜볼 수 있으며, 심지어 최고의 셰프들이 공상 속 원형경기장의 중세 기사들처럼 싸우는 모습(우리는 몇 년 동안 오스트레일리아의 〈아이언 셰프Iron Chef〉에 중독되어 있었다. 셰프들의 그 무덤덤한 표정과 심사위원들의 미묘한 잔인함에 말이다. 그것은 매주 펼쳐지는 잔혹한 중세적 토너먼트였다)을 지켜볼 수는 있어도, 당신은 어디까지나 아마추어로 남아 있다. 그리고 앞으로도 항상 아마추어일 것이다. 당신은 그 유명인들에게서 아무것도 배우지 않는다. 그리고 무얼 배우리라고도 기대하지 않는다. 무언가를 배우기 위해 그들을 지켜보는 사람이 있을까?

요리는 이제 쇼 비즈니스이지, 성인 교육이 아니다. 그것은 브로드웨이, 할리우드, 발리우드의 결합이며, 당신은 그 쇼의 어느 부분에서도 할 수 있는 게 없다. 당신은 서서히 깨닫기 시작한다. 이제 요리는 당신이 하는 무언가가 아니라 하나의 상품이라고. 그들은 팔고 당신은 산다. 다음번에 골프 클럽 친구들이 저녁을 먹으러 온다면, 당신은 작고 근사한 보르시치 아 로랑주borchtch à l'orange(신께서 현지 사워크림은 금지하시므로 꼭 러시아식 사워크림인 스메타나를 소량 얹어서)를 대접할 수는 있겠지만, 기본적으로는 여전히 음식을 사고 있다. 당신은 심지어 발터 벤야민이 예언했던 행위(나는 이에 관해 그가 한 말의 의미를 이해할 수 있다)를 할지도 모른다. 당신이 어느 유명 셰프를 광고하는 샌드위치 보드 역할을 할 수도 있다는 얘기다. "바닐라를 넣어 조린 치커리와 소렐 페스토를 곁들인 양 우둔살 요리 어때요? 릭 스테인[5]의 요리죠. 아니, 잠깐만요. 오토렝기[6]가 내놓은 새 메뉴로군요. 아시겠죠? 제 말 믿으시라니까요. 그건 꼭 먹어봐야 할 그의 요리예요. 게이요? 저는 모르겠는데요."

---

5 Rick Stein. 영국의 셰프. TV에 출연했고 호텔과 식당 사업을 운영하고 있다.
6 Yotam Ottolenghi. 이스라엘 출신 영국의 셰프이자 레스토랑 오너. 런던에서 음식 사업을 하며 음식 관련 책을 내고 있다.

그러는 동안 그들은 계속해서 우리에게 무언가를 팔고 있다. 제이미 올리버는 실제로 아주 잘 판다. 어느 웹사이트에 따르면 그는 현재 약 5억 달러의 가치를 지니는데, 이는 마돈나와 맞먹는다. 그는 위스키 레시피 하나만으로 독보적 위치를 차지한다.

그래, 맞는 말이다. 우리 누구나 샐러드를 뚝딱 만들고 언제든 내키면 바비큐 석쇠에 소시지 몇 개쯤 던져 넣고, 친구 한두 명을 초대해서 배불리 먹을 자유가 있다. 이론상으로는 말이다. 현실에서도 그러면 좋겠지만… 당신 친구들은 브랜드 바비큐 기계가 더 낫다고 여길 것이다. 로스팅 후드와 3중 황동 링 웍 버너, 잠금장치가 딸린 튼튼한 바퀴와 스테인리스스틸 손잡이가 있는…. 한마디로 요즘엔 불을 피워 벽돌 위에 얹어놓은 구식 석쇠는 우리의 기대를 충족시키지 못한다. 바비큐는 더 이상 맥주 한 잔과 불에 탄 소시지 몇 개를 놓고 친구와 어울리는 일이 아니다. 그것은 야외 오락이며, 당신이 연출하는 쇼 비즈니스다. 물론 당신의 경우에는 아마추어 쇼 비즈니스지만. 말하자면 현지 여성 가이드를 위한 모금 행사로 상연된 뮤지컬 〈사우스 퍼시픽South Pacific〉 같은 것이다. 솔직히 나는 발터 벤야민의 책을 읽을 시간이 많지 않지만, 아니 사실상 없지만, 정말 읽기 힘든 그의 글을 풀어서 말하면, 요리는 이제 하찮은 집안일이거나 아니면 상품이 되어버린 깃들이기의 한 부분이다. 원한다면 지갑을 열어 돈을 지불하시라. 이것이 자본주의가 작용하는 방식이다.

먹는 행위는 또 다른 문제다. 먹는 행위 자체를 여가의 한 형태로서 받아들이기 어려운 이유는, 먹는 행위가 가진 평범함 때문이기도 하지만 우리가 원하든 원하지 않든 날마다 먹어야 하는 동물이기 때문이다. 우리는 원하든 원하지 않든 날마다 먹어야 한다. 대부분의 사람은 먹기를 원하지만, 모두가 먹기를 원하는 건 아니다. 예를 들어 영국 작가 윌 셀프는 기분이 언짢았던 어느 날에 말하기를, 음식이란 발생하기만을 기다리는 똥에 지나지 않는다고 했다. 어쩌면 그 이상일 수도 있지만, 나는 그 말의 의미를 정확히 알 것 같다. 때로 음식은 아주 좋지만, 크리스마스 즈음이 그렇듯 음식이 그 약속에 부응하는 법은 거의 없다. 그것은 제 역할을 하고 나면 배설된다. 바삭바삭한 버터 비스킷에 얹은 스틸턴 치즈 한 조각은 온몸이 떨릴 만큼 맛있지만, 매일 오후 스틸턴 치즈를 먹을 형편이 되는 사람이 있을까? 참고로 나는 오후 다섯시에 먹는 게 좋다. 오렌지즙으로 익힌 장군풀이 들어간 매기 비어 아이스크림은 달리 설명할 필요가 없는 천국이다. 정교하게 계량된 아포가토는 천천히 음미할 수만 있다면 천상의 맛이며, 크림처럼 부드러운 버터를 바른 신선한 빵에 얹은, 과거 우리가 러시아에서 먹었던 것과 같은 캐비어는 격조가 있다. 따뜻한 날 오후의 그린 애플 타르트는 정말 맛 있다. 내 입으로 말하기 그렇지만, 내가 만든 생선 수프는 어 떻게 요리해도 풍미가 있다….

아차, 나도 모르게 옆길로 새버렸다. 푸시페시 판트에게는 미안하지만, 내 경험으로 보건대 음식은 황홀하게 음미하거 나 만끽하기는 고사하고 기억할 만한 일도 거의 없다. 어쨌 거나 사람들 대부분은 눈을 가린 상태에서는 콘플레이크 그 릇에 담긴 디종 머스터드 소스(레몬을 아주 살짝 넣어서. 많이는 안 된다) 속 안심 스테이크 조각을 알아채지 못한다는 사실이 임상적으로 증명되어 왔다.

사람들은 먹을 때면 자신의 문화적 뿌리에 다시 연결되 는데, 〈푸드 사파리Food Safari〉[7] 같은 프로그램에서 잔뜩 긴장 한 사람들의 행위로 판단하건대 더러는 그 속에서 황홀감까 지 느낀다. 자신의 뿌리와 다시 연결된다는 것은 여가가 최 고의 상태일 때 일어나는 것이다. 하지만 나에게 먹는 것은 그런 작용을 하지 않는다. 나의 뿌리는 내 생일에 먹는 중국

---

7   오스트레일리아 SBS TV의 음식 다큐멘터리. 이민자들이 들여온 각기 다른 문화의 음 식을 소개한다.

요리와, 갈비 토막과 세 가지 채소[8]에 있다. 나는 그것에 황홀감을 느끼지는 않는다. 낭신이 신정 문화적 뿌리를 자극할 감각적인 광상곡을 원한다면, 차라리 사교춤은 어떨는지? 더 구체적으로는 당신이 모든 면에서 흠뻑 반해버린 상대와 탱고를 추는 건? 한창때 나는 고작 두 시간 사교춤을 춘 뒤에 밤을 꼬박 새우곤 했었는데, 모든 감각이 그냥 깨어난 정도가 아니라 극도로 흥분해 있었기 때문이다. 스시를 먹고서 그런 적은 결코 없었다.

|||||

깃들이는 방법으로 음식 외에도 정원 가꾸기가 한때 유행했지만, 지금은 가파른 하락세에 있다. 최근 몇십 년 사이 정원이 있는 교외의 삶은 크게 바뀌어왔다. 하지만 지금 내가 있는 곳에 서서 뒤쪽 창문으로 뒤뜰을 바라보면 당신은 그렇게 생각하지 않으리라. 저기 뒤뜰 바닥 쪽, 천도복숭아 나무와 단풍나무에 가려 울타리가 잘 보이지 않는 곳에서, 피터가 사다리에 올라가 늦은 오후의 햇살 속에서 천도복숭아 나무의 가지를 치고 있다.

---

8 고기와 세 가지 채소는 오스트레일리아인이 흔히 먹는 식단이다.

얼핏 보면 이 광경은 예부터 내려온 깃들이기, 심지어는 에덴동산의 아담과 선악과로 곧장 올라가는 최초의 깃들이기를 단적으로 보여주는 것처럼 보인다. 우리 뒤뜰은 테니스 코트보다 클까 말까 하지만, 나 혼자 막연하게 햇살을 즐기며 이런 상상을 해본다. 어떤 면에서 우리 뒤뜰은 우리의 작은 에덴동산, 교외에서 낙원을 가꾸려는 우리의 시도라고. 아담 노릇을 하는 피터를 지켜보기란 얼마나 기분이 좋은가. 최초의 정원사였던 조물주 이후 정원 가꾸기가 "인간의 가장 순수한 즐거움"이라고 말한 사람이 누구였더라? 아마 프랜시스 베이컨 같다. 아니, 베이컨이 아니라 다른 사람이다.

하지만 그건 헛소리다. 수천 년 전 티그리스 강과 유프라테스 강 사이 황야에 살던 사람들은 과일나무와 푸른 채소가 가득한 정원으로서 낙원을 그렸을지 몰라도, 오늘날 태즈메이니아 배터리 포인트에 있는 우리 뒤뜰은 낙원이 아니다. 이곳은 우리가 짬이 날 때마다 관리해야 할 공간, 빨강, 파랑, 자주 색색의 꽃이 어우러지고 장군풀과 레몬과, 몇 가지 사과 종류가 자라는 장식적인 공간이다. 천도복숭아의 대부분은 새들이 먹어치운다. 우리가 뒤뜰을 관리하는 이유는 다름 아니라 지금 내가 하고 있는 것을 할 수 있도록 하기 위해서다. 볕 잘 드는 방에서 창밖 풍경을 고요히 만족스럽게 바라보기 위해서 말이다. 그 덧없음, 썩으려는 성향, 질서와 혼돈 사이를 맴도는 방식 속에 누워 있는 것. 그 아름다움은 매우 일본스럽다.

앞뜰의 오른쪽 좁은 공간에는 토종 고사리가 무성한 잎을 드리우고 왼쪽에는 노란 장미 나무 한 그루와 동백나무들이 있는데, 거리에서 기분 좋게 볼 수 있도록 심은 것이다. 모퉁이의 한 이웃집 앞뜰에는 감나무가 몇 그루 있는데, 앞뜰에 감나무를 심다니 그 이웃 남자는 괴팍하다. 앞뜰은 보여주기 위한 공간이지 과일을 얻기 위한 곳이 아니기 때문이다. 앞뜰에 당근이나 누에콩을 키우는 사람은 없다. 물론 이탈리아인은 예외지만.

심지어 뒤뜰에도 더는 당근이나 누에콩을 심지 않는다. 몇 년 전까지는 심었더랬다. 오스트레일리아에서 텃밭 가꾸기가 한창 유행하던 때에는 우리도 브로콜리, 감자, 양상추, 그리고 다양한 품종의 토마토를 키웠다. 우리 집에는 복숭아나무와 살구나무가 몇 그루 있었고, 패션프루트와 포도나무도 한 그루씩 있다. 한때는 암탉 몇 마리도 키웠다. 우리는 비옥했다. 전쟁이 끝난 후 어느 시점인가부터 장작더미와 헛간, 옥외 화장실이 하나씩 사라지고, 교외의 뒤뜰은 한 남자가 여가 시간을 보내면서 텃밭을 만들어 채소를 심고 그의

'자랑이자 즐거움'을 가꾸는 장소가 되었다. 이 자랑거리는 바로 잔디다. 잔디를 베고, 잡초를 뽑고, 비료를 주었다. 주택을 가진 남자는 모두 잔디 정원을 가꾸었고, 아파트에 사는 남자들을 상대로 약간 뽐내는 듯한 무언가가 늘 있었다. 잔디 없는 뒤뜰은 상상할 수 없었다. 집 주변 경계선에는 화병에 꽂을 한해살이 꽃을 심을 수는 있어도(백일홍을 많이들 좋아했다), 적어도 그 핵심에는 잔디가 있었다.

집 안의 여자는, 아마 자신은 일하러 나가지 않아도 된다는 걸 보여주기 위해서인지 몰라도, 주중의 오전에는 앞뜰에서 잡초를 뽑고, 산울타리를 다듬고, 겨울이면 앞쪽 울타리를 따라 풍성하게 늘어진 장미 나무의 가지를 치는 모습을 보이곤 했다. 요즘은 기억하는 사람도 없는 이런 정원 가꾸기에 대해 보여주는 유일한 프로그램에서는 지금도 그렇게 정원을 가꾸는 이들이 보이기는 하지만, 그걸 따라 하는 사람은 거의 없다.

요즘에는 내가 사는 교외의 거리를 따라 몇 시간이고 걸어도, 심지어 날씨 좋은 토요일 오후에도 정원을 가꾸는 사람을 한 명도 볼 수 없다. 길 건너에서 예술적으로 정원을 가꾸는 부부를 제외하면 이 배터리 포인트에서는 단 한 명도, 어느 주민도 정원을 가꾸지 않는다. 집집마다 뒤뜰에는 어김없이 데크와 오락 공간, 한두 그루의 나무, 줄지어 심은 관목들이 있을 것이며, 한 달에 한 번, 정원 관리 회사에서 직원이 나와 그곳을 전문가의 손길로 깔끔하고 정갈하게 유지해줄 것이다. 텔레비전에는 한때 우리가 보던 정원 가꾸기 프로그램 대신 정원 개조 프로그램이 생겨, 정원용 가구와 바비큐 공간을 설치하게 한다. 왜일까?

아마도 소득이 늘어나면서, 애써 수고하지 않아도 정원을 한 폭의 그림처럼 보이게 할 방법을 찾아냈다는 것이 그 이유 중 하나일 것이다. 여가는 그것이 안겨줄 즐거움 때문에, 자신이 선택하지도 않은 고된 노동을 감수하는 것이어서는 안 된다. 더욱이 옛날식 정원 가꾸기는 언제나 허드렛일에 가까웠기에 요즘 사람들은 그 방법을 꺼린다. 1960년대, 그러니까 교외 주택가 한 블록의 절반이 한두 가지 형태의 정원으로 꾸며졌을 당시, 사람들은 정원에서 식물을 심고, 잡초를 뽑고, 열매를 따고, 비료를 주고, 물을 주고, 갈퀴질을 하고, 다시 그 자리를 식물로 채우느라 여가 시간을 다 쓰기 일쑤였다. 피터가 종종 말하듯, 정원을 가꾸는 사람들은 노동을 절약해준다는 장비를 사용하고 싶어 하지만, 그런 장비는 역설적으로 정원 가꾸기를 손이 더 많이 가는 일로 만들어버린다. 윙윙 돌아가는 예초기, 낑낑대는 전정기, 부르릉거리는 전동 잔디깎이, 멀칭 기계와 낙엽 송풍기 등은 정원

일을 위험하고 시끄러운 고난으로 만들어버린다.

더욱이 전업 직장 여성들이 늘어나면서, 정원에서 그런 일을 할 일손은 더욱 드물어졌다. 그리고 무엇보다 결정적으로, 우리가 정원에서 자유롭게 즐기면서 일했든 부담을 느끼며 일하는 것처럼 보였든 간에, 우리가 기울인 노동의 결실을 요즘에는 아주 저렴하고 신속하게 구입할 수 있다. 아무리 누추한 교외나 외떨어진 한적한 소도시에서도 그 선택 범위는 눈부시고, 물품은 힘들이지 않고도 끊김 없이 공급된다. 당신이 만들고 있는 샐러드에 석류 열매가 필요한가? 아니면 디저트에 들어갈 귤? 크림같이 부드러운 감자? 최상급 토마토 하나? 셀러리? 순무? 스웨덴 순무? 블루베리? 그래니 스미스 상표의 사과? 원하는 것이 무엇이든, 아무리 이국적이고 제철이 아닐지라도 지금 구할 수 있다. 물론 풍미가 떨어질 수는 있어도 바로 지금 구할 수 있다. 사다리 위에서 천도복숭아 나무의 가지를 치는 피터는 시대에 맞지 않는 일을 하고 있는 것이다.

하지만 피터에게 그것은 가장 순수한 여가 활동이다. 여가가 최고의 상태일 때, 우리는 마치 창조주처럼, 우리가 한 일을 보고 좋다고 생각한다. 그것은 허드렛일과는 거리가 멀다. 피터에게 정원 가꾸기는 도시 거주자로서 황야를 사랑하고, 자연을 사랑하고, 이 세계에서 아직 손타지 않은 것을 사랑하는 그의 마음에 대한 응답을 끌어내기 위해 소용히 즐기는 방법에 더 가깝다. 그것은 그가 몸담고 살아야 하는 도시에 맞서는 그의 방어책이다. 우리가 살고 있고 우리 모두 알고 있는 이 세기를 고려하면 매우 이상하더라도, 그의 경우 그것은 실로 원초적이다. 그것은 결코 유용하기만 한 오락도 아니며 단순한 오락도 아니다. 그는 구성하고 작곡하고 있다. 정원에서 그는 모차르트보다는 드뷔시다. 그는 심오한 수준에서 자신이 누구인지 알아나가고 있다.

이 시대에 그것은 전혀 정상의 상태가 아니다. 드뷔시 얘기가 나왔으니 말인데, 오늘날 많은 이들이 실천하는 것처럼, 만약 우리가 사물에 대해 어느 정도 와비사비의 마음을 가진다면, 다시 말해 단정하되 지나치게 깔끔하지 않고, 덧없음과 미루어진 성취를 기뻐하는 마음을 가진다면, 실내에서 더욱 편안하게 여가를 즐길 수 있다. 미루어진 성취. 이 말이 어딘가 에로틱하게 들린다고 말할 사람도 있으리라. 사실이 그렇다.

|||||

깃들이기의 한 형태로서 섹스는 요리하기와 먹기, 정원 가

꾸기와는 달리 상업적 기업이 손쉽게 장악해 이윤을 남기고 우리에게 되팔 수 있는 것은 아니다. 물론 산업으로서 또는 오락으로서의 섹스는 확실히 별개의 문제지만.

섹스의 결점이 무엇이든, 좋은 섹스는 혼자서 집에 있기 위한 최상의 방식이다. 다른 사람의 시선은 조금도 신경 쓰지 않고 당신 자신과의 친밀도를 높일 수 있다. 사적이고 편안한 방이 있는 이상 그건 쉬운 일이기도 하며, 많은 남성은 자신의 생식능력에 별로 불안함을 느끼지 않는다. 우리가 좋은 섹스를 말하거나 쓰는 경우는 많지 않다. 우리는 간통에 관해서 말하고 쓰고, 우리의 성욕과 페티시에 관해 온라인에서 '친구들' 그리고 '지인들'과 수다를 떨고, 논의 자체를 일종의 에로틱한 행위로 만들며, 텔레비전과 영화를 통해 극적인 상황에서 섹스를 하는 불안한 사람들을 지켜보지만, 침실에서 느긋하게, 기억나지도 않을 만큼 편안하게 하는 섹스란 너무 시시해서 언급할 가치도 없어 보인다.

그것을 포착한 화가가 몇 명 있었다. 집에서 혼자 있기 좋은 방식으로서 섹스를 바라보는 관점은, (말이 안 되는 소리 같겠지만) 보나르와 호크니가 공유하는 것처럼 보인다. 그들을 성과 관련해 묶는다는 건 확실히 이상하다. 애처가인 보나르는 사랑하는 연인이자 아내인 마르트와 사실상 평생을 같이 붙어서 지냈던 반면에, 자유로운 보헤미안이던 데이비드 호크니는 때로는 같이 사는 남자와, 때로는 같이 살지 않는 남자와 평생 성적 친교를 나누었다. 그러나 둘 다 앤티미스트로서, 집 안을 배경으로 옷을 입거나 벗은 대상을 묘사하면서 서로가 비슷한 성적 인지, 성적 깨달음의 순간을 포착하는데, 이는 더욱 노골적으로 에로틱한 회화를 그린 유명한 현대 화가들이 무심코 지나쳐버린 그런 순간이다.

보나르가 그린 목욕하는 여성, 옷 입는 여성, 나른한 누드와 벌거벗은 커플들, 정돈되지 않은 침대와 어지럽혀진 옷방 등 유명한 이미지를 떠올려보라. 놀랍게도 그것들은 실제로 오후의 차 마시는 시간에 집 안에서 벌어진 일들이다. 여기에는 느긋하게 예상되거나 가볍게 기억되는 즐거움이 있는데, 호크니의 수많은 회화나 스케치도 마찬가지다. 잘 알려진 작품을 예로 들어보자. 1960년대에 그린 〈어느 가정 풍경, 로스앤젤레스Domestic Scene, Los Angeles〉에서는 가볍게 옷가지를 걸친 한 남자가 샤워 중인 또 다른 젊은 남자의 등을 닦아주고 있다. 배경은 편안한 어느 가정집 같은데, 안락의자 하나와 꽃이 가득한 꽃병 하나, 심지어 샤워실에 전화기 한 대까지 보인다. 이 그림에는 노골적으로 성적인 장면 묘사는 전혀 없지만, 창백한 엉덩이의 나체는 〈샤워를 하려는 소년Boy About to Take a Shower〉(1964)을 비롯해 집에서 벌거벗고 있는 남자가 등장하는 여러 그림에서처럼, 실로 매우 성적인 어떤 일 이후의 장면임이 분명하다. 〈방, 타자나The Room Tarzana〉에서 아랫도리를 벗은 채 싱글베드에 엎드린 청년(여기에도 꽃병과 램프, 프렌치 창문 너머로 보이는 녹색 정원이 등장한다)은 만족감을 느끼는 중이거나 그러기를 기다리고 있을 것이다. 그는 온전히 깨어 있으며 틀림없이 약간 긴장하고 있으리라. 아마 그 청년은 그 무렵 호크니가 무척 사랑했던 피터 슐레징거겠지만, 그가 누구든 간에 누드는 아니다. 그는 중간계급의 침실에서 섹스를 생각하고 있는 남자다. 그의 하얀 양말이 그렇듯, 싱글베드가 도발적으로 느껴진다. 아니 이 벌거벗은 인물들이 그토록 유명한 호크니의 수영장 누드보다도 대체로 훨씬 섹시하게 다가온다. 수영장 누드 회화들은 밝은 햇빛과 밝은 색감에도 불구하고, 욕망을 상쇄해버리는 차가움, 불편한 공허함이 있다.

1960년대 로스앤젤레스의 온화한 대기에 떠돌던 모호한 힌두교가 당시 호크니에게 어떤 영향을 주었고 그 결과 작품 속의 가정적 여가 패턴에 성적 쾌락을 쉽게 결합할 수 있지 않았나 하는 생각이 든다. 카주라호에서 몇 번의 온화한 저녁을 보낸 이후 힌두교는 여전히 내 마음의 눈에 확고히 자리 잡은 터라, 문득 종교적 사고방식으로서 힌두교야말로 섹스가 우리 자신을 속속들이 알기 위한 좋은 방법이라는 인식에 가장 열려 있다는 생각이 든다. 한마디로 힌두교에서는 우리가 인간임을 즐기기 위한 좋은 방법이 섹스라는 것을 인정한다는 것이다.

북인도 평원 한가운데의 아주 작은 도시 카주라호에서, 노을이 질 무렵 시장에 앉아 서쪽의 살구색 하늘을 배경으로 검게 드러난 그 유명한 둥근 지붕의 사원들을 바라보면서, 그날 하루 보았던 것들을 떠올리는 것이 나는 무엇보다 좋았다. 카주라호를 찾는 서양인들은 화려한 조각이 있는 스무 군데 남짓한 사원을 보러 온다. 그 사원들과 비슷한 것은 지상 어디에도 없는 만큼, 서양인들이 비행기로 와서 사원을 구경한 뒤 곧바로 다시 비행기를 타고 갈 수 있도록 공항 하나가 난데없이 뚝딱 지어졌다. 그들이 가장 보고 싶어 하는 것은 사원에 새겨진 평온하고 에로틱한 조각들이지만, 거기 솔직하게 묘사된 육체적 놀이에서 놀라운 점은 그것이 일상 생활의 또 다른 측면처럼 보인다는 것이다. 경이로울 만큼의 섬세한 묘사에서, 대체로 체구가 크고 다리가 두툼한 건장한 중세 남녀들은 항아리에 뭔가를 넣거나, 농사를 짓거나, 연주를 하거나, 목욕을 하거나, 춤추기 위해 옷을 입거나, 화장을 하거나, 키스를 하거나, 또는 매우 자연스럽게도 성 바울의 방탕한 고린도인들이나 생각했을 법한 방식으로 교미를 하고 있다. 여기서는 실제로 이 사원 조각들을 바라보는 것밖에 할 일이 없다. 적어도 공식적으로는 그렇다.

　나는 순전한 쾌락을 위해 육욕에 탐닉하는 것이 더 높은 의식 수준의 문턱으로 걸음을 재촉하는 이상적인 방법은 아닐 수 있다는 점은 충분히 이해한다. 솔직히 말해 재미를 위한 섹스는 엄격한 성직자적 관점에서는 특히 더, 깨달음의 길을 가로막을 수 있다. 그러나 흥미롭게도 카주라호에서 세속적 공간과 신성한 공간 사이의 수많은 문턱은 서로 껴안은 커플 부조로 장식되어 있었다. 그런 한편 더욱 외설스럽고 훨씬 덜 금욕적이며 실제로 이 사원들을 지은 인도인들이 알고 있었다시피, 우리를 우리이게 만드는 모든 것들과 접촉하는 데는 좋은 섹스만 한 것이 없다. 우리의 욕구, 우리의 장난기, 우리의 수많은 어리석음, 우리의 다정함, 탐욕, 그리고 누군가의 그것을 캐내는 것에 관해 우리가 평생 배워온 것들…. 누군가의 그것을 '영혼'이라고 말할 뻔했지만 '가장 깊은 내면'이라고만 말해두자.

　몇백 년 동안 브라만들이 뭐라고 했건, 사회적 관행이 여전히 무엇을 명령하건 상관없이, 일상 수준에서 힌두교는 전통적으로, 사막의 종교들이 하지 않는 방식으로 성적 황홀감을 통합시켜왔다. 어쨌거나 힌두교도에게 욕구란 애초에 우주가 존재하는 이유, 황홀한 하나 됨을 위해 안간힘을 쓰는 열광적인 둘이 어디에나 존재하는 이유다. 성인들은 섹스에 대한 탐닉을 경고했는지 몰라도, 인도의 시인들과 농부들은 급하게 서두르는 법 없이 태초의 우주적 하나됨으로 돌아가려 한다. 힌두교는 여느 영적 체계만큼 높은 곳을 목표하면서도 매우 현실적이다.

대부분의 그리스도교인이나 무슬림은 아무리 노력한다고 한들 섹스가 그 자체로 어떻게든 누군가를 타락시키고 있다는 느낌을 극복하지 못한다. 당신이 원했든 아니든, 모든 부류의 섹스는 당신을 값싸게 만들고, 품위를 떨어뜨리며, 심지어는 수치스럽다고 여겨진다. 내가 찬양해 마지않는, 한가로운 거닐기를 이야기한 겐코조차 그렇다. 불교 승려로서 평소 인간의 나약함에 매우 너그러운 태도를 보였던 그조차 음란함을 경계하고, 나아가 여자와 같이 살려고 하는 것까지 경고하면서 그럴 바엔 그 사람의 기본적 인간애에 대한 가벼운 우정의 인사로서 이따금 방문하는 것이 더 낫다고 했다. 더 나은 무언가가 있다고 여겨질 때 덧없는 것들과 함께 산다는 것은 하나의 도전이다. 당신은 그저 누워서 덧없는 것 속에서 기뻐할 것인가 아니면 그것을 뛰어넘으려고 노력할 것인가?

더욱 근대적인 일부 불교도는 성적 쾌락에 대해 훨씬 느긋한 태도를 보이기도 했지만, 깨달은 자, 고타마 붓다 자신은 완고한 입장이다. 비록 그는 무가치하고 해로운 감각의 쾌락과 무가치하고 해로운 고행 사이의 길을 중도라고 일컬었지만, 감각적 쾌락을 갈망하는 것을 호되게 꾸짖었다. 심지어 중도를 걷는다고 해도, 덧없는 것을 욕심내며 기뻐하는 것은 포기해야 할 것 같다. 예를 들어 붓다는 오늘날 바라나시(종종 베나레스라고 불린다) 외곽의 사슴 동산에서 처음 생긴 다섯 제자에게 첫 번째 설교를 했는데, 약간은 완고하고 심하게 말하면 이기적이라고 할 만큼, 고행은 우리가 덧없는 것에 대한 욕심을 버려야만 끝날 것이며, 이런 욕심이 우리를 끊임없이 다시 태어나게 한다는 점을 분명하게 이야기했다. 욕심을 버려야만 우리는 깨달음을 바랄 수 있다. 욕심을 버려야만 우리는 열반으로 가는 길을 조금이나마 볼 수 있다.

500년 후의 성 바울처럼, 섹스에 대한 붓다의 태도는 결국 절제를 선호하지만, 굳이 꼭 섹스를 해야겠다면 적어도 다른 사람의 아내와는 하지 말라는 것으로 요약되는 것 같다. 키스는 허용되었을까? 내 말은 요즘 우리가 아무나, 이를테면 우편배달부를 만났을 때 인사 대신 하는 대륙의 실없는 짓을 뜻하는 게 아니라, 입술 위에, 입 안에 하는 키스를 뜻한다. 이 문제에 관해서 합의된 견해가 있었는지는 알 수 없다. 입술에 키스하는 것은 인간에게는 매우 근본적인 행위다. 다른 사람의 입, 키스의 '꿀물'에 대한 욕구는 에로스의 화신이요, 우리가 생애 처음 빠는 행위처럼 영양 섭취를 위한 것이 아니며, 아이를 만들기 위한 것도 아니라, 그 자체의 쾌락을 위한 것이다.

보리수나무 아래 깨달음을 얻은 그 장소에서 바라나시(요즘 순례자들이 인도 전역에서는 물론 방콕에서도 비행기를 타고 곧장 날아갈 수 있는) 외곽의 사슴 동산으로 가는 길에, 네팔 지역 출신의 그 왕자는 우파카라는 금욕 수행자를 만났다. 우파카는 이 귀티 나게 잘생긴 젊은 여행자가 누구의 교리를 신봉하는지 알고 싶었다. 젊은 여행자는 약간 주제넘게 대답했다. "나는 모든 것을 이기고 모든 것을 아는 자다. 나는 모든 것을 버렸다. 나는 욕심을 파괴함으로써 해방을 얻었다. 나에겐 스승이 없으며, 이 세상에 나와 동등한 사람은 없으며 신들의 천상계에서도 나와 같은 사람은 없다. 나는 성스러운 자요, 최고의 스승이다, 나는 모든 격정을 소멸시켰다…" 그렇게 몇 분 더 오래 대답이 이어졌다. 마침내 그 젊은이는 사신의 위치를 이렇게 요약했다. "나는 감각직 욕구, 삶에 대한 갈망, 잘못된 견해와 무지의 소멸에 이르렀다. 나는 모든 죄악의 상태를 극복했다. 나는 나 자신을 정복했다."

당신이라도 그랬겠지만, 약간 기가 찼던 우파카는 서둘러

자리를 떴다. 붓다는 터벅터벅 바라나시를 향해 계속 걸었고, 세계 역사상 처음으로 '진리'를 설명했다. 그리고 "일만 세계가 흔들렸고 또 흔들리다 떨었으며, 가늠할 수 없는 엄청난 빛이 터지면서 신들의 광휘마저 압도해버렸다."

나에게는 이 이야기가 지극히 부자연스럽게 느껴진다. 이 이야기는 추상이라는 이름으로 우리 인간성을 사실상 왜곡하고 있다. 세속적 욕심의 덧없음에 대한 불교의 믿음에도 불구하고, 평범한 불교도들이 덧없는 것의 쾌락과 그 욕구로 인한 고뇌를 다른 누구보다 더 부정한다고는 생각하지 않는다. 『겐지 이야기』속의 겐지는 경건한 사람이지만, 절대 어떤 것도 부정하지 않았고 성욕 또한 어마어마했으며 오늘날 부탄 국민 전체는 죄의식 없는 성적 흥청거림에 몰두하는 것처럼 보인다. 어쨌거나 내 경험상으로는 모든 것을 고려했을 때 쾌락을 사랑하는 마음을 가진 힌두교도가 불교도보다는 (그리고 시크교도와 무슬림, 그리스도교도보다는) 훨씬 덜 거만하고 훨씬 더 소박하며 훨씬 더 재미있다.

그토록 즐겁고 보편적인 어떤 것에 대해 세계 종교들이 이런 공식적인 적의를 보이는 건 왜일까? 일정 수준의 자기 수양은 적절하며, 욕망은 그 자체의 본질상 성취감을 주지 못하고 따라서 감당할 수 없게 된다는 건 틀림없지만, 사막 종교에서 섹스는 특히 억제될 뿐 아니라 불안감과 죄의식으로 가득 차 있다. 힌두교의 성적 관습을 연구한 서구의 어느 전문가가 한 말처럼, 사막 종교의 섹스는 "침울하고, 은밀하며 자위하는" 것이다.

이 모든 것이 각각의 문화가 이런 자제를 요구하는 방식으로 귀결된다는 건 분명하다. 이슬람교에서 자제는 원초적 자아와 하나 되기 위한 길이라기보다는 실용적인 사회적 행동인 반면, 그리스도교와 불교에서는 영적으로 유익한 것으로 보인다. 성 바울(성적 쾌락의 효용에 대한 그의 생각은 심하게 제한되어 있다)은 고린도인들에게 "결혼하지 않은 사람과 과부는 정욕에 불타는 것보다 결혼하는 것이 낫다"라고 말하며, "만일 절제할 수 없거든"이라는 단서로 그 충고를 시작한다. 다시 말해, 정욕을 통제하지 못하면 악마가 당신(모든 보고에 따르면 특히 고린도 사람들)한테 온갖 못된 장난을 칠 수 있지만 결혼하게 되면 이런 정욕이나 열정, 욕구를 가장 잘 다스릴 수 있다는 얘기다. 육욕에 사로잡히게 된다면 신과 친밀한 관계를 맺기는 힘들다.

이제 삶의 황혼기에 접어든 나는 일상생활 속 섹스에 대한 힌두교의 접근이야말로 가장 일리가 있다는 생각이 들기 시작한다. 힌두교는 종교 관습이 어떤 수준에서는 놀이임을 가장 잘 이해한다. 신학의 복잡한 사항들은 내게는 별 매력이 없지만, 힌두교의 성 관념은 현저히 실용적인 것 같다. 아니 적어도 무슬림과 그리스도교들이 그 관념에 손대기 전에는 실용적이었을 것이다. 윤회로부터의 해방? 그래, 좋다. 하지만 아직은 아닌 것 같다.

카주라호에서 첫날 오전에 주변의 사원 단지를 안내했던 내 가이드는 상냥하고 말쑥한 차림의 중년 남자였는데, 그는 내가 알기로 모든 종교에 행복하게 무관심했다. 그럼에도 우리가 무더운 열기 속에서 이 사원에서 저 사원으로 걸음을 옮기는 동안 그는 나에게 인도의 주요 종교와 인도 역사를 들려주는 것이 몹시 즐거운 모양이었다. 그는 사원의 조각들은 힌두교에서 필수적이며 적절하다고 생각되는 삶의 네 가지 목표를 상징적으로 강조한다고 설명했다. 우리가 사는 공동체의 사회적, 종교적 규범을 지키는 것(다르마dharma), 감각적 쾌락(카마kama), 가족을 위한 물질적 제공(아르타artha), 그리고 윤회로부터의 궁극적 해방(모크샤moksha) 등이다. 이런 조각들은 무슬림이나 그리스도교가 인도에 도착해 모든 것을 망쳐놓기 한참 전에 새겨졌는데 당시 카마, 즉 육체적 갈망에 관한 내용은 인도의 남녀 모두를 위한 것이었다. 그것은 더 높은 곳을 향해 서둘러 올라가기 위한 규율로서가 아니라, 인간 존재의 정상적인 부분으로 이해되었다. 사실상의 의무였던 것이다.

가이드도 기꺼이 동의한 바지만, 까다로운 부분은 카마가 나머지 세 목표를 밀어내지 않도록 하는 것이었고, 지금도 마찬가지다. 잘 사는 삶에서 성욕은 공작이 꼬리깃을 펼치듯 활짝 펼쳐져 기쁨을 주어야 한다. 예를 들어 수세기 동안의 인도 미술은 물론이고 인도의 연애시에서도 연인들과 아내들은, 손에 닿지 않았고 지금도 손에 닿지 않는 것을 애타게 갈망하고, 남녀 신들조차도 성적 황홀을 그리워하며 그 황홀감 안에서 하나가 된다. 라다와 크리슈나가 그 열정과 기교로 하는 것을 예수나 여호와가 한다고 상상해보라. 그리스도교의 어느 성인이 끝에 연꽃을 매단 화살을 꿀벌 활시위에 걸고 연인들에게 쏜다고 상상해보라. 힌두교의 사랑의 신 카마데바는 그렇게 한다.

사실이 그렇다. 네 가지 목표를 모두 명심하고 인생을 살기 위해서는 어느 정도의 자제력을 발휘해야 한다. 성 바울의 표현대로, 단지 "정욕에 불타지" 않기 위해서가 아니라, 좋은 방식으로 인간이 되기 위해서도 그래야 한다.

뜨거운 저녁 공기 속에서 시장 옆에 앉아 꿈꾸는 동안 나 자신을 돌아보면서, 나는 카주라호의 젊은이들이 이런 균형의 필요성을 온전히 이해하고 있는지 확신할 수는 없었다.

어스름이 내릴 때면 날마다, 사원 입구부터 사원 경내에 이르기까지, 도로변에서 오토바이를 타는 젊은이들과 무리지어 어슬렁거리는 젊은이들에게서는 에로틱한 경박함이 느껴진다. 성적 기회를 노리는 일종의 초조한 집착. 이들은 성 바울의 "결혼하지 않은 사람들"이다. 그리고 그들은 불타고 있다. 그들의 생각은 요요 같다. 오르락내리락, 오르락내리락, 날 좀 봐요, 날 봐줘요. 트럭 한 대가 화려한 색으로 칠해진 신상 하나를 뒤에 태우고 천천히 지나가는 가운데, 확성기가 하늘을 향해 시끄러운 음악을 터뜨리면 그 뒤 차도에서는 젊은 열성 신도들이 정신 나간 듯 춤을 추었지만, 나는 그 어떤 것에서도 해방감을 느끼지 못했다, 궁극의 깨달음을 향한 큰 파도 같은 건 느끼지 못했다. 사실 내가 느낀 건 통제되지 않은 발작이었다. 그리고 트럭이 지나갔을 때, 텅 빈 시장의 따뜻한 그늘 속에 있던 젊은이들은 여전히 그 자리에서 지켜보며 놀리고, 웃고, 소리쳐 부르고 있었다. 그러나 그 나이 또래에는 당신도 거리에서 그럴 것이다. 그러다가 나이가 들면 조금씩 조금씩 더 나은 균형, 인간이 되는 더 미묘한 방식을 찾게 된다. 적어도 당분간은 편안해지는 방식을.

|||||

목욕은 깃들이기의 한 형태일까? 나로선 그렇게 보기 힘든 것 같지만, 간발의 차로 그렇다고 해야겠다.

나는 목욕의 매력을 결코 이해하지 못했다. 해수욕은 다른 문제다. 해수욕을 할 때는 해야 할 일들이 있다. 껑충 뛰어들고, 누워서 헤엄치고, 친구의 머리를 물속에 집어넣는다. 대체로 나는 그런 걸 하지는 않지만 사람들이 왜 그러는지는 충분히 이해할 수 있다. 그러나 목욕의 즐거움은 수수께끼로 남아 있다. 무엇 때문에 우리는 몸을 식히는 지저분한 물이 가득한 관 모양의 장치 안에서 이상한 각도로 머리를 기대어 눕기를 자유의지로 선택하는 걸까? 많은 사람들은 그렇게 한다. 이따금, 어쩌다 괜찮은 호텔에 묵었을 때, 욕실에 줄지어 놓인 호화로운 샴푸와 연고와 목욕 후에 바르는 분가루를 보게 되면 실제로 목욕을 해야 할 것 같은 의무감에 사로잡히곤 한다. 할까? 말까? 결국 나는 물을 틀고 쏟아지는 오존에 즐거워하면서, 결코 온도가 적당한 법이 없는 목욕물이 약간 식을 때를 기다리거나 더 뜨겁게 한 다음, 욕조 안으로 기어 들어가 주변을 둘러보지만, 곧 무얼 해야 할지 몰라 당황하게 된다. 목욕은 어김없이 실망스럽다. 다른 모든 것은 제쳐두더라도 내 몸의 땟물 속에 홀로 누워 있기란 즐거움을 위해서 하기엔 매우 부자연스러운 일처럼 여겨진다.

만약 몸을 깨끗이 하는 것이 주요 목적이라면, 가장 상쾌한 방법은 샤워를 하는 것이다. 인도네시아에서는 만디[9] 에서 찬물을 떠서 몸에 끼얹었고, 비누칠을 한 다음 다시 찬물을 몇 바가지 뒤집어쓴다. 물을 한 바가지 퍼서 얼굴에 끼얹어라. 다음에는 다시 한번 물을 퍼서 머리에 끼얹어라. 새로 태어난 기분이 든다. 일본식도 있다. 일본인은 독특한 목욕법을 제시해왔다. 우선 깨끗하게 몸을 헹군 뒤, 뜨거운 물이 있는 욕탕 안으로 들어가 몸을 담그는데, 때로는 다른 입욕자와 담소를 하기도 한다. 그런 다음 욕탕에서 나와 비누칠을 하고 다시 헹궈낸 다음, 물통이나 욕조 안으로 다시 들어가서 마지막으로 한 번 더 몸을 담근다. 적어도 일부 일본인은 가끔 그렇게 한다. 그것은 자기 때가 고인 미지근한 웅덩이 속에 눕는 것보다는 크게 개선된 형태지만, 그래도 시간 낭비다.

그러나 공교롭게도 나는 열정적인 목욕 예찬론자와 함께 산다. 그 친구의 관점에서 균형 잡힌 하루에 꼭 필요한 것은 하루를 마무리하는 목욕이다. 그에겐 고무 오리도, 하다못해 목욕용 수세미도 필요 없다. 그렇지만 그는 거품 아래 몸을 담그고 뱅앤올룹슨으로 약간 째지는 음악을 들으며 작은

9   목욕을 위해 물을 받아두는 통. 또는 그 통에서 물을 떠서 몸을 씻는 목욕법을 말한다.

186

맥주 한 병을 홀짝거리는 걸 정말 좋아한다. 감히 말하건대 그에게 목욕이란 아무것도 하지 않으면서 동시에 무언가 하는 완벽한 방법이다. 편안하게, 집의 가장 안쪽에 있는 방에서 거품에 감싸여서. 그가 생각하는 한, 목욕은 회복의 깃들이기와 자기 접대인 팸퍼링pampering의 아주 특별한 혼합이다. 나는 대다수가 그와 같지 않을까 생각한다.

그루밍에 대하여

목욕하기는 서서히 그루밍, 즉 몸단장하기로 바뀐다고 주장하고 싶다. 단장하기는 깃들이기와 똑같지는 않다. 반드시 집에서 할 필요는 없기 때문이다. 그러나 단장이 설사 집에서 이루어지는 행위가 아니더라도, 그것이 익명성을 띤다면 재미가 덜하다. 달리 말해서 으리으리한 그랜드 호텔에서 이루어지는 단장은 작고 친근한 시설에서 이루어지는 단장보다는 덜 유쾌하다(여기서 그랜드 호텔이란 정말 으리으리한 호텔을 말하는 것이지, 약간 허름해진 그랜드 부다페스트 호텔이 아니다. 그곳은 언제나 기쁨일 것이다).

오전의 (또는 한 주나 한 해의) 사냥과 채집 활동 후에 몸단장하는 장소만큼 보기 좋은 것이 또 있을까? 그러나 폭넓은 동물의 관점에서 보면, 몸단장이 주는 슬거움의 성격은 변한 것 같다. 그 변화가 때로 단장에 따라오는 일말의 죄책감을 설명해줄 수 있을까? 늘 그런 건 아니지만 확실히 가끔은 단장하는 행위에 죄책감이 느껴진다. 그것이 종의 생존을 책임지는 활동에서, 햇볕 아래 한가로이 자기 몸을 핥는 고양이처럼 누워 있는 행동으로 옮아가기 때문이다.

실질적인 단장으로 미용실에 가서 샴푸 서비스를 받고 멋을 내보는 것도 좋다. 만약 거기에 완전히 항복하고 상품의 향기를 깊이 들이마시며 기뻐한다면, 당신은 일종의 동물적 즐거움을 느끼는 것이다. 그것은 종종 나의 한 주에서 절정을 차지한다. 그러고 나면 발 관리 숍에 갈 생각에 잠깐이나마 기분 좋게 설레는 그런 사람이 된다. 누군가 해주는 발 마사지는 취하는 일이 아니며 나는 엉뚱하게 흥분되지도 않지만, 발 관리사의 단단한 손길 아래 10분이 지나면 쓰다듬어지는 강아지가 어떤 기분인지 알 것 같다(새 구두를 사는 것에는 그와 비슷한 전율이 있다. 그것은 쇼핑과는 아무 관계가 없고, 모두 단장에 관한 것이다. 구두 가게의 냄새만으로도 관능적인 탐닉이 연상된다). 얼굴 마사지, 신체 왁싱, 그리고 기타 피부 관리는 분명 단장의 여러 형태지만, 모두 사냥 후의 활기 회복에서 철저한 자기 탐닉으로의 명백한 이동이다.

자신에게 선물하는 마음으로 귀족 접대 서비스를 받음으로써 그것이 우리 몸(요즘에는 우리 정신도 포함된다고 소리 높여 주장한다)에 선사하는 순수한 쾌락에 깊이 탐닉하고 싶은 유혹에 굴복한 나머지, 그런 것을 좋아하는 경향을 포착하는 멋진 영어 단어가 있다. 바로 '팸퍼링'이다. 팸퍼링은 원래 음식으로 지나치게 배를 채운다는 뜻의 오래된 말로, 그 바닥에는 여전히 일상생활에서 가장 잘 제한되거나 억제되는 식욕에 무제한의 자유를 준다는 의미가 깔려 있지만, 요즘에는 훨씬 더 호화로운 어떤 것을 내포하곤 한다. 친밀한 장소에서 누군가의 손길을 받고, 산해진미로 배를 불리고, 몸을 더 매력적으로 만들고, 방종하게 보일 수 있는 방식으로 휴식을 취하고 싶은 열망을 암시한다.

나는 여행할 때마다 얼마나 꼴사나운 팸퍼링이 제공되는지 항상 놀라게 된다. 사람들이 주로 사원을 보기 위해서가 아니라 신체적 기쁨을 기대하고 오는 동남아시아의 휴양지나, 바쁜 사람들은 (종종 수증기 가득한 그 시설의 깊지 않은 물속에서) '편히 쉴' 필요가 있다고 모두가 공모한 듯 행동하는 전 세계 수도의 호화로운 호텔에서만 그러는 건 아니다. 얼마 전 내가 묵었던 뉴사우스웨일스의 한 시골 호텔에서는 도피주의적 기쁨의 유니크한 셀렉션을 제공해 고객의 세련된 라이프스타일을 완성하겠노라고 주장하는데, 아마도 마사지나 스파 풀 안에 둘러앉기, 또는 사우나를 가리키는 것 같다. 시드니에서부터 시엠립과 스톡홀름까지 꽤 많은 호텔이 정체가 확실하지 않은 그런 것들을 고가에 제공한다.

나는 도피주의에 진심으로 찬성하는 입장이긴 해도, 여러 해 동안 전 세계 다양한 호텔의 내부에서 이 도피주의적 기쁨을 맛본 이상 이렇게 보고해야 하리라. 마사지를 받는 것은 기분이 괜찮은 일이며 사실 굉장히 좋을 때도 있지만(케랄라에서 특히 좋았다), 그것이 당신을 젊게 만들어주거나 회복시켜주지 않으며, 졸리다는 것 외에는 별다른 어떤 느낌도 주지 않는다고 말이다. 정말이지, 그 효과는 20분 이상은 지속되지 않는다. 그것이 당신의 근육을 풀어주지는 않으며 관절을 유연하게 하거나 통증을 완화해주지도 않는다. 마사지는 관능적인 탐닉(말했다시피 특히 케랄라에서는)이다. 그것은 낯선 이(캄보디아에서는 두 명의 낯선 이)가 스스럼없이 만져주는 것이다. 당신은 자신을 소중히 여겨 팸퍼링을 하고 있다.

한동안 헬싱키에 살면서 알게 된 바로는, 사우나가 모공을 깨끗이 해줄 수는 있어도, 사람들이 그 때문에 사우나를 하지는 않는다. 당신이 사우나를 하는 이유는 어린아이들이 동네 수영장에 가는 이유와 정확히 똑같다(수영하기는 팸퍼링에 속하지 않는다). 그리고 사우나를 가는 것에는 전혀 잘못된 점이 없다. 가끔 간다면.

대중적인 팸퍼링 활동에 관한 거의 모든 것은, 가만히 생각해보면 지독하게 유치하다. 카리브해 크루즈를 타고 항해하는 것부터 스파 욕조에서 늘어져 있기까지, 그리고 오일과 로션으로 마사지 받는 것부터 향초로 둘러싸인 공간을 응시하는 것까지. 유년기로의 후퇴일까? 사실상 그것은 자궁으로의 회귀다. 그러나 거기에는 전혀 잘못된 점이 없다. 적당하기만 하다면.

전신 마사지와 얼굴 마사지, 사우나, 터키 탕과 거품 스파 풀, 그리고 초를 밝힌 정적 속에 누워서 백단향 풍기는 사랑스러운 자신을 꿈꾸며 빠져드는 잠. 이런 것들을 위해 만들어진 온갖 주장을 생각할 때마다 곧바로 라블레의 초록 소스가 떠오른다. 문학사에서 가장 요란하게 희극적인 소설로 꼽히는 『가르강튀아와 팡타그뤼엘』에서, 팡타그뤼엘의 동료 파뉘르주는 씨를 맺기 전의 옥수수로 만드는 '사랑스러운 초록 소스'의 효능을 이야기하고 있다.

그것은 뇌에 활기를 주고 원기를 보충해주고, 시력을 밝게 해주며, 식욕을 돋우고, 혀의 미뢰를 즐겁게 하며, 심장을 튼튼히 하고, 구개를 간지럽히고, 혈색을 맑게 해주고, 근육을 키워주며, 혈액을 깨끗이 해주고, 횡격막을 가볍게 하며, 간을 싱싱하게 해주고, 비장을 뚫어주며, 신장을 편하게 해주고, 방광을 진정시키고, 척추골을 유연하게 하며, 요관을 비워주고, 정관을 넓혀주고, 생식기 힘줄을 조여주며, 오줌보를 정화하고, 생식기를 부풀리고, 포피를 걷어주고, 귀두를 단단히 하여 거시기를 세워주지요. 그것은 배를 튼튼히 해 바람을 일으켜 방귀를 발사하게 해주고, 대변을 누게 해주고, 소변을 누게 해주며, 재채기하게 해주고, 딸꾹질하게 해주고, 기침하게 해주고, 침을 뱉게 해주고, 토하게 해주고, 하품하게 해주고, 콧물을 흘리게 해주고, 심호흡하게 해주고, 숨을 들이쉬게 해주고, 숨을 내쉬게 해주고, 코를 골게 해주고, 땀을 흘리게 해주고, 물건을 서게 해주며, 그 밖에도 수백 가지 놀라운 장점이 있습니다.

물론 그럴 것이다. 그렇다면 나는 루마니아의 마리 왕비[10] 부럽지 않다. 그 초록 소스를 조금 맛본다 한들 뭐가 대수랴.

---

10 Marie of Romania(1875~1938). 에든버러의 마리로도 알려져 있다. 영국 빅토리아 여왕의 친손녀이며 러시아 황제 알렉산드르 2세의 외손녀로, 1893년에 루마니아의 페르디난드 1세와 결혼하여 1차 대전 중인 1914년에 루마니아 왕비가 되었다.

3장

놀이의 발견

아무 이유 없이 노는 것,
놀이에 어떤 이유도 있어서는 안 된다는 것,
이것이 놀이의 특성이다.
즐겁게 논다는 것 자체가
이유이기 때문이다.

린위탕, 『생활의 발견』(1937)

좋은 놀이가 주는 기쁨

이제 드디어 놀 시간이다. 말 그대로 쇼 타임이다.

지금까지 우리는 사냥하고 먹고 나서, 거의 아무것도 하지 않으면서 한가하게 빈둥거렸다. 그런 다음 우리 둥지를 살펴보고 자신을 새롭게 구성하면서 우리 일상 속 자신의 모습에 기쁨을 느꼈다. 우리의 가장 멋진 모습을 보고 느끼기 위해 이따금 말쑥하게 단장도 했다. 이제 놀 준비가 되었다. 당신이 생각하는 놀이와 내가 생각하는 놀이가 다를 수는 있겠지만, 브리지 게임을 하든, 친구들과 스쿼시를 하든, 성가대에서 노래하든, 중국 청자를 수집하든, 서핑을 하든, 스키를 타든, 또는 신께 예배를 올리든 간에 우리는 모두 우리 문화에 깊이 뿌리를 두고 있다(이는 전 세계에 걸쳐 본질적인 스포츠를 떠올리게 한다. 독일식 성을 가진 여러 유명한 문화 이론가들에 따르면, 모든 형태의 순수한 놀이 가운데 가장 순수하게 나타난 것이 부정한 섹스다. 하지만 지금 나는 너무 앞서 나간 것 같다).

문화는 곧 놀이다. 그러나 모든 문화가 놀이일까? 성베드로 대성당에서의 대미사, 푸시킨의 시, 서바이벌 게임, 플라톤의 『향연』, 에스키모의 치열한 북치기 대회, 모노폴리 게임, 구슬치기, 모차르트, 모네, 고대 인도의 서사시 『마하바라타』, 모르몬교 경전인 『모르몬경The Book of Mormon』(뮤지컬 〈모르몬경〉도 포함), 마돈나와 마오리 타투⋯ 이 모든 게 놀이일까? 그럴지도 모른다. 하지만 건축가 프랭크 게리의 빌바오 구겐하임, 창세기, 독일어 공부, 퀸칸의 암각화, 바위의 돔 사원, 오스트레일리아 애버리진의 춤인 코로보리, 데이비드존스 백화점에서의 쇼핑, 잡지 《뉴욕 리뷰 오브 북스》, 가족과 보내는 크리스마스, 그리고 투우는 어떤가? 이 모든 것이 놀이일까? 잠시 생각해본다, 그렇다. 아주 많이 그렇다. 그리고 나 혼자만 그렇게 생각하는 건 아니다.

그런 것들이 그냥 놀이는 아니라는 건 확실하다. 어느 누구도, 로마 가톨릭 교회가 '여럿이 손잡고 도는 놀이'의 대대적인 확장판 게임에 지나지 않는다고는 주장하지 않는다. 당신이 그 종교의 화려한 집단적 제의에 아무리 큰 비중을 둔다고 해도, 당신 집 주변 거리에서 로마 제국의 흔적은 결국 사라져버린다. 요가 하러 갈 때나 프랑스어 수업을 들으러 갈 때, 당신이 빈둥거리며 시간을 때우러 간다고 생각할 사람은 없다. 심지어 강아지도 그냥 쫓기 놀이를 하는 건 아니다. 전혀 그렇지 않다. 애초의 '날것'은 분명 몇백, 몇천 년의 시간을 거치면서 '요리'되어왔으며, 종종 지나치게 익기도 했고 때로는 시커멓게 타기도 했다. 그러나 모든 문화가 날것의 놀이에서 나온다는 건 거의 확실하다. 어쩌면 우리가 확장해야 할 것은 문화에 대한 개념이 아니라 놀이에 대한 개념이리라.

그렇다면 문명 자체도 모두 놀이라 할 수 있을까? 아니, 물론 그렇지 않다. 적어도 내 생각에는 아니다. 그 둘을 가르는 기준선은 알아보기 힘들 수 있다. 세탁기, 가로등, 스틸턴 치즈와 법의 지배 등은 설사 저마다 문화적 파급효과가 있다고 해도 그것이 지닌 다양한 의미에서는 분명 문명의 측면들이다. 그러나 의회, 사법체계, 민주주의 자체는?

내가 주장하는 바는 놀이가 문화의 일부가 아니라 문화 자체라는 것이다. 그리고 그것은 문명보다 한참 전에 등장했다. 우리가 '문화'라고 일컫는 것들이 바로 놀이의 수많은 표현들인 것이다.

하지만 개가 문화인가 하는 문제는 여전히 고민이다. 왠지 그렇다고 말하기 주저된다. 개는 어떤 동물보다도 순수하게, 남을 의식하지 않고 뛰놀며, 지구상에 문명이 싹트기 오래전부터 놀고 있었다. 원숭이와 일부 조류도 놀기는 하지만, 개는 모든 체크 항목을 만족시킨다. 오늘 오후에 우리 개와 퍼글종인 그 친구 트윔블리를 데리고 해변에 간다면, 우리 개가 대표적인 세 가지 놀이를 쉽게 이해하고 있다는 사실이 드러날 것이다. 그 첫째가 겨루기다. 개들은 공을 쫓아 달리고, 막대기를 쫓아 헤엄치고, 소리를 지르는 아이의 모자를 물고 이내 격렬한 줄다리기 게임을 벌일 것이다. 둘째는 재창조 또는 모방이다. 개들은 모자를 죽이고, 가마우지를 사냥하고, 미스터 조고풀로스의 겁 많은 개 휘핏을 해변 뒤쪽의 잔디밭으로 몰아낼 것이다. 덕분에 미스터 조고풀로스는 그 뒤를 바짝 쫓아가야 하겠지만. 그리고 세 번째는 들까불기 스포츠다. 그냥 찢기, 뛰어다니기, 까불기, 쿵쿵거리며 냄새 맡기, 침 흘리기, 깨갱 소리 내며 넘어지기, 그리고 이따금 짖기, 다시 말해 개가 하는 짓들을 할 것이다. 결정적으로 그것은 자발적으로 하는 일일 것이다. 만약 그 개들이 그럴 마음이 없다면 하지 않을 것이다. 때로는 기술이 들어가기도 하고, 대담성과 재주, 놀이터의 경계에 대한 감각, 희열에 가까운 즐거움이 있을 것이다. 그리고 우리 개 두 마리 모두, 차에서 뛰쳐나가는 순간부터 30분간은 집에서의 일상생활을 벗어난 시간이며, 오래 지속되지 않으리라는 걸 알 것이다. 또한 놀이는 무엇보다도 푹 쉬고 잘 먹었을 때 가장 좋다는 걸 모든 개가 알고 있다.

놀이가 무엇인지 이해하는 문제에 관한 한, 우리는 최초의 늑대들이 뛰놀던 이후 거의 나아가지 못한 것 같다. 아니 아주 조금 나아갔달까. 작가 존 랭John Lang은 소설 『히말라야 클럽The Himalayan Club』에서 1850년대 델리 북부 움발라의 한 연대 막사에서 지낸 이야기를 들려주는데, 시간 때우기용 주요 오락은 카드놀이와 당구였고, 사람들은 시가 연기로 도넛을 만들었다고 한다. 물론 이따금 피크닉과 원정 파티가 벌어지고, 한 달에 한두 번은 사적인 연극 공연으로 숨을 돌리기도 했다. 담배를 피우고 술 같은 것을 홀짝거리면서 독서를 하는 남자들도 꽤 있었다. 구릉지 위쪽의 무수리 기지에서는 카드놀이와 당구 외에도, 주의를 집중시키기 위해 주기적으로 무도회를 즐겼으며, 특히 천이나 여성용 옷가지를 사기 위한 한기로운 쇼핑도 꽤 잦았다. 온갖 새와 동물을 실육하는 건 생명을 죽이는 순수한 기쁨이 있어 남자들에게 인기였다. 그리고 물론 연애도 있었다. 사람들은 서로 눈이 맞아 달아난 뒤 돌아오는 법이 없었는데, 그중 더욱 선정적인 사건들은 콜카타에 있는 대법원에서의 소송으로 이어지기 도 했다.

빈둥거리기는 재미있고 깃들이기는 뿌듯한 만족감을 주지만, 놀이야말로 최고의 여가 활동이다. 그것이 주는 즐거움 때문에 자유롭게 선택되었다는 전제만 있다면, 놀이는 가장 훌륭한 여가이며, 무엇에도 뒤지지 않을 좋은 삶이다. 좋은 놀이가 주는 기쁨은 황홀감에 가깝다. 여느 사원이나 모스크, 교회에서 예배를 보는 신자라면, 어떤 악기를 다루는 거장이나 위대한 아름다움을 빚어내는 창작자라면 누구나 알듯이, 어떤 의미에서는 그 이상으로 추구할 만한 좋은 것은 없다. 우리는 좋은 놀이를 할 때 우리 인간성의 속살 자체를 건드린다.

슬프게도 좋은 놀이(초월적인 가벼움)는 우리 대부분의 손에 닿지 않는 곳으로 조금씩 멀어지고, 그러다 어느새 우리는 편안히 놀지 못할 만큼 늙어버린다. 밖에 나가기에는 눈이 침침하고 숨은 너무 금세 가빠오며 관절은 시큰거리고 동작은 굼뜨다. 뭐가 뭔지 헷갈리고 썩 내키지도 않는다. 대신 우리는 다른 사람들이 놀이하는 것을 텔레비전으로 보기도 하지만, 그때쯤 되면 그것조차 좀처럼 하지 않는다. 사실 우리가 텔레비전에서 보는 모든 놀이는 프로 선수들 간의 경쟁이다. 달리 말해서, 우리는 고도로 훈련받은 남녀가 일하는 모습을 지켜보는 셈이다. 내가 '재창조'라고 하는 것은 요즘 우리가 뉴스나 영화에서 종종 보는 그런 활동을 말한다. 이를테면 노래하기, 그림 그리기, 사진 찍기, 또는 독서, 쇼핑, 우표 수집, 여행, 등산, 콘서트 관람, 외식, 이탈리아어 배우기, 교회 가기, 친구들과 수다 떨기, 집 밖에 나가서 어슬렁거리기 등인데, 사실 우리가 할 수 있는 것들이다. 우리는 책을 읽고, 어슬렁거리며 돌아다니고, 친구들과 외식하고, 영화관에 가고, 한두 주 정도 태국에서 보낼 시간을 낼 수 있다.

그러나 우리가 가진 부와 정보 접근성을 고려하면 그렇게 하는 사람이 별로 없다는 건 매우 놀랍다. 우리는 그저 그런 놀이에 관해 이야기하고 다른 사람들이 그러는 것을 지켜본다. 들까불기에 관해 말하자면, 그 단어만 해도 시대에 뒤처진 느낌이다. 요즘 누가 깡충거리고 들썩거리며 다니는가? 아무도 그러지 않는다. 우리는 개한테서 배워야 할 것이 많다.

70억이 넘는 인구가 사는 세계에서 집단 여가 활동을 공중 질서에 대한 위협으로 여기는 지배 엘리트들 때문에 그것은 갈수록 위축되고 있다. 이제 우리는 집단적으로 무언가를 하며 즐거워하는 대신에 다른 사람들이 소집단으로 하는 것을 극장에서, 운동장에서 지켜보기 위해 돈까지 내야 하는 형편이다. 프랑스 이론가 기 드보르가 말했듯이, 이것이

"스펙터클의 사회"다. 시드니에는 (놀랍게도) LGBT 프라이드 퍼레이드인 마디그라 축제가 있고, 베를린에서는 러브 퍼레이드가 벌어지며, 리우데자네이루에는 카니발이 있고, 지구촌 절반에서 축구 결승전이 벌어지고, 어디에나 새해 전야의 떠들썩한 축제가 열리고, 또 인도 알라바하드에는 단 하루에 3천만 명 이상의 순례자를 끌어들이는 쿰바멜라가 있지만, 이런 것들은 예외라 할 수 있다. 로마인들은 바쿠스 제의가 젊은이들에게 끼치는 영향을 두려워했고, 그리스도교 지배층은 부류를 가리지 않고 모든 공공 축제를 단속하기 위해 수백 년 동안 할 수 있는 모든 것을 했다. 그리고 오늘날 1천만, 2천만, 3천만 또는 그 이상의 주민들이 사는 거대 도시에서 대중 축제란 실제로 공공질서를 위협한다. 현재 지구상 인구의 10퍼센트 정도가 인구 1천만이 넘는 도시에 살고 있다. 집단적 즐거움은 공공의 위협이다.

이기느냐 지느냐의 문제

    요한 하위징아 _{Johan Huizinga}는 1938년에 첫 출간된 고전적 걸작 『호모 루덴스』에서 페르시아 왕의 이야기를 들려준다. 잉글랜드를 방문한 페르시아 왕은 (아마 잉글랜드 최고위층에 있는 누군가로부터) 경마 구경을 갈 생각이 있는지 질문을 받는다. 그는 그 제안을 거절했는데, 그의 대답인즉 어떤 말이 다른 말보다 더 빨리 뛴다는 것을 자신은 이미 알고 있노라는 꽤 타당한 이유에서였다. 정확한 말이다. 나는 절대 경마를 (또는 축구나 크리켓을) 보러 가지 않는 내 행동에 이보다 좋은 이유를 제시할 수는 없을 것이다. 그리고 언젠가 방송 진행자 필립 애덤스 _{Phillip Adams}가 축구에 관해 뭐라고 했던가? 그는 양 팀에 공을 하나씩 주어야 한다고 했다. 그러면 공을 두고 싸우지 않을 거라고. 이 나라 인구의 절반은 그의 말에 몰래 고개를 끄덕이겠지만, 그렇게 말하는 건 분명 앤 잭데이[1]의 신성함에 문제를 제기하는 것처럼 보인다.

그렇지만 페르시아 왕이 간과하고 있던 것, 필립 애덤스와 내가 외면하던 것이 있다. 경마 관람은 어느 말이 다른 어느 말보다 빨리 달리는지 알아보기 위한 것만은 아니며, 마찬가지로 축구나 크리켓을 보러 가는 것이 그저 어느 팀이 이기는지 알기 위해서 가는 것이 아니라는 사실이다. 그걸 무시하는 것은, 직접 경쟁을 하거나 다른 사람의 경쟁을 지켜보는 동안 우리 인류의 대부분이 경험하는 황홀감의 본질을 이해하지 못하거나 이해를 거부하는 일이다(황홀감은 단순한 흥분을 넘어선다). 그것은 또한 재연의 즐거움을 등한시하고 있음을 보여준다. 보노보 원숭이는 너무도 자연스레 재연의 즐거움을 이해하며, 까마귀도 마찬가지고 하물며 치와와는 말할 필요도 없다. 다만 애스콧 경마를 대하는 높으신 전하만 그럴 뿐이다.

이긴다는 것은, 적어도 우리 중 다수에게는 재미있을 뿐 아니라 인간 존재의 흥미로운 부분이기도 하다. 특히나 남

---

1 Anzac Day. 오스트레일리아와 뉴질랜드의 현충일. 오스트레일리아에서는 4월 25일로, 대규모 추모 예배와 기념 퍼레이드가 펼쳐진다.

성은 호르몬과 함께 문화적 이유에서 이기겠다는 의지가 강하다. 테스토스테론의 존재 이유가 바로 그것이기 때문이다. 이기는 것은 남자다운 것이며 그들은 남자다. 전쟁에서, 금융 투기에서, 대부분의 경쟁 스포츠에서, 그리고 물론 폭력 범죄에서 남자들은 빛을 발한다. 물론 요즘은 남녀를 막론하고 축구, 레슬링, 권투를 하지만 축구, 레슬링, 권투는 압도적으로 남성 스포츠다. 남자들은 다른 이들을 이기고, 패배시키고, 죽이고, 전멸하기를 원한다. 실제 전쟁터나 범죄 현장이 아니라 해도, 법정에서 또는 스포츠 경기장에서라도 그래야 한다. 우리의 전략은 교활한 사냥꾼의 전략이다. 인간의 의식에서 그런 경쟁에 대한 이해는 아주 오래되고 본능적인 것이며, 진화적으로 필수 불가결하다. 경쟁은 남자이자 야수이며, 전쟁의 축소판이다. 솔직히 그런 생각을 하면 맥이 빠진다.

IIIII

경마는 페르시아 왕에게 맥 빠지는 구경거리였는지 몰라도, 나는 그 왕 중의 왕이 왕들의 게임인 체스를 했다는 데 내기를 걸 의향이 있다. 어쨌거나 그는 페르시아인이며 군주였다. 체스 같은 일대일 기술 게임은 전 세계에 걸쳐 광범위한 매력을 발산한다. 동료와 함께 치고받는 싸움을 한판 즐기는 건 자연스러운 일 같다.

그보다 더 인기 있는 것은 세 명, 네 명, 그 이상을 위한 게임이다. 더러 스크래블, 체커, 크리비지처럼 두 사람을 위한 게임에 훨씬 많은 사람이 참가할 수도 있으며, 그렇게 해서 당신은 게임은 즐기면서 모임까지 얻게 된다. 조류, 피그미 마모셋, 개코원숭이, 그리고 개까지 모두, 인도에 있던 왕실 보병연대가 그랬듯, 그리고 랭이 말하기로는 대부분의 인간이 그렇듯, 동료와 어울려 노는 것을 좋아한다.

나의 경우 몇 가지 이유가 있어 어릴 때조차 그다지 모임을 동경한 적은 없었지만, 대부분의 사람이 모임을 통해 활기를 얻는다는 걸 인정한다. 돌이켜 보면, 비 내리는 어느 오후엔가 한두 번 다른 소년 소녀들과 뱀과 사다리 놀이도 했고, 해피 패밀리 스냅 카드 놀이도 했던 것 같다. 그런데 누구와 했더라? 지금은 상상조차 되지 않는다. 크리스마스에 사촌들과 했던가? 이쯤 되면 당신은 내가 수백만 명의 사람들처럼, 혼자서 하는 게임에 흥미를 느꼈을 거라고 생각할지 모르겠다. 직소퍼즐, 암호 십자말풀이, 페이션스, 솔리테어 등 보이지 않는 적수나 기회를 상대로 내 지략을 겨루는 놀이들 말이다. 그러나 나에게는 이기는 것은 물론 문제 해결을 위해서도 필요한 기본적인 적극성이 부족한 것 같다.

오스트레일리아의 수많은 중장년 사이에서 매주 친구들을 만나 마작이나 브리지 게임을 하는 유행이 휩쓸 때도, 그것은 나를 비켜갔다. 이른 저녁 다르질링 외곽의 그 차 농장에서는 산비탈과 공장에서 하루 일을 끝낸 후, 빙고 숫자를 외치는 소리가 벌써 어둑어둑해진 저 아래 골짜기에서 멀리, 멀리까지 심심치 않게 들리곤 했다. "오십-오, 뱀은 살아 있어. 사십-이, 곰돌이 푸…." 주의 깊게 귀를 기울이는 동안에도 나는 아무 느낌이 없었다. 그저 그 놀이의 제국이 뻗어 있는 범위가 약간 재미있었을 뿐이다. 주기적으로 모여 빙고를 하는 제의는 나막신 춤만큼이나 나에게는 이질적이다.

그것이 외둥이 증후군 때문이든, 테스토스테론 결함 때문이든 간에, 어쨌거나 나는 어느 것에서든 누가 이기는지 알아내는 데 흥미가 없을 뿐이다. 하위징아에 따르면, 이른바 그가 말하는 "원시 정신"에서는 이기느냐 지느냐의 문제가 옳으냐 그르냐의 문제보다 실제로 더 중요하다. 나는 평등주의자는 아니지만, 나의 도덕적 우주에서 이기고 지는 것은 아주 중요한 문제기 이닐 뿐이다.

흥미를 보이려고 노력은 했다. 오래전, 혼자 살던 30대 중반 무렵의 어느 토요일 오후에, 함께 일하던 극단의 친구들 예닐곱 명이 모여서 포커를 치는데 같이 하자고 초대받은 기억이 있다. 구성원들은 참으로 다양한 부류였고, 모두 비슷한 생각을 하는 사람은 아니었지만, 하나같이 수다스럽고 개방적이었으며, 함께 좋은 시간을 보낼 만한 이들이었다. 영화 〈스팅〉(1973)이나 〈신시내티의 도박사〉(1965)에 나올 법한 모임은 아니었다. 그날 오후 누구도 무장하지 않았으며 우리 중 폴 뉴먼이나 스티브 맥퀸은 없었다. 물론 둘 중 누가 와도 환영받았으리라. 사실 우리 가운데 포커를 쳐본 적이 있는 사람은, 내 기억에는 두 명이 전부였고 나머지는 포커의 룰을 배우는 쇼를 하고 있었다. 본디 해변의 그 아파트에서 그날 우리가 했던 것은 친구들과 장난치기였다. 뒷담화하고 시시덕거리고, 이런저런 이야기를 늘어놓고, 무리의 일부임을 느끼는 것. 우리가 꼼짝하지 않고 앉아서 야단법석을 떤 것은 사실상 경쟁하거나 이기기 위해서가 아니었다. 게임은 거의 관심 밖이었다.

그런데 아무리 승부욕이 약하다고 해도, 어릴 때부터 나는 어떤 것을 보았을 때 모델링할 줄 알고 있었다. 그것을 재연 또는 재창조라 불러도 좋으리라. 하위징아가 재현이라고 칭한 것 말이다. 바로 그것이 내가 모노폴리를 할 기회가 있을 때마다 그 게임을 즐긴 이유일 것이다. 나는 저 밑바닥의 본능을 건드리는 그 게임의 강렬한 매력이 좋았고, 자연히 그 속물스러움, 점잖은 악랄함, 화려한 색깔의 현금 더미가 좋았다. 그러나 그 무엇보다도 거기엔 모델 도시가 주는 유혹이 있었다. 여기가 아닌 다른 곳, 중요한 어딘가에서, 돈과 부동산만 있을 뿐 도덕적 가책은 전혀 없이, 우리 모두 그렇듯 위기를 초래하고 위험을 무릅쓰며 기회의 노리개가 되는 한편으로, 내 아버지가 그랬듯 결단을 내릴 처지에 놓이게 되고, 결국 심각한 결과를 초래하는 남자가 되어보는 놀이…. 그러다 게임이 끝나면 우리는 모두 일상의 우리로 다시 돌아갔다. 이 세계 절반이 지금도 모노폴리 게임을 한다는 건 결코 이상한 일이 아니다.

신체적 경쟁 가운데는 당신과 다른 사람 사이의 경쟁이라기보다 당신과 자연 (또는 원한다면 조물주나, 관점에 따라서는 그보다 작은 세계의 지배자나 신) 사이의 경쟁으로 보이는 것이 더러 있다. 이를테면 스키 타기나 물고기 죽이기(정중한 말로는 '낚시질')가 그렇다. 내 앞에 끼어드는 자연을 죽이는 것은 대체로 시간을 때우기 위해 하는 일일 것이다. 예를 들어 존 랭은 히말라야 산지의 무소리에 주변을 산책하면서 살아 있다고 생각되는 깃이라면 호랑이, 사슴, 새 등 무엇이든, 그저 새미 삼아 쏘아 죽였다. 그는 총을 지니지 않고서는 나가지 않았다. 그는 막사 근처에서 검은 자고새 무리를 맞닥뜨렸던 일을 이렇게 쓴다. "두 시간 동안 나는 무려 일곱 쌍을 떨어뜨렸다." 그의 하인은 다섯 마리를 죽였다. 마치 꼼꼼하게 점수까지 기록하면서 어떤 야생의 정령과 스파링을 하고 있었다는 말투다. 사냥꾼들이 전통적으로 으스대는 이유가 이것 아니던가? 그들이 이겼다는 것이다.

그러나 물고기 죽이기는 인간이 시간이 있고 물가에 있을 때마다 즐기는 여가 활동이다. 그것은 세련되어 보일 수 있지만 세련된 게임은 아니다. 망망대해에서 힘 좋은 순항선을 타고 부유한 낚시꾼들이 즐기는 게임 낚시는, 비록 조금은 온화하고 노골적으로 경쟁적인 색채가 덜할 수는 있어도, 말할 수 없을 만큼 잔인한 오락이다. 우리는 대개 일요일 아침 일찍 주말 오두막에서 시내로 돌아오는데, 호바트 공항 근처의 둑길을 건널 때면, 낚싯대를 들고 줄지어 서서 기회 또는 운명, 그도 아니면 그냥 물고기를 상대로 제법 점잖은 방식으로 전투를 치르고 있는 남자들을 보곤 한다. 챙이 달린 모자를 쓴 여자 한두 명이 있을 때도 있지만 대부분은 남자와 소년들이다. 낚시하는 사람들이다. 최근에 어디서 읽었는데, 흥미롭게도 낚시질, 즉 앵글링angling은 영국 국교회 신학, 즉 앵글리카니즘Anglicanism과 관련이 있다. 영국 국교회에서는 사냥을 금하지만, 영국 국교회 목사들은 할 일이 없고 그래도 무언가를 죽이고 싶을 때 낚시를 한다. 고결한 명상의 오라가 여전히 이 살육의 형태에 붙어 있는 것이다. 영국의 시인이자 정원 디자이너 비타 색빌-웨스트의 손자인 애덤 니콜슨은 당신이 짐작하듯 매우 고상한 낚시꾼이다. 시싱허스트에 사는 그는 사실상 이미 이긴 사람이라 누구와도 경쟁할 필요가 없는데, 언젠가 그가 나에게 말하기를, 낚시란 자신에게 "고양된 형태의 존재하기"라고 했다. 그의 장모는 그더러 그가 그렇게 말하는 이유는 더는 성찬식에 참석하는 데 아무 의미를 찾지 못하기 때문이라고 했다. 그녀는 무언가를 알고 있었으리라.

나에게도 성찬식은 그다지 큰 의미가 없지만, 그렇다고 무언가를 죽이고 싶은 생각이 든 적은 결코 없다. 물론 물고기는 얼굴다운 얼굴이 없고, 따라서 우리 대부분은 물고기를 죽일 때 곰이나 사슴을 죽일 때보다는 죄책감이 덜하다. 그리고 낚시꾼들은 그 조상들이 필요에 따라 그랬던 것처럼, 잡은 물고기를 종종 요리해서 먹거나 친구들과 나눈다. 아무리 그렇더라도, 그리고 지금도 모방되는 그 관행이 아무리 오래된 것이라 해도, 그것이 주는 순전한 즐거움을 위해 우리에게 아무런 위협도 되지 않는 생명을 죽임으로써 인류의 깊은 뿌리를 기념한다는 것은 나에게는 원시적으로 보인다. 심지어 골프보다도 원시적인데, 골프는 그와 비슷한 정신 집중을 요하고 요가 수준으로 우리를 빠져들게 하지만 아무것도 죽이지 않는다. 낚시꾼과 골퍼가 왜 그것들을 좋아하는

지 설명하는 걸 듣다 보면 얼마나 비슷한지 놀라울 정도다. 그것은 거의 아무것도 하지 않기와 비슷하지만, 꼭 그렇지는 않으며 적당히 숙련되어야 한다. 내가 아는 낚시꾼이나 골퍼 중에 그 누구도 자신이 편안하게 빈둥거리고 있다고 생각하지 않는다. 솔직히 나는 빈둥거리는 편이 낫다고 인정해야겠다. 무슨 이유에선지 나는 아무런 죄책감을 느끼지 않으니까.

‖‖‖

그렇지만 골프는 성찬식에 참여하는 것처럼 그저 고양된 방식으로 존재하기는 아니다. 골프는 한편으로 스포츠다. 정력이 필요한 신체 기술을 가지고 합의된 규칙에 따라 경쟁하며 시험하는 것이다. 스포츠는 여가로 전환된 전투다(물론 사업으로 전환된 여가이기도 하지만, 골프만 그런 것은 아니다. 내가 본 바로는 대부분의 여가 활동이 사업으로 전환되어왔다). 누가 가장 적은 횟수에 공을 때려서 구멍에 집어넣을 수 있는지 보는 것은 문화적으로 비옥한 활동이라기에는 많이 부족하다. 그럼에도 골프는 스포츠의 한 형태로서 충분히 무해하다. 네덜란드인들은 적어도 13세기부터 목표물을 향해 공을 쳤다.

골프는 사실 어른을 위한 티들리윙크스[2]와 같다. 점잖은 어른인 당신은 물론 종합격투기에 끌리지는 않으리라. 골프 한 게임 하는 사람에게 누가 딴지를 걸 수 있을까?

힘차게 공을 치는 것이라면 테니스 역시 누구도 딴지를 걸 수 없을 또 하나의 경쟁 게임이다. 테니스도 마찬가지로 부유층 출신의 교육받은 사람들이 압도적으로 많이 한다. 무엇에 관해서든 항상 인용할 가치가 있는 글을 쓰는 내 친구 스티븐 밀러는《월스트리트 저널》의 한 지면에 자신이 테니스를 치는 이유를 설명하면서, 그와 일주일에 서너 번 같이 테니스를 치는 친구들 가운데 기업의 CEO 한 명, 의사 한 명, 변호사 세 명, 경제학자 한 명, 건축가 한 명과 비영리기구 대표 두 명이 있다는 사실을 독자가 알아차리게끔 만든다. 내가 예상했던 것이 바로 그것이다. 지게차 운전수들도 틀림없이 테니스를 치겠지만, 왠지 믿음이 가지는 않는다.

스티븐은 우리에게, 많은 스포츠맨이 그렇듯 자신도 '정신적으로 건강해지기' 위해서 테니스를 친다는 믿음을 심어주려 애쓴다. 수필가 조지프 애디슨도 그와 비슷하게 정신 건강을 위해서, 도시에 있는 날이면 매일 아침 새도복싱과 딤벨 들기를 하고 시골에 있을 때는 승마를 한다. 21세기를 사

---

2 평평한 공간에 여러 개의 원반과 컵을 놓고 한 원반으로 다른 원반 가장자리를 튀겨서 컵 안에 넣는 놀이.

는 우리는 신경전달물질이나 인지 기능에 미치는 운동의 유익한 효과를 이야기하고 싶어 하지만, 스티븐은 18세기 영국 문학에 조예가 깊어서인지 그것을 더욱 우아하게 말한다. 그는 새뮤얼 존슨을 인용해, "신체를 빈번하고 격렬하게 동요" 시키면 큰 행복이 오고 불행이 달아난다고 장담한다. 한마디로, 그에게 테니스 게임의 즐거움은 이기는 데 있는 게 아니라, 그의 말을 빌리면 "후려치기"에 있다. 그는 그것이 심신 양면으로 도움이 된다고 생각한다. 곧, 자신을 온전하게 만들어준다는 것이다. 그럴 수도 있으리라. 누가 알겠는가? 그는 그 글의 끝에 가서는 옳은 말을 하는데, 내가 보기에는 그것이 더욱 근본적인 이유다. "테니스를 하는 것은 단순하게 구성된 한 세계로의 여행이다. 나는 테니스를 칠 때, 나 자신이나 내 가족, 내가 쓰고 있는 글이나 세계 정세 따위는 생각하지 않는다." 또 다른 한 친구는 마장마술에 관해서도 똑같은 말을 한다.

이제 무언가 잡히는 것 같다. 놀이에서 얻는 심신의 유익함이 있다는 건 굳이 말할 필요가 없다. 물론, 성가대에서 노래하는 것도 우리 몸에 유익한 면이 있지만, 성가대에서 노래하는 사람이 유익함 때문에 그것을 하지는 않는다. 그러나 여가 오락으로서 테니스는 즐거움을 위해 하는 것이다. 강렬하게 빠져들게 만들고, 일상생활과는 분리된 무언가를 하는 즐거움 때문에 하는 것이다. 나름의 특별한 운동상과 나름의 엄격한 규칙, 나름의 사회 집단화 촉진 기능을 가진 테니스는 완벽하다. 영국 시트콤 〈핍 쇼〉에 나오는 표현대로 테니스가 "거인들을 위한 탁구"인지는 몰라도, 거기에는 전혀 잘못된 점이 없다. 서리나 윌리엄스나 노박 조코비치가 게임을 할 때는 분명 여가 활동이 아니라 사업이다. 그것도 중대한 사업이다. 그러나 스티븐은 비록 그 자신은 물론 남들에게도 자신이 테니스를 치는 건 건강을 위해서라고 확신시키기 위해, 쇠렌 키르케고르, 솔 벨로, 그리고 이탈리아 수도사 안토니오 스카이노 다 살로까지 그 대의명분에 동원하면서 안간힘을 쓰지만, 그가 테니스를 치는 것은 기본적으로 즐거움 때문이다. 스티븐은 정말 테니스를 좋아한다.

물론 테니스도 골프처럼 무해하다. 골프장이나 테니스 코트 옆을 지나갈 때, 나는 눈앞에 보이는 장면에 편안함을 느낀다. 그러나 축구 같은 나머지 형태의 경쟁적인 놀이는 결코 무해하다고 볼 수 없다. 내가 보기에 해로움의 정도는 그것이 어떤 부류인가, 다시 말해 누가, 어디서, 무슨 목적으로 하는가에 따라 다르다. 크리켓은 넓은 잔디밭 한가운데서 우월함을 다투는 타자와 투수가 위험한 결투에 갇혀서 극적인 구경거리를 제공하는 것이 목적이다. 구경꾼을 위한 제의적 오락, 참가자들에게는 고대 씨족 간의 반목을 긴장되게, 때로는 황홀하게 재연하는 것과 같다. 온 가족이 크리켓을 즐기는 한 친구가 얼마 전 나에게 말했듯, 크리켓을 지켜보는 건 너무 따분해서 거의 나가떨어질 정도다. 크리켓 옹호자들은 두 명 중 한 명이 패배할 때까지 서로 겨루는 싸움이라는 볼거리와 팀 스포츠를 독특하게 결합한 종목이라고 주장하지만, 그 두 명이 모두 죽어서 어쩔 수 없이 크리켓을 했던 경험이 있는 나로서는 내 친구가 한 말의 뜻을 정확히 알 것 같다.

그러나 축구는 절대 지루하지 않다. 구경거리로서 축구는 때로 전투가 숭고할 수 있는 만큼이나 숭고해 보인다(오스트레일리아인들은 두 스포츠 모두에 열광한다). 그러나 가까운 사촌뻘 되는 전투가 그렇듯, 인류에게 미치는 축구의 영향력이 전적으로 긍정적이지는 않다. 설상가상으로 지구상의 수십억 명이 축구를 중요하게 생각한다. 아니면 지금 내가 케케묵은 신마르크스주의의 진부한 주장을 앵무새처럼 따라 하는 걸까? 글쎄다, 그건 분명 신마르크스주의의 상투어지만, 앵무새처럼 따라 하는 건 아니다. 그것이 진실이라고 확신하기 때문이다.

원래 산업혁명 이전의 축구는 의심할 것도 없이 진짜 게임이었다. 축구는 성인 남자와 소년들이 엄격한 규칙에 따라 즐기는 대중적인 놀이 형태 중 하나였다. 기술이 필요하고, 유쾌하고, 종종 폭력적이기는 해도, 특정한 물질적 효용이 전혀 없는 본질적인 여가였다. 전 세계 조그만 소도시에나 교외 주택가 뒤뜰에서는 지금도 유럽에서 몇백 년 동안 전해지던 다양한 형태 그대로 축구를 하는 모습을 볼 수 있다. 테리 이글턴Terry Eagleton이 몇 해 전《가디언》의 한 기사에서 썼듯이, 축구가 개인의 재능과 "이타적인 팀워크"를 혼합하며, 따라서 "사회학자들을 오래도록 괴롭혀왔던 문제를 해결"한다는 점은 인정해야 한다. 쇼 비즈니스처럼, 영웅으로 두각을 나타내고 싶은 의지와 팀 동료들과 협력해야 할 필요성 사이에서 이런 균형 잡기는 짜릿함을 안겨준다. 이글턴은 이렇게 썼다. "맹목적 충성과 필사적인 경쟁의식은 우리의 가장 막강한 진화 본능을 충족시킨다."

그런데 중대한 일이 일어났다. 산업이 도래한 것이다. 그러고 얼마 후인 19세기 중반 무렵, 고용주와 노동자는 저마다의 이유로 남녀 노동자가 일하는 시간을 제한해야 한다는 데 동의했다. 고용주 입장에서 여가 시간은 디욱 생신적이고 수명이 긴 노동력을 보장했고, 노동자 입장에서는 질병이나 과로로 일찍 죽기 전에 조금이나마 삶의 재미를 즐기기 위한 기회를 약속했다. 그 결과 토요일 오후에는 자유롭게 여가 활동을 즐기게 되었고, 일요일은 말할 것도 없었다.

이 시점에서 우리는 오늘날 서구의 많은 나라와 일본에서
는 일주일에 7일, 완전히 일에 소비되는 삶을 사는 방향으로
슬금슬금 후퇴하고 있다는 사실을 주목해야 한다. 이탈리아
는 확실히 아니지만, 나머지 모든 나라의 사람들은 바쁘다.
설사 바쁘지 않다고 해도 그 자신과 나머지 사람들에게 바
쁘다는 믿음을 심어주느라 바쁘다. 우리는 헛간 안에 쭈그려
앉아 씨 뿌리고 거두고 모으면서, 우리가 마주치게 되는 들
판의 백합을 무시한다. 그나마 얼마 안 되는 나머지 자유 시
간까지 우리 대신 그 시간을 관리해줄 사람들을 두는 데 쓰
는 경향이 점점 늘고 있다. 그만큼의 대가로 우리는 더 열심
히 일해야 하는데도 말이다.

관광은 이런 경향을 보여주는 확실한 예이며, 그 저울에서
문화적으로 척박한 다른 쪽 끝에는, 심지어 나르시시즘을 동
방의 영원한 영적 지혜로 포장해 파는 요가를 넘어서, 헬스
클럽이 있다. 믿기 힘든 현실이지만, 수억 명의 사람들이 자
유 시간을 채우기 위해 헬스클럽에서 기꺼이 펌프질을 하고,
들어올리고, 끌고, 잡아당기기를 선택하면서, 리베카 솔닛이
『걷기의 인문학』에서 "농장의 일상이 내용 없는 동작으로 재
연"된 짓을 하고 있다. 이 가운데 가장 고약한 활동은 러닝머

신임에 틀림없다. 죄수들이 발로 밟아 돌리던 쳇바퀴 위에서 걷거나 뛰기 위해 당신은 돈을 지불하고 있다.

　존재하는 권력(흔히들 선호하는 다른 표현으로 우리의 정치적 주인, 지배계급, 파워 엘리트 등)은 어중이떠중이 대중이 마음대로 쓸 시간이 있다는 생각을 결코 기분 좋게 여긴 적이 없다. 대중은 폭동을 일으킬 수도 있으니까. 내가 아는 학교 교장들도 그런 관점을 많이들 가지고 있다. 그렇다. 대중의 시간은 짜임새 있게 조직되어야 했다. 결국 대중은 게임을 하는 대신 스포츠를 하고 지켜보게 되었다. 스포츠는 전쟁을 모방한 격렬한 놀이의 한 형태였고 영국의 사립학교에서 탄생했다. 물론 축구는 모방일 뿐 아니라 진짜 전쟁이기도 하다. 바로 거기에 축구의 힘이 있고, 바로 그것이 오늘날 남녀의 삶을 예외적으로 지배하는 힘의 원천이다. 팀 스포츠, 예를 들어 축구를 묘사하는 데 사용되는 단어는 거의 하나같이 전쟁 분야에서 끌어온 것이다. "전투를 치르다", "패배시키다", "승리", "섬멸하다", "박살내다", "완패시키다", "대적하다", "입도하다", "개가를 올리다", "우세하다", "다윗과 골리앗의 싸움" 등(테니스와 골프 중계자는 이런 부류의 단어를 그만큼 많이 쓰지는 않는다). 그러나 그 어휘가 은유적으로만 사용되지는 않는데, 그것이 요점이다. 고대 로마인들의 검투사 게임에서 그랬듯이, 여기서도 삶은 실제로 위기에 처해 있다. 축구 경기장은 그냥 극장이 아니다. 원형경기장이다.

그렇게 해서 약 200년 전, 자유 시간에 공 또는 공과 막대기를 가지고 그냥 놀기보다는 팀 스포츠를 하도록 권장되었는데, 그것이 축구와 크리켓이었다. 지구상에 스포츠가 등장하기 위해서는 두 가지가 필요하다. 공 하나와 잉글랜드다. 실로 내가 가진 네 권짜리 1887년판 러시아어 사전에는 '스포츠'라는 항목이 아예 없다. 잉글랜드 대중은 여가를 통해 상층 계급을 흉내 낸다는 생각을 좋아했던 반면에, 이미 꼭대기에 있던 상층 계급은 보수적 가치 위에 탄생한 활동에 열심히 빠져 있는 대중을 보는 것을 즐거워했다.

물론 의구심을 품은 이들도 있었다. 20세기 중반께, 이튼 학교 출신인 올더스 헉슬리와 그의 제자 조지 오웰은 스포츠가 "미움, 시기, 거만함, 모든 규칙에 대한 경시, 폭력을 목격할 때의 가학적 즐거움과 밀접하게 관련되어 있으며, 곧 총성 없는 전쟁"이라고 했다. 규칙을 경시한다는 오웰의 말은 틀렸지만, 팀 스포츠의 경우 나머지 모든 것은 돈과 밀접한 관련이 있다. 그가 확신했던 많은 부분이 그렇듯, 그가 미처 깨닫지 못했던 사실은 싸움이 재미있다는 것이다. 검투 비슷한 모든 것이 때로는 희열에 가까운 즐거움을 안겨준다. 스포츠는 우리가 국가주의자들의 집회나 심지어 요즘의 록 콘서트를 비롯해 다른 어디에서도 찾지 못할 일종의 집단적 희열을 주며, 감정을 억제할 필요 없이 공개적으로 표현할 기회를 준다. 축구장에서는 다른 모든 사람도 당신처럼 감정적으로 변한다.

사실 테리 이글턴이 지적했다시피, 축구는 무엇보다 근대 사회의 다른 어디에서도 찾을 수 없는 감정적 연대의 경험을 "집단적 광란에 이를 만큼" 제공한다. 이것은 실질적인 서비스다. 옛날에는 종교가 화려한 행사를 곁들인 연대의 경험을 사람들에게 제공했다. 그리고 지금도 가끔 그런 종교 행사가 있기는 해도, 종교색 짙은 주변부를 제외하면 오늘날 서구에서는 전보다 훨씬 보기 힘들다. 이와는 반대로 21세기의 스포츠 행사는 축제와 매우 비슷하다. 와자지껄한 관중은 몸에 페인트를 칠하고, 별난 의상을 입고, 합창하고, 음악을 연주하고, 거리에서 춤을 추고, 어마어마한 양의 음식과 술을 먹고 마신다.

축구 자체는 부족적이라 할 수 있지만, 축구의 가장 큰 힘 가운데 하나는 또 다른 수준에서 사회적으로 포괄적이라는 점이다. 이글턴 교수가 예리하게 지적했듯이, "대부분의 자동차 정비공과 가게 점원들은 고급문화에 소외감을 느끼"지만, 축구라면 그렇지 않다. 축구는 내세울 것 없는 보통 사람을 모두 전문가로 만들고, 전혀 중요하지 않은 것들에 관한 세세한 지식의 저장고로 만든다. 이상하게도 아무 쓸모 없는 지식인데, 그럼에도 지식인 것을 자랑할 수 있다. 또한 축구는 전쟁처럼, 그리고 나머지 어떤 스포츠보다 더 많이, 당신이 어떤 사람인지 말해준다. 텔레비전은 고급문화에서 배제되었다고 느끼는 사람들의 빈 시간을 생각 대신 구경거리로 채워주므로 고용주나 정치 엘리트에게 유용하다는 점에서 축구와 크리켓과 많이 비슷하지만, 당신이 어떤 사람인지 말해주지는 않는다. 그런 한편으로, 텔레비전은 스포츠처럼 일부 사람들을 굉장한 부자로 만들어준다.

프로 축구 선수는 프로 크리켓 선수나 프로 테니스 선수처럼, 자신의 기술을 기업에 파는 사업가다. 그들이 게임에서 느끼는 즐거움은 여가의 즐거움이 아니라, 지극히 능숙하고 화려한 기술을 공공의 스포트라이트를 받으며 아주 멋지게 해내는 데 있고, 종종 그 대가로 엄청난 물질적 이득을 얻는다. 그것은 놀이가 아니라 일이다. 뛰어난 선수는 심지어 자신의 권리에 따라 최고 입찰자에게 팔리는 상품이 될 수도 있다. 서로에게 그들을 사고파는 사업에는 어마어마한 규모의 돈이 오간다. 2013년 맨체스터 유나이티드의 가치는 거의 미화 33억 2천 달러에 이르렀다. 뉴스코퍼레이션 회장 루

퍼트 머독은 스포츠가 그의 "공성퇴"라고 말했다. 그것을 사용해 우리의 방어벽을 깨고는 이런저런 방식으로, 무엇보다 텔레비전에 돈을 지불하도록 해서 우리의 현금을 빼앗게 해준다는 것이다. 거기엔 잘못된 점이 전혀 없다. 그것이 여가가 아니며 놀이가 아니라는 사실을 기억하는 한, 그리고 당신이 그 자체로 기업 자본주의에 반대하지만 않는다면 말이다. 오스트레일리아에서 국영 방송 아나운서조차도 프로 스포츠 행사를 스포츠로서 또는 뉴스로서 재생하고 해설하고 홍보하는 데 엄청난 시간을 바치는 현실은 충분히 이해할 만한 일이다. 내가 사는 곳에서는 텔레비전 뉴스의 3분의 1이 스포츠 관련 소식일 정도다. 프로 스포츠는 결코 그냥 놀이가 아니다. 그것은 대형 사업과 결합된 군중 통제다.

한마디로 존 하워드나 밥 호크 같은 오스트레일리아 총리가 크리켓이든 축구든 요트 경기(어떤 요트 경기의 관중은 교외에서 온 이들뿐 아니라 배를 타고 달려온 이들도 있다)든 스포츠에 열광할 때, 그들은 남성성을 과시하고 있기도 하지만, 무엇보다도 울타리 안에 그럭저럭 안전하게 갇힌 채 이기기 위해 싸우는 구경기리에 빠져서 큰 수익을 올려주는 군중을 보는 기쁨을 부지불식간에 드러내는 게 아닐까.

시간의 주인이 되는 비결

　스포츠가 대중매체와 학교, 정부, 사업은 물론 공중의 상
상력과 지갑까지 장악한 현실을 고려하면, 경쟁하지 않는 다
양한 방식으로 다른 사람과 어울려서, 또는 혼자서 놀이를
하며 순전한 즐거움을 누리는 사람들이 아직도 수백만 명
이나 있다는 건 거의 기적 같은 일이다. 일하지 않을 때 사
람들은 이를테면 오지를 걷거나, 크로스컨트리 스키를 타거
나, 카약을 한다. 사진을 찍기도 하고, 네쓰케³나 서적 초판본
을 수집하기도 하고, 시나 가족사를 쓰고, 성가대에서 노래

3　일본 남자들의 장식품으로, 지갑이나 담배함 등에 매듭을 지어서 허리띠에 매단다.

를 한다. 물론 쇼핑도 갈 것이고, 오랜 친구들과 외식을 하고, 그러다가 사람 좋은 새 친구를 사귀고, 영화관이나 콘서트에 가거나, 커피를 마시며 수다도 떨 것이다. 누군가는 조깅을 하고, 오토바이로 시골길을 달리고, 탱고를 배우고, 라인댄스를 추고, 정물화를 배우고, 중세 기사나 호빗 차림을 하기도 하고, 외국을 방문하고, 미술관에서 오후를 보내고, 퀼트를 하고 수를 놓을 것이다. 그리고 대다수는 예배(가장 세련된 형태의 놀이)를 보고 가벼운 정사(최고 형태의 놀이)도 가질 것이다. 우리는 이 모든 것을 하고 나머지 수많은 것들, 예를 들어 양봉, 에스페란토어 공부, 새소리 녹음, 스케이트보드, 온라인 데이트, 스웨터 뜨기, 빈티지 자동차나 비글스 책 수집하기 등 사실상 무궁무진한 것들을 하고 있지만, 이때 우리는 일을 하는 것이 아니며 깃들이거나 단장을 하는 것도 아니다. 우리는 놀고 있다.

이런 오락 가운데 일부는 매우 하찮게 보일지 몰라도, 이런 것들을 할 때 우리는 진정으로 현재의 자신에게, 때로는 과거의 자신에게 중요하게 생각되는 행동을 재연하면서 일정 수준에서 놀고 있다. 예수가 제자들과 함께했던 최후의 만찬이나 시바 신과 파르바티의 결혼을 재연하는 종교의식의 경우, 우리는 더 고차원의 현실에 영향을 미치기를 소망하기도 한다. 시작도 끝도 없고 초월적인 사물의 질서, 또는 아무리 못해도 포괄적인 자연 질서, 이를테면 어느 신의 영원한 사랑과 자비 같은 것을 재연하면서, 우리가 살아 있는 동안 그런 현실의 작용에 영향을 주기를 바라기도 한다. 소리 없이 기도하는 동안 치유의 능력을 가진 영원한 신이 어디에나 있음을 확인한다든가, 우다이푸르에서 열리는 나브라트리 축제 동안 두르가 만트라를 암송한다든가 하면서 말이다. 우표 수집이나 모자 쇼핑이 우리 정신의 맨 앞줄에 놓일 가능성은 별로 없어 보인다. 그렇더라도 만약 그것이 놀이라면, 수집이든 쇼핑이든 그 자리를 차지한다. 즐거운 오락은 실제로 재창조와 같다.

IIIII

어떤 종류의 여가를 즐기느냐고 물으면 많은 사람이 자신의 취미 목록을 내놓곤 한다. 물론 쇼핑은 취미가 아니다. 쇼핑이 인간의 오랜 활동을 재창조하고 있을지는 몰라도, 놀이의 한 형태라는 의미에서는 취미라고 보기 힘들 것 같다. 아마 맨해튼에 사는 배우 글렌 클로스 같은 여성들에게만 쇼핑이 취미가 될 것이다. 쇼핑은 왜 취미가 아닐까? 취미란 무엇일까?

취미(프랑스어로는 *le hobby*, 독일어로는 *das hobby*, 러시아어로는

*khobbi*이지만 전반적인 관념은 말린 과일 케이크인 스포티드 딕만큼이나 영국적이다)는 물실적 이득을 바라지 않고 오직 그것이 주는 순수한 즐거움 때문에 주기적으로 마음껏 탐닉하는, 어느 모로 보나 경쟁하지 않는 오락이다. 텔레비전 시청이나 비둘기 훈련시키기, 백화점에서 기분 좋게 어정거리기가 그렇다. 그러나 나는 '취미'라는 단어에는 점진적인 기술 습득, 어떤 감식안을 갖춰나가는 과정의 의미가 포함되어 있는 것 같다. 어떤 사전에서도 그런 언급은 없지만, 나는 그것이 결정적이라고 생각한다. 운동이나 텔레비전 시청, 심지어 해러즈 백화점에서의 쇼핑에는 그런 의미가 내포되어 있지 않다. 반대로 우표 수집이 그저 우표 사재기는 아니며, 분재가 화분에서 나무의 성장을 억제하며 키우는 일만은 아니다.

이 스펙트럼에서 좀 더 말랑한 쪽, 그러니까 우리가 영혼을 살찌우기 위해서라기보다는 대체로 뛰논다는 마음으로 가볍게 하는 쪽의 끝을 보면, 감식안에 대한 관심은 아주 최소로 있을 뿐이다. 코카콜라 병 수집, 브리지 게임, 거북이 키우기, 매일 아침 스도쿠 하기, 매주 금요일 일과 후 친구들을 만나 술 한잔하고 수다 떨기 등은 재미있고, 어느 정도 기술이 필요하며 어김없이 당신을 흠뻑 빠지게 만들기는 하겠지만 그중 어느 것도 세계에 관한 지식의 상호연결망을 창조한다는 측면에서 기타 연주나 조류 관찰, 페르시아 세밀화 수집과는 견줄 수 없다.

그러나 모든 취미는 우리의 시간 경험에 어느 정도 깊이를 더해준다. 그 스펙트럼에서 코카콜라 병 수집과 거리가 먼 반대쪽 끝에는 우리의 시간 경험을 매우 극적으로 심화해주는 취미들이 있다. 프로이트는 고대 로마, 그리스 이집트 부적, 작은 조각상, 반지 등을 수집했고 나중에는 중국의 유물까지 수집했는데, 그런 취미는 인류 문명과 그가 존재하는 순간에 대한 인식을 매우 풍성하게 해주었다. 그뿐 아니라 매일 아침 10분 동안 브로드웨이 뮤지컬 음악을 피아노로 연주하기나 휴대용 회중시계 수집하기 같은 취미도, 옥소 주방용기 쟁여놓기가 할 수 없는 방식으로 우리를 과거와 이어준다. 피아노를 뚱땅거리는 사이 우리는 어느새 사회사와 음악사를 알게 되며 매우 우아한 회중시계들을 뒤지는 사이 시계, 여행, 계급, 시간 계측에 관한 몇백 년의 풍부한 정보를 얻게 된다.

비옥함이야말로 핵심이다. 비옥함을 풀어쓰자면, 뿌리 깊은 독창성이랄까? 우리 취미를 달아볼 수 있는 비옥함의 저울이 있다면, 그 저울에서 외국어 시도해보기에 견줄 만한 여가 활동은 거의 없을 것이다. 나는 다섯 살 때부터 외국어를 배워왔고, 내가 아는 거의 모든 사람이 적어도 한 번은 외국어를 배웠다. 지금도 내 친구들 몇몇은 주기적으로 외국어를 탐닉하곤 한다. 이탈리아어, 프랑스어, 인도네시아어, 중국어, 에스페란토어…. 그들은 한 언어를 가지고 놀다가 다시 다른 언어를 가지고 논다. 여성은 특히나 쉽게 외국어를 시도해보는 것 같다. 그러나 에스페란토어 배우기가 아무리 즐겁고 잠재적으로는 유용하다고 해도, 그리고 이국적인 장소에서 열리는 국제 에스페란토어 학회가 많아서 당신이 참석할 수 있다고 해도, 비옥함 또는 뿌리 깊은 독창성의 측면에서는 인도네시아어 배우기와 제대로 경쟁이 될 수 없다. 에스페란토어는 19세기 말 루도비코 라자로 자멘호프 박사가 발명한 것일 뿐이다. 물론 그렇다고 두 언어가 경쟁해야 한다는 얘기는 아니다. 둘 다 배우면 된다.

한 외국어가 입에 붙는 그 순수한 즐거움을 목적으로 그 언어를 배울 때 우리는 어떤 것을 상상할까? 예를 들어 오스트레일리아 깊은 오지의 화창한 이 금요일 오후에, 나는 집 안에 앉아 그야말로 뜬금없이, 프랑스어로 쓰인 알제리 소설을 읽기로 한다. 정확히 이 시점에서 나는 프랑스인 놀이를 하고 있다. 그리고 실제로 내가 진짜 프랑스인인 것 같은 기분이다. 트레*Très*(아주 많이). 그 책을 읽는 동안 이따금 그랑 크렘*grand crème*을 홀짝거리고, 어느새 갈레뜨 *galette*를 두 개나 먹었다.

그러나 만약 내가 창밖을 돌아본다면, 게임은 끝난다. 곧바로 나는 더욱 일상적이고 더욱 평범한 무언가가 되어버린다. 나는 결코 프랑스인이 아닌 누군가로 돌아간다. 창밖에는 온통 나무뿐이다. 전혀 프랑스 나무답지 않은 나무들. 눈 닿는 곳까지 멀리 뻗은 능선과 산비탈, 검푸른 계곡마다 나무로 두텁게 덮여 있다. 물론 거머리와 뱀과 웜뱃과 그리고 신만이 아실 온갖 종류의 곤충과 조류도 있을 터다. 그러나 이곳과 지평선 사이에는 집 한 채, 길 하나 보이지 않는다. 사실 인간 존재의 어떤 흔적도 찾을 수 없다. 심지어 쌍안경을 끼고 봐도 나무뿐이다. 유칼립투스와 화이트페퍼민트 나무들. 내가 자란 집 뒤편에도 온통 나무뿐이었다. 거기에 웜뱃은 없었을지라도 거머리와 뱀과 신만이 아실 온갖 종류의 곤충과 조류가 있었다.

시선을 다시 책으로 돌리면, 잠시 나는 내가 누구인지 알 수 없어진다. 오스트레일리아 오지에 고립된 프랑스 남자인지, 결국에는 기적처럼 프랑스 남자임이 밝혀질 거라고 여전히 꿈꾸고 있는 시드니 소년인지. 아 스 모망 프레시*Ace moment précis*(지금 이 순간), 내 머리는 획획 돌아간다. 끓는 냄비처럼, 여러 언어로 끓는 생각의 스튜처럼. 나는 알제리에 있다. 정확히는 오랑에 있다(나는 그곳에 가본 적이 없다). 더욱 구체적으로 말하면 나는 오랑의 한 선술집에 있다. 현실에서는 절대 늦은 밤에 홀로 들어가지 않을 그런 장소에 내가 있고, 존재하지 않는 한 아랍인이 내 귓가에 내고 시퍼렇게 날이 서서 내 생살을 베는 프랑스어, 반짝반짝 닦은 크리스털만큼 다면적이고 투명한 프랑스어를 중얼거린다. 그는 어느 소설 속 등장인물이다. 실은 두 편의 소설 속 인물인데, 내가 지금 읽고 있는 소설과 알베르 카뮈가 쓴 더 이전의 소설에 나온다(여담이지만 아일랜드 작가 플랜 오브라이언은 소설 속의 등장인물들이 실존할 거라고 말한다. 그들은 문학의 림보에 있는데, 통찰력 있는 작가가 필요에 따라 그들을 끌어내어, 성가신 설명을 없애고 주제넘은 인물이 끼어드는 걸 막는다는 것이다. 물론 다들 그의 의견에 동의하는 건 아니다. 화자의 친구이자 단 한 편의 소설에만 등장하는 인물인 브린즐리는 "그건 다 내 잘못입니다."라고 말한다). 무슨 일이 벌어지고 있는 걸까? 나는 누구이고 이 오후에 무엇을 하고 있는 걸까(그리고 당신은 내가 말한 "비옥한"의 의미를 이해했을까)?

뚜렷하게 남은 내 기억 속에서, 소리 내어 말하는 프랑스어 문장을 처음 들었던 때가 아마 다섯 살이 채 안 된 때였을 것이다. 어느 날 아침 식사를 하던 중 어머니가 프랑스어로 말했다. "빠쎄 무아 르 뵈흐, 씰 부 쁠레*Passez-moi le beurre, s'il vous plaît*(버터 주세요, 부탁합니다)." 어머니가 왜 공손한 2인칭 표현인 부*vous*를 썼는지 모르겠다. 아마 그 단어가 친밀

233

한 2인칭 단어보다 혀에 더 쉽게 붙어서 그랬을 거라고 짐작할 뿐이다. 그리고 그때 어머니가 버터를 건네받았는지 아닌지는 기억나지 않는다. 어쨌거나 어머니가 정말 원했던 건 버터가 아니었다. 어린 나이에도 나는 알고 있었다. 그것은 아버지가 겉핥기로 배우는 외국어 목록에 프랑스어를 추가한 결정을 비웃기 위한 것이었다. 아버지는 근본적으로 교육을 받지는 못했어도 선원이었기 때문에 뱃사람이 쓰는 말레이어와 기초 수준은 넘는 광둥어, 그리고 19세기 말 포트오거스타에서 어린 시절을 보내며 배운 낙타 몰이꾼의 푸슈투어 몇 마디로 많은 곳을 돌아다녔다. 이런저런 언어로 된 구절과 사실상의 통문장은 아버지 과거 속 당신 모습에 붙은 기억의 끈처럼 아버지를 따라다녔다. 싸뚜*satu*, 두아*dua*, 띠가*tiga*, 엠빳*empat*, 리마*lima*… 아버지가 닭을 키우던 마당에서 구석구석과 틈새를 샅샅이 뒤지고 나서 달걀을 세던 소리가 지금도 들리는 것 같다. 그러던 아버지가 최근 프랑스어에 탑승한 것이다. "탑승"이라고 말한 건 원래 그 의미까지 한꺼번에 말하기 위해서다. 그것은 일상생활로부터의 탈출이었다. 아버지는 일상으로부터의 탈출이 꽤 잦았다. 가망 없이 갇힌 느낌이었던 어머니는 아마 그 무렵에 자유를 위한 시도를 포기했던 것 같다.

어머니의 그 프랑스어 소리를 들었을 때 누가 마술 지팡이로 내 몸을 건드린 기분이었다. 발포성 음절의 소나기를 맞고 무언가로 변한 느낌이 있다. 그닐 아침 어머니가 버디를 달라고 하기 전부터 나는 프랑스어를 꽤 많이 들었던 게 틀림없는데, 우리 집에 일주일에 한 번 오던 누메아 출신의 청소부는 허드렛일을 시작하면서 나에게 프랑스어로 말을 걸었고, 방과 후에 나를 계속 지켜보던 우리 이웃에는, 레 누벨에브리드라는 어딘지 모를 곳에서 왔다는 하녀가 프랑스어를 썼기 때문이다. 그럼에도 "빠쎄 무아 르 뵈흐, 씰 부 쁠레*Passez-moi le beurre, s'il vous plaît*"는 나로선 듣고 이해한 기억이 또렷이 남아 있는 최초의 완벽한 문장이다. 그것은 "주뗌*Je t'aime*(사랑해요)"과 "불레부 꾸쎄 아베끄 무아 스 수아흐*Voulez-vous coucher avec moi ce soir*(오늘 밤 나랑 같이 잘래요?)"처럼 실생활에서 말할 기회가 종종 있을 만한 그런 문장이 아니라, 나를 쏘아 올린 그런 문장이었다. 나는 여태 날고 있다. 여태 배우고, 여태 말하고, 여태 읽고, 여태 완전히 프랑스인이 아니다.

그래서 오늘 오후 알제리 소설을 읽고 혼자 프랑스어로 중얼거리면서 나는 내가 무엇을 하고 있다고 생각하는 걸까? 소설은 꽤나 재미있고, 문체가 세련되고 쉽게 읽히지만, 《뉴욕 리뷰 오브 북스》의 서평에도 불구하고 강박적인 독서라고는 하기 힘들다. 나는 이 책을 끙끙대며 읽고 있지 않다. "문체가 세련되고 꽤나 재미있"기 때문이다. 물론 내 프랑스어 실력이 향상되고는 있지만, 이 책 읽기에 무슨 목적이 있었던가? 아버지와는 달리, 나는 어떤 것에서 '탈출'하려 애쓰고 있다고는 생각하지 않는다(지금도 그렇게 생각한다)…. 아니, 어쩌면 내 일상생활에서 벗어나고 싶다는 마음은 있을지도 모른다. 르 트랭트랭 드 마 비 쿼티디엔 *le train-train de ma vie quotidienne*(일상생활이라는 열차). 당신의 평범한 삶을 프랑스어로 평범하다고 말하면, 곧바로 더 흥미로워진다.

그런 반면에, 내 친구 수지는 수요일 저녁의 이탈리아어 수업은 하늘이 두 쪽 나도 빠지지 않으려고 열성일지라도 이탈리아인이 된다는 그런 환상은 조금도 가지고 있지 않다. 그녀는 뼛속까지 멜버른 여성이며 지금까지 그녀의 남편들은 영국인이거나 오스트레일리아인이었다. 그녀는 『신곡』을 원서로 읽을 계획이 전혀 없다. 그저 언젠가는 이탈리아에 갈 거라고 막연하게 생각만 할 뿐이다. 그건 사실이다. 내년이나 후년 또는 어쩌면 내후년쯤? 하지만 그런 계획이 없는 사람이 있을까? 그리고 어쨌거나 이탈리아에서 누가 이탈리아어를 필요로 하겠는가? 이탈리아인들은 당신이 이탈리아어를 하건 말건 조금도 상관하지 않을 것이며, 당신이 음식을 먹기를 바랄 뿐이다. 당신이 조금 의미를 두고 만나고 싶은 이탈리아인은 틀림없이 어느 정도는 영어를 할 것이다. 물론 그 이탈리아인의 어머니라면 영어를 모를 수도 있겠지만. 논 임뽀르따 *non importa*(그건 중요하지 않다), 그냥 맛있게 드시라.

나와 가깝게 지내는 친구들 가운데 적어도 절반이 그렇듯, 수지가 이탈리아어를 배우는 이유는 생각이 비슷한 사람들과 어울리며 즐겁게 노는 동안 자신이 이탈리아인과 공유하는 문화사의 한 조각을 주장하기 위해서다. 그녀는 르네상스에 대한 열정이 있고, 그래서 그녀는 유럽 문명에서도 이탈리아의 갈래에서 가장 강하게 자신을 느낀다.

수지에게는 어린 손녀가 있다. 일곱 살쯤 되었으려나, 그보다 많지는 않은데, 때로는 오후 늦게 여러 옷가지를 걸쳐 보는 걸 좋아한다. 숄, 스카프, 모자, 블라우스 등 수지의 말에 따르면 거울 앞에서 왔다 갔다 하면서 '자신의 여러 버전을 실행'해본다. 그 아이는 공주, 교사, 간호사, 어머니로서의 자기 모습이 어떤지 스스로에게 묻곤 하지만 누가 지켜보는 것을 별로 좋아하지 않는다. 수지는 나한테 이렇게 말했다. "이탈리아어 수업에서는 나도 똑같은 걸 하고 있어요. 니는 희미하게나마 이탈리아인으로서 나 자신은 어떤지 스스로에게 묻곤 하죠. 결국 당신이나 나, 그리고 사실상 우리를 아는 거의 모든 사람이 다 마찬가지예요." 나는 나에게서 이탈리아 르네상스보다는 프랑스 계몽주의를 더 많이 느끼지만, 수지가 하는 말을 알 것 같다. 이것은 가장 풍성하게 비옥한 형태의 여가다. 가톨릭 신학자 요제프 피퍼Josef Pieper는 유명한 수필집 『여가: 문화의 바탕Leisure:The Basis of Culture』에서 "여가란 인간이 그 자신의 참된 본성을 따른다는 전제 위에서만 가능하다"라고 썼는데, 그때 그가 몸짓으로 가리키던 것이 바로 이런 종류의 감각이다. '자신의 참된 본성'이 무엇인가에 관해서는 피퍼와 수지의 의견이 다르겠지만, 원리는 똑같다.

물론 좀 더 깊은 수준에서 보면, 수지는 생존 기술을 연마하고 있다고 말할 수 있지만, 더 직접적으로는 이탈리아에 갈 일이 있든 없든 간에, 멜버른의 도심 가까운 어느 교외에서 자신의 일상생활에 마법을 걸면서, 그 마법이 아니라면 없었을 환희를 일상에 부여하고 있다. 그녀는 이탈리아어 교습을 위해 마련된 놀이터에서 즐거움을 맛보기 위해 놀고, 매주 특정 시간에 타인과 어울려 놀고, 엄격한 규칙에 따라서 논다. 이탈리아인은 규칙을 어겨도 너그럽게 봐주지만, 그래도 규칙은 있으며, 수지는 그 규칙을 벗어나지 않으려 무척 애를 쓴다. 이탈리아어 배우기가 편안한 일은 아니지만, 좋은 놀이는 원래 가끔 긴장되는 법이다. 하지만 무엇보다 중요한 것은 이탈리아어 배우기는 또 다른 세계, 수지가 자신과 연결되어 있다고 느끼고 끊임없이 관심을 가지는 세계로 열린 대문이다. 수지는 에스페란토어는 물론이고 이를테면 에스토니아어나 한국어에 대해서는 그런 느낌이 없을 것이다. 아니 적어도 그녀는 그럴 거라고 상상하지 않는다.

나는 평생 여러 가지 이유로 온갖 언어를 시도해보았다. 대학교에서 6개월 동안 일본어를 배웠는데, 인도유럽어가 아닌 언어를 해봐야 한다는 생각 때문이었고, 마침 그 무렵 일본이 미래의 나라처럼 보였다. 하지만 나의 일본어는 가망이 없었다. 그렇다고 인도네시아어에 남다른 재능을 보이지도 않았는데, 그 시절 우리 모두 그랬듯, 발리와 자바를 가보리라 꿈꾸면서 예의상 인도네시아어를 조금 배웠다. 거의 똑같은 이유로 폴란드에 가기 전에 폴란드어를 조금 배웠고, 1970년대에 핀란드에 살면서 기본적인 핀란드어(문법적으로 희한한 언어)를 조금 배웠지만, 참으로 부질없는 일이었다. 내가 마주치는 핀란드인들 모두 흠 없이 영어를 구사했다. 코르푸섬을 배경으로 소설을 쓸 때는 한동안 그리스어가 내 공상을 사로잡았지만, 사실 그 언어에 자연스럽게 이끌린다는 느낌은 전혀 없었다. 오래전에는 스페인에서 언젠가 휴가를 보낼 생각을 하면서 스페인어도 조금 만지작거려봤지만, 내 안에 숨어서 깨어나기를 기다리는 스페인인의 자아 같은 건 없었다. 물론 독일어는 학창 시절 꽤 많이 써가면서 배웠고, 목공이나 터치타이핑 같은 자격증을 딸 수준 이상으로 습득했지만, 독일어가 좋아서 배운 건 아니었다. 독일어를 들으면 화학 수업을 받지 않아도 되었기 때문인데, 덕분에 고트 제이 당크*Gott sei Dank*(다행이었다).

솔직히 나는 이 가운데 어느 언어도 유창하지 않았고, 어느 언어로든 또 다른 자아를 걸치고 싶은 생각이 없었다. 처음 외국어를 시작할 때 보통은 한순간, 또는 한두 달쯤 활기찬 구애 기간이 있었는데, 그 시기에는 여느 시골 청년의 마음으로 피상적인 세부사항들, 악센트, 가정법 등을 익혔다. 그러나 진정한 연애는 한 번도 없었다. 나는 그중 어느 것에도 마음을 주지 않았다. 프랑스어와는 사랑에 빠졌던 반면, 러시아어와는 사실상 결혼했다(지금은 약간 기 싸움 중이다). 일단 한 언어와 결혼하게 되면, 그 언어로 말하기란 더는 여가 활동이 아니게 된다. 더는 자유롭지 않은 것이다.

외국어 시도하기는 내가 잘하는 몇 안 되는 여가 형태 중 하나다. 솔직히 나이가 들수록 숙련도가 떨어지지만, 그건 당연한 일이다. 외국어 배우기는 내 자리를 찾기가 항상 쉽지만은 않았던 한 세계에 소속되기 위해 내가 시도했던 주요 방법 중 하나다. 그것이 열정이었을까? 외국어 배우기가 내게는 큰 기쁨이었다는 건 틀림없다. 최근에는 꽤 자주 인도에 가기는 하지만, 아직 힌두어나 벵골어를 시도한 적은 없다. 이유는 잘 모르겠다. 어쨌거나 인노아대륙의 매력 중 하나는 우리가 같은 문명 줄기의 서로 다른 가지에 속한다는 느낌을 준다는 것이다. 반면에 나는 더 거슬러 올라가서 산스크리트어를 탐색하고 싶은 갈망을 늘 느낀다. 그냥 재미를 위해서, 그냥 언어와 역사에 대한 애정에서 말이다. 한마디로 뿌리를 찾아서.

여기서는 밤이 갑자기 들이닥친다. 저녁 식사를 끝내고 우리가 볼 만한 영화는 클로드 샤브롤Claude Chabrol 감독의 〈사촌들〉(1959)이 있다. 내가 잘못 알고 있는 게 아니라면, 이 영화는 1950년대 중반에 만들어졌으니 아마도 배우들의 대사는 또렷하게 들리고, 어느 정도는 정확하고, 결코 서로 겹치지 않을 터였다. 그 영화가 내키지 않는다면 파스빈더 감독의 〈불안은 영혼을 잠식한다〉(1974)가 있다. 전에 보았던 영화인데, 독일인 과부와 모로코 남자의 사랑 이야기였다. 아니, 오늘은 샤브롤이어야 한다. 오늘 나는 뚜뜨 라 주흐네toute la journée(종일토록) 프랑스인 놀이를 하고 있으니까. 아, 벌써 여섯시, 르 디네 에 프레le dîner est prêt(저녁 식사가 준비 되었다)! "빵 드실래요?" 위, 메흐씨Oui, merci(응, 고마워)! 마침 호바트에 있는 프랑스 빵집 장파스칼에서 사온 빵이다. 빠세무아

르 뵈흐, 씰 떼 쁠레. *Passe-moi le beurre, s'il te plaît.* 메흐씨Merci (버터 건네줘, 고마워)!

||||

굳이 프로이트를 들먹일 것도 없이, 모든 취미는 아니더라도 대부분의 취미가 충분히 에로틱한 측면을 제공한다. 역설적이게도 흡연처럼 취미도 만족감을 주지 못함으로써 그런 에로틱함은 더 커진다. 소품 수집가였던 프로이트는 특히 수집에 관해 이야기했는데, 그는 수집이 적어도 무의식적으로는 페티시즘을 띤 활동, 즉 우리가 거부당하거나 우리 스스로 부인하는 성적인 어떤 것을 대신하는 활동이라고 상상했던 듯하다.

나는 다른 이유에서, 대부분의 취미가 어렴풋하게나마 에로틱하다고 생각하곤 한다. 성취는 끝없이 미뤄진다. 예를 들어 요리와 함께 깃들이기에서 취미로 변모할 수 있는 정원 가꾸기의 경우는 결코 완성되는 법이 없다. 우리는 피아노 연주로 우리 자신을 제외한 누군가를 즐겁게 할 만큼 충분히 피아노를 배우지 못한다. 반려동물을 돌보는 일은 절대 끝이 없다. 체스를 제법 잘 두기도 하지만, 결코 체스의 대가 보비 피셔가 되지는 않을 것이다. 코담뱃갑 수집, 파리 엽서 수집,

242

스와치 시계 수집이나 에니드 블라이턴 책 초판본 수집은 영영 완결되지 않는다. 사실 완료란 일종의 죽음으로 다가올 것이다. 이것이 왜 에로틱한 색채를 띠고 있는지는 분명하다. 성관계 역시 결코 완결되지 않기 때문이다.

정말 흥미로운 것은 취미가 모든 수준에서 죽음과 연관되기도 한다는 점이다. 누가 그렇게 생각하겠는가? 백파이프를 연주하고, 금붕어 먹이를 주고, 뒷문 옆에 심은 선인장을 돌보는 것이 '죽음과 연관되어 있'니? 정말일까? 담석이나 엘비스의 주요 기사를 수집하는 경우라면 죽음과 어떤 연관성을 생각할 수도 있겠지만, 일요일에 그림 그리기나 친구들과 저녁 식사하기, 구형 자동차 수집이 그렇다고?

당연히 내 말은 요점을 과장한 것이다. 사실 요점이란 과장하라고 있는 것이다. 어쨌거나 그 요점은 생각해볼 가치가 있다. 모든 놀이, 심지어 철저한 들까불기조차도 기억과 망각 사이에 위태롭게 걸친 선에서 활력을 끌어낸다. 바로 그 때문에 놀이가 그렇게 우리 삶을 고양시켜주는 것이다. 노는 것은 어떤 뿌리를 기억하고, 재연하고, 새롭게 체험하고, 과거부터 내려오는 어떤 것을 계속 살려나가고 나머지는 그러지 않기를 선택한다는 것이다. 우리는 모든 것을 잊고 온전히 현재에 살기를 거부하는 것이다(심지어 마장마술조차 뿌리가 있음을 인정한다). 지그문트 프로이트가 부친이 세상을 뜬 후에야 수집을 시작한 것도 그닥 놀랄 일이 아니다. 아프간 러그, 랄리크 유리그릇, 성냥갑 등을 수집하는 열정, 매일 저녁의 독서, 시 쓰기, 퍼그 번식시키기에서 느끼는 기쁨. 비록 나머지와 견주어 확실히 더 비옥한 놀이의 부류가 있기는 하지만, 우리가 무엇을 수집하는지, 무엇을 하며 노는지는 크게 중요하지 않다. 놀이를 멈춘다면 우리는 그저 현재 이 순간에 쉬면서 우리가 보고 듣고 냄새 맡을 수 있는 것 말고는 아무것도 모르게 될 것이다. 어쨌거나 순간을 산다는 것은 죽음에 점점 더 가까워지는 것이다. 물론 당신은 모든 것을 기억하고 싶지는 않으리라. 그건 미친 짓이니까. 그러나 창조적인 놀이는 순간순간을 몇 시간, 몇 달, 몇백 년으로 만들어준다. 우리가 개와 함께 달리고, 닭 모이를 주고, 책을 읽고, 더는 존재하지 않는 몇 세기 전 나라의 우표를 앨범에 끼워 넣는 사이에도 당연히 죽음이 우리 위를 맴돌겠지만, 우리는 취미를 붙잡고 씨름한다. 지나간 것을 기억하며 우리의 활동을 계속한다. 그러고 보니 떠오르는 게 있다. 스완의 심장은 그가 했던 연애의 진열장, 사랑의 호기심을 모은 일종의 캐비닛이라고 했던가. 그의 심장. 무슨 말이 더 필요하랴.

최고의 여가 활동이 우리 안의 근본적인 무언가를 살찌운다는 말은 사실일 것이다. 그렇다면 조깅은 어떨까? 조깅은 우리 존재에 필수적인 무엇을 재연하고 있을까? 나아가 엄밀하게, 조깅이 여가 활동이라고 말할 수 있을까? 요즘은 세계의 어느 도시를 가든 조깅하는 사람들에게 길을 비켜줘야 한다. 아니 아시아와 아프리카의 붐비는 대도시는 그 정도까지는 아니며, 어쩌면 포장도로 위에 공간이 없다는 이유로 콜카타나 라고스 중심지에서는 그럴 일이 없을 것이며, 튀니스 시내에서는 굳이 열거하지 않아도 되는 이유로 인해 그런 경우가 그다지 많지는 않겠지만, 어쨌거나 대부분의 도시에서는 조깅하는 사람을 자주 마주친다.

매일 오후 우리가 개를 산책시키러 나가 차를 세워두는 곳에는 1분에 한 명꼴로 조깅하는 사람들이 지나간다. 마른 사람, 뚱뚱한 사람, 상당히 비만인 사람, 근육이 탄탄한 사람, 근육이 늘어진 사람, 사실상 다리를 저는 사람, 머리숱이 없는 사람, 긴 머리를 하나로 묶은 사람(특히 한 가닥으로 묶은 금발), 10대, 할아버지, 큰 사람, 작은 사람, 모두가 쿵쿵거리며 지나간다. 그들은 어기적거리고, 날쌔게 질주하고, 성큼성큼 뛰고, 포장도로를 힘차게 디디고, 그리고 달린다. 이제쯤 개가 뛰쳐나가게 자동차 문을 열어도 안전하겠지 생각하던 찰나, 느닷없이 벌거벗은 허벅다리(그 남자는 마치 속옷만 입은 듯 보인다)가 번쩍 눈에 들어온다. 땀으로 젖어 축축해진 몸이 당신을 향해 오는가 싶더니 차 문을 피하기 위해 급히 몸을 틀어 포장도로 한가운데를 쏜살같이 달려간다. 시선은 지평선에 고정한 채로 쿵, 쿵, 쿵, 쿵. 당신은 존재하지 않는다. 당신은 그저 그가 달리는 길 위의 위험 요소에 불과하다. 적어도 그의 길에서는….

그런데 이건 또 뭔가? 개가 뛰쳐나갈 수 있게 당신이 다시 차 문을 활짝 열려고 하는 순간, 거의 벌거벗은 거나 다름없는 여자가 다른 방향에서 나타난다. 쿵, 쿵, 쿵, 쿵. 하나로 묶은 머리타래가 좌우로 흔들린다. 미국의 문화평론가 마크 그리프Mark Greif가 "통제된 광란"이라고 했던 방식으로 정신없이 머리타래가 흔들리는 와중에 그녀가 온다. 포장도로 한가운데를 똑바로 달리며, 그녀의 포장도로, 그녀가 자신의 전용으로 만들어버린 고유의 공간을 누비며. 그녀가 당신과 당신의 개를 향해 오고 있지만, 시선은 똑바로 앞을 응시한 채 귀는 이어폰으로 틀어막았으니, 또다시 존재하지 않게 된 당신은 자동차 옆에 몸을 납작 붙이고, 그녀는 조깅하고 있고, 당신은 보고 있고, 그리고 조깅하고 있지 않다. 참으로 우울한 장면이다. 반쯤 벌거벗고 자기 몸의 불안을 과시하는 남녀의 이 주제넘은 공공 공간 침입이라니.

보드리야르는 그것이 혼자 식사하는 사람을 흘깃 보게 될 때와 똑같은 방식으로 그를 슬프게 한다고 주장했다. 세계의 절반이 자기 몸을 걱정한다. 매주 우리가 백만 부씩 먹어치우는 온갖 잡지와, 건장한 몸을 찍은 온갖 위협적인 사진이 주말판 신문 전체를 도배해버리는 현실을 생각하면, 그것도 놀랄 일은 아니다. 그렇더라도 우리 대부분은 벌거벗고 거리를 달리면서 같은 시민을 옆으로 비켜나게 하면서까지 우리 몸에 대한 불안을 나타내 보이지는 않는다. 만약 조깅이 무언가를 재연하는 행위라면, 그 무언가는 이런 게 아닐까. 우리 안에 깊이 자리 잡은 자기도취적 불안감과 더욱 단순한 세계에 대한 환상. 처음에는 사냥하고 채집하면서, 그리고 최근 천년 사이에는 농사를 지으면서 신체 운동이 더 활발했던 세계에 대한 환상 말이다. 농부는 조깅을 하지 않는다. 달리기광들은 엔도르핀 쾌감이 고조되는 동안 심혈관계 건강이 향상되고 있다고 상상하기를 좋아한다. 건강과 결합된 여가는 유익하다는 얘기다. 사실 친구들과 탁구 한두 게임을 하거나 가볍게 자기 몸을 혹사하는 것이 심장과 기분에 똑같이 유익한 효과를 주고 퇴행성 관절염의 위험도 덜할 것이다 (흥미롭게도 헤드폰을 끼고 조깅하는 사람들이 퇴행성 관절염에 걸릴 가능성이 가장 높은데, 그런 사람들은 다리 관절에 가해지는 손상을 덜 의식하기 때문이라고 한다).

헬스클럽에서 운동하기의 경우 한 가지 알아두어야 할 것은, 헬스클럽은 따로 마련된 전용 공간이라는 점이다. 헬스클럽에서 하는 운동은 조깅처럼 가짜 노동이며, 그리프가 말한 "질서 잡힌 자위실"을 연상시키는 거울 두른 공간에서 벌어지므로 조깅 못지않게 자기도취적이지만, 당신이 노동계급의 삶에 대한 이 패러디를 지켜보거나 참여하고 싶지 않다면, 가지 않으면 그만이다. 한마디로 헬스클럽 운동은 그나마 정중하다. 2천 년 전 그리스에서 귀족 집안의 아들은 체육관에 다니면서 (남자에게) 성적 매력이 돋보이게끔 몸을 가꾸었다. 노동자는 체육관에 갈 필요가 없었고, 여성은 옷을 걸치지 않고는 사람들 앞에 나타나지 않았다. 누군가에게 성적으로 매력적인 몸이 되거나 그 매력을 유지하고 싶은 욕구가 헬스클럽을 찾는 현대인의 열정에 아무 역할도 하지 않는다면 순진한 생각일 테지만, 그래도 공정을 기하기 위해 말한다면, 헬스클럽 애호가들과 조깅하는 사람들 일부는 늘 앉아서 지내는 일상, 또는 정신적으로 고된 일상을 벗어날 시간을 찾을 근본적인 방법, 일부에서 좋아하는 표현을 빌리자면 '언플러그'할 방법을 찾는 것인지도 모른다.

그러나 여가는 전원을 끊는 것을 훨씬 넘어선 것이 되어야한다. 여가 활동은 생각지도 않은 온갖 실용적인 목적에 도움이 될 수 있지만, 한가롭게 여가를 즐기려면 그것이 주는 즐거움을 위해 자유로이 선택한 것이어야 한다.

‖‖‖

　쇼핑을 예로 들어보자. 미국이 쏟아내는 훈훈한 로맨틱 코미디 영화 가운데 하나인 〈파이브 투 세븐〉(2014)에서 글렌 클로즈가 연기하는 유대인 어머니는 아들에게, 아들의 새 연인과 함께 쇼핑을 가기로 했다고 말한다. 아들의 연인은 결혼한 프랑스 여자로 일주일에 며칠 다섯시에서 일곱시 사이에 짬을 내어 아들과 데이트하고 있는데, 그 쇼핑은 불안해하는 아들에게 이 비밀 관계를 승인했다고 안심시키는 어머니의 방식이다. 그들은 무엇을 사기 위해서 쇼핑을 하는 것이 아니라, 그냥 쇼핑을 하러 간다. 물건을 구경하고, 이것저것 걸쳐보고, 필요하지 않은 것을 사고(그 계급의 여성들에게는 필요한 것이 없다), 친해진다. 그들은 모여서 놀기 위해 나가는 것이다. 우아하게 놀기 위해서. 그들은 자신들이 속한 그런 부류의 여자 역할을 해보일 것이다. 이들은 몹시 들뜬다(결말은 좋지 않게 끝난다).

　비록 나는 남자이고, 계급 사다리에서 내가 있는 곳은 글렌 클로즈나 그 프랑스 여자보다 한참 아래지만, 나 역시 이따금 순전히 쇼핑이 주는 즐거움을 위해 쇼핑을 한다. 그렇다고 양말 같은 특정한 무언가를 살 요량으로 거리를 배회한다는 뜻이 아니라, 나머지 수많은 놀이 형태와 나란히 지금은 사라져가는 구시대의 향기로운 느낌, 글렌 클로즈의 느낌으로 쇼핑을 한다. 여가로서의 쇼핑은 백화점에서, 일부 아케이드에서, 그리고 북아프리카나 동양에 가본 여행자라면 알겠지만, 야외 시장이나 전통 시장에서 가장 진가를 발휘한다. 가게가 늘어선 도시의 대로변에서는 효과가 없다. 그런 곳은 들어가서 물건을 사기 위한 곳이다. 19세기 중반 영국과 프랑스에 백화점이 등장하고, 얼마 후에는 독일에도 생기면서, 모임(기본적으로는 늘 여성의 일이다)은 화려함과 거의 나태한 즐거움을 곁들여 재연될 수 있었다.

영국 여왕의 공식 식자재 납품 업체인 런던의 포트넘 앤드 메이슨은 1707년 이후부터 백화점으로 운영되어왔다고 주장하지만, 세계 최초 백화점이라는 영예는 보통은 파리의 르 봉 마르셰, 뉴욕의 메이시, 베를린의 베르트하임 백화점과 카우프하우스 데스 베스텐스, 그리고 런던의 셀프리지 백화점, 그리고 타인 강변 뉴캐슬에 1849년 처음 문을 열었던 바인브리지에 돌아간다. BBC가 최초의 백화점으로 고른 것은 세인트 제임스 지구 팰맬 가에 있는 하딩 하월 그랜드 패셔너블 매거진 백화점이었지만, 그곳에는 네 개의 매장밖에 없었다.

오늘날까지도 이 여가 활농의 본질을 가상 살 포착하는 것은 다름 아닌 영어 단어 '쇼핑shopping'이다. 러시아어로는 그대로 '쇼핑shopping'이며, 독일어에서는 '다스 쇼핑das shopping', 프랑스어에서는 '르 쇼핑le shopping'이지만 '가게에 가다faire les magasins'라는 표현을 쓰기도 한다. 만약 당신이 상업지구와 쇼핑 복합단지의 가게를 방문해서 하루를 보내고 거기서 옷가지나 액세서리, 화장품 등 몇 가지 품목을 살 생각이라면, 현실적으로 그것을 가리킬 수 있는 러시아어는 '쇼핑'밖에 없다. 하지만 쇼핑이란 전기톱이나 과일, 채소를 사기 위해 가게에 가는 것을 말하기 위해 선택하는 단어가 아니다. 나는 학창 시절 쇼핑을 뜻한다고 배운 외국어 단어들이 결코 마음에 들지 않았다. 그 단어들 모두 '식량을 찾아 밖으로 나가다'를 뜻했다. 쇼핑은 그보다 훨씬 많은 것을 의미했다.

쇼핑을 상상할 때면, 나는 곧잘 데이비드 존스 백화점을 떠올리게 된다. 내 유년 시절의 웅장한 상가, 여러 층으로 된 그 (상무어를 인용하자면) 소비의 신전에서 친구와 함께 쇼핑 온 여성들은 식량을 찾듯 돌아다니며 한나절은 우습게 보낼 수 있었다. 그렇지만 사냥은 아니었다. 길거리의 쇼핑객은 사냥감이 되고 가게 점원은 사냥꾼이 될 수 있는지 몰라도,

백화점 안의 쇼핑객은 우선적으로는 채집자다. 사실 백화점은 소비의 신전도 아니고 (또 하나의 흔한 상투어를 인용하자면) 상업의 대성당도 아니다. 백화점은 아무리 호화롭다고 해도 숭배의 장소가 아니라 순수하게 세속적인 놀이터다.

놀이터마다 규칙이 있듯, 당연히 백화점에도 규칙이 있다. 드레스 코드가 있고 관찰되는 행동 표준이 있다. 그런데 바로 그 때문에 크리스마스 세일은 쇼핑이 아니며 그날 백화점에 온 모습을 아는 사람에게 보이기가 죽어도 싫은 것이다. 크리스마스 세일은 전쟁이고 이날의 쇼핑객들은 하루 동안 약탈과 노획을 허가받고 사납게 날뛰는 오합지졸이다. 아니 약탈하는 군대라기보다는 무아지경에 빠져 춤추는 중세 춤꾼이라고 해야 할까? 어쨌거나 그들도 종교 축일이면 무리 지어 이 도시와 저 마을을 휩쓸면서 불경스러운 기쁨을 분출하며 먹고 마시고, 풍요의 보루를 황폐하게 만들곤 했다. 실로 그들은 습격대와 공통점이 있듯 록 콘서트 관중과도 공통점이 많지 않은가? 세일 때 무언가 고삐 풀린 느낌은 당신도 알리라. 섹스에 대한 욕구는 아닐지라도 본능적인 어떤 느낌을.

한번은 재미 삼아 시드니에서 가장 고상한 백화점 건물 안을 돌아보던 중에 어느새 7층으로 올라가는 마지막 에스컬레이터를 타게 되었다. 반세기 전에 가끔 어머니를 따라 그 층에 가서 차와 스콘을 먹으면서, 말쑥한 피아니스트가 그랜드피아노로 연주하는 로맨틱한 음악을 듣곤 했었다. 심지어 때로는 어머니와 함께 패션쇼 같은 걸 보기도 했는데, 그 층에서는 하늘이 높이 펼쳐지고 건너편의 하이드 파크가 내다보였다. 우리는 어떤 기준에서 보나 부자는 아니었지만 차림은 단정했다. 그런데 내가 에스컬레이터에서 내리자, 직원 하나가 살짝 굳은 미소를 띠고 앞으로 나서더니 나를 가로막았다. 그녀는 내 구두와 청바지를 차가운 눈으로 훑어보면서 말했다. "손님이 찾으시는 물건은 다른 층에 있을 것 같습니다. 2층에 가보세요."

"제가 뭘 찾고 있는데요?" 흥미를 느낀 내가 물었다.

"손님은 여기서 아무것도 못 찾으세요. 여기는 7층입니다." 그녀가 대답했다.

"압니다." 그렇게 대답했지만 사실 나는 전혀 알지 못했다. 7층이 집에서 미리 전화 예약을 해서 파리와 런던, 뉴욕에서 건너온 취향에 맞을 만한 옷을 찾는 여성들을 위한 곳이라는 사실을 몰랐다. 내가 아는 거라고는 어떤 기준이 있고 내가 그 기준에 미치지 못한다는 것뿐이었다. 나는 다시 에스컬레이터를 타고, 즐거움을 찾는 이들을 위해 규정이 좀더 관대한 층으로 내려왔다.

백화점 안의 쇼핑객은 한가로이 다니면서 식료품이나 옷가지, 심지어는 가전제품까지 살 수 있지만, 이런 구시대적 의미의 쇼핑은, 일본의 다도가 차와는 거리가 먼 것처럼 소비와는 별로 관계가 없다. 그것은 무엇보다 한가로운 놀이에 관한 것이다. 한때 우리의 생존에 근본적이던 무언가를 즐거움을 노리고 재연하는 행위인 것이다. 백화점에서 보내는 시간은 일상생활에서 벗어난 시간이다(그러나 점포가 늘어선 상가에서의 시간은 별로 그렇지 않으며 슈퍼마켓에서는 결코 그렇지 않다). 그것은 근원적이고 회복력이 있으며, 공동체적이고, 특히 온라인 쇼핑을 비롯한 다른 부류의 쇼핑과 다르다. 온라인 쇼핑은 사실상 사회를 적극적으로 분해해 작은 구성요소들, 개인 소비자들로 쪼개버린다.

|||||

한때 우리 생존에 근본적이던 무언가를 즐거움 때문에 재연하는 것에 관한, 어느 독일식 신념을 옹호하는 몇몇 이론가의 주장이 과연 맞는 말일까? 비정기적인 에로틱 관계(하위징아의 도식화로는 "사회적 규범 바깥"에 있는 관계)가 사실상 "모든 놀이 중에서, 놀이의 본질적 특징을 가장 명쾌하게 보여주는 가장 완벽한 예"(여기서 내가 인용하고 있는 글은 네딜란

드 인류학자이자 심리학자인 프레데리크 야코부스 요하네스 보이텐데이크의 글이다)라는 말이? 만약 그렇다면, 그 말은 우리가 왜 그토록 환희에 차서 그토록 어리석게 그런 관계를 계속 시작하는지 설명해줄 수 있을까?

적어도 잠재의식의 수준에서 본다면, 불법적인 사랑 놀음이 놀이의 전형이라고 할 수 있을지도 모른다. 전 세계 언어에서 이런 부류의 희롱은 종종 '놀이'로 묘사되고 있으며 그것을 하는 사람을 '놀아난다'고 하며 '선수'라고 부르기도 한다. 놀이란 결국 어떤 테두리 안에서 움직일 자유를 암시하는데, 이른바 바퀴를 느슨하게 해주는 방종한 놀이들은 분명 존재한다(심지어 일본어에도 그런 표현이 있다). 우리는 여러 기한이나 제약에도 불구하고 놀기 위한 약간의 공간 또는 시간이 있다고 말한다. 그렇게 해서 우리는 희롱(엄밀히 말하면 굳이 신체적 성관계를 포함할 필요는 없다)을 할 의도로, 우리가 놀수 있을 만한 틈새와 균열을 찾게 된다. 사람이 가득한 어떤 공간 안에서, 일정표 안에서, 예의 바른 행동 속에서, 결혼 생활 중에, 연인이 쓴 감정의 껍질에서, 또는 그냥 옷차림에서.

이를테면 영화 〈파이브 투 세븐〉에서 프랑스 여성과 그 연인에게 그 틈새는 다섯시부터 일곱시 사이다. 희롱(또는 구애, 간통, 배신)이라는 개념과 그 결과를 조명하지 않는 소설이나 영화는 별로 없는 것 같다. 유감스럽게도, 현실 생활에서 우리가 연애하는 대상은 어느 시점에 이르면 관계를 사회적 규범 안으로 끌어들이기를 원할 때가 너무 많은 것 같다. 우리 집에 이사 오거나, 우리와 결혼하거나, 또는 아무리 못해도 매주 화요일 점심시간에 몬테렐리에서 우리를 만나고 싶어 한다. 그러나 그렇게 된다면 그것은 깃들이기이지, '놀이'가 아닐 것이다. 바로 여기가 영화 〈파리에서의 마지막 탱고〉(1972)에서 모든 것이 치명적으로 뒤틀려버리고 〈파이브 투 세븐〉이 비참하게 끝나게 되는 지점이다. 이 지점에서 둘 중 한 사람이 어느 날 어느 장소에서 놀이를 중단하고, 규칙을 팽개치고는 그 게임을 평범한 부부생활로 바꾸고 싶어 하는 것이다. 〈파리에서의 마지막 탱고〉에서는 이름을 가지고 그랬고, 〈파이브 투 세븐〉에서는 결혼으로 그랬다. 말론 브란도는 총에 맞아야 했다. 한 결혼에서 다음번 결혼으로 갑자기 기울어진다는 것은 비록 희롱으로 혼동하기는 쉬워도 희롱이 아니다.

우리 자신을 생각해보자. 놀이는 시공간 내에서 허락되는 한계(당신의 파트너가 식사 배달 봉사를 나가고 없는 금요일 오후 당신의 집) 내에서 시작되는 활동으로, 물질적 이득(금전적 대가나 선물)을 전혀 생각하지 않으며, 아무런 강제도 없이, 순수하게 그것이 당신 둘 다에게 주는 기쁨의 감정 때문에 하는 것이다. 그리고 어떤 규칙(절대 집으로 전화하지 않기, 나를 론이라 부르기)이 있겠지만, 그것이 일상생활의 규칙은 아닐 것이다. 그 밖에도 이기고 지는 요소가 있을 수 있다. 진정한 사랑, 로맨스, 성적 노예 관계 등 무수히 많은 시나리오를 연기한다는 요소도 있을 수 있다. 그 관계를 연기하는 동안 그 놀이는 긴장되고, 마음을 빼앗고, 흥미롭고, 율동적이고, 오래되었으면서도 항상 변하고, 교육적이면서 제의로 가득 꾸며지게 되며, 그러다 나중에는 세상의 어떤 것과도 다른 압도적인 이완의 느낌을 갖게 된다. 최상의 경우, 그것은 완벽하다. 최악의 경우에는 고약한 익살극이다.

표면적으로 당신은, 영화 〈앙드레와의 저녁식사〉(1981)에서 뉴욕의 한 식당에서 식사하기 위해 만난 오랜 두 친구처럼, 지루해서 불륜 관계를 가진다. 요컨대 당신에게 말로 다 할 수 없이 사랑하는 파트너가 있다고 해도, 문득 당신의 미래가 빤히 내다보인다고 생각하고는 정력이 사라지기 전에 그 플롯에 더 많은 반전을 주어야겠다고 생각한다. 탈출할 기회가 없어 보이는 속박의 느낌, 동시에 도망가고 싶은 곳이 없다는 느낌, 당신을 에워싼 공허함이 갑자기 숨통을 조여오는 듯하다. 다시 말해 피터 투이가 『권태』에서 말했듯, 그것은 아르놀트 뵈클린의 유명한 회화에서 나타낸 오디세우스의 바로 그 마음과 같다. 칼립소의 섬에 갇힌 오디세우스는 그 섬에 머물면서 그녀의 연인이 되어주는 대가로 불멸을 제안받은 뒤 고향 쪽 바다를 바라보고 있다. 매일 밤 영원히 칼립소와 있는 것보다 더 지루한 일이 있을까? 그리고 눈 닿는 곳마다 끝없이 펼쳐진 바다뿐이라면 그보다 더 절망적인 일이 또 있을까? 도파민 고갈 따위는 아무것도 아니다. 오디세우스가 지루해한 이유는 그는 음모가 필요한 사람이기 때문이다. 변화의 희망, 이동할 자유가 필요한 사람이기 때문이다. 칼립소는 희롱을 영원한 결혼으로 바꾸고 싶어한다. 오디세우스는 에로틱한 모험이 필요하다. 우리 누구나 그렇다.

그게 아니면 나일강을 거스르는 여행이나 누사 해변에서 보내는 일주일이면 우리 삶에 새로운 생기를 불어넣기에 충분하지 않을까? 불륜 관계를 택하는 대신, 가장 가까운 공항에 들러 되는 대로 예약하고 게이트웨이를 빠져나가서… 뭐, 어디를 가든 한두 주 정도 우리 자신을 잊을 수 있지 않을까? 네팔은 어떤가? 히말라야는 언제나 당신 자신을 잊도록 만든다.

내가 아는 한, 여행은 나머지 모든 형태의 여가를 훌쩍 능가한다. 관광이란 우리가 집 떠나서 보내는 시간을 한 업체에 넘겨주고 돈을 지불할 테니 대신 관리해달라고(여기서 2박, 조식 포함 일주일, 전체가 사전 예약된 이코노미석 비행, 견학과 박물관 입장료 포함) 하는 것이다. 물론 관광도 여행에 포함된다. 흔히들 관광사업을 발명한 것은 토머스 쿡Thomas Cook이라고 주장한다. 그러나 사실 토머스 쿡이 여행을 기획하기 8년 전에 영국의 여행사 콕스앤드킹스Cox and Kings가 여가 여행을 패키지로 팔고 있었고, 그보다 2천 년 전 지중해 근방에서는, 비록 패키지는 아니었을지라도 여가 바캉스가 큰 사업이었다. 살베, 미 아미케Salve, mi amice(안녕, 친구여)! 나일강 크루즈 여행을 원하시오? 문제도 아니라오. 최고의 건물에서 점심 식사요? 이것 좀 드셔보시오. 그리스의 섬들? 나를 따라오시구려. 하지만 로마 제국의 어떤 사람이 이런저런 것을 포함한 여행을 조직해서 돈을 벌었다는 증거는 어디에도 없다.

원칙적으로는 관광의 효용을 이해하기는 하지만, 나는 그보다 구속되지 않으면서, 내가 기꺼이 다른 사람들에게 넘긴 시간을 되사지 않는 그런 여행을 좋아한다. 호색적인 희롱과 함께 외국어 배우기가 특히나 세련된 놀이로서 삶을 풍부하게 해주고, 테니스가 하지 못하는 방식으로 우리 인간성의 깊이를 더해준다면, 대가다운 기교를 발휘한 여행은 우리를 더욱 깊고, 더욱 화려하게 풍성한 수준으로 우리를 안내하며

(또는 안내할 수 있으며), 외국의 일부를 탐험하는 동안 우리는 스페인어나 광둥어를 가지고 놀 수도 있다. 여행은 또한 이 환멸의 시대에 우리 대부분이 극장이 아니면 재연이 힘들다고 생각하는 인간의 근본적인 놀이 형태인 제의까지 아우를 수 있다. 그리고 짧은 여행이든 소풍이든 주말 나들이든, 또는 집을 멀리 떠나는 장기 여행이든 상관없이, 한두 번 희롱의 가능성을 얼마나 멋지게 열어줄 수 있는가. 적어도 그것이 내가 여행에 관해 느끼는 바다.

내 파트너 피터를 포함한 많은 사람의 생각은 다를 것이다. 피터는 가장 멋진 여가를 맛보기 위해 집을 떠난다는 것은 별 의미가 없다고 생각하며, 좋은 파트너와 함께 살고 있다. 일례로 로마 시인 호라티우스Horace는 이렇게 썼다. "바다를 달리는 이들은 하늘을 바꿀지라도 정신은 바꾸지 않는다." 그런 관점은 인색해 보인다. 만약 당신이 추구하는 것이 변화라면 어디로든 서둘러 가지 마시라. 공항으로 가는 택시를 잡기 위해 우리 집 녹색 현관문을 닫고 계단을 내려갈 때, 나는 서두르지 않으려 명심하고, 여행 도중에는 어느 정도는 활기차되 적당히 평온함을 유지하려고, 또는 적어도 차분하려고 애쓴다.

덧붙이고 싶은 건, 집을 잘 떠나기 위해서는, 우선은 당신이 무엇을 떠나고 있는지 충분히 인식하고 있어야 하며, 긴 여정의 끝에는 일종의 선물을 들고 집에 돌아와야 한다는 것이다. 에니드 블라이턴한테 배운 게 하나 있다면, 반드시 차 마실 시간에 늦지 않게 집에 돌아와야 한다는 것이다(말하자면 그렇다). 그리고 일하는 삶이 만족스러울수록 여가가 더 풍부해지는 것처럼, 집에 대한 당신의 개념이 다층적일수록, 그리고 집이 주는 온갖 제한에도 집이 좋을수록 여행이 주는 회복력은 더욱 커진다.

그것은 그렇다 치고, 설사 여행이 시간을 보내기 위해 우리가 선호하는 방법이라 해도, 우리가 왜 여행을 하는지는 늘 물어볼 가치가 있다. 우리는 집을 떠나는 것에서 무엇을 그렇게 즐기는가? 그리고 언제 어디로 갈지를 어떻게 선택하는가?

우선 경고의 말부터. 우리는 절대 우리의 정신 함양을 위해 여행해서는 안 된다. 어떤 종류의 나들이든 정신을 깨워줄 가능성은 있지만 그것을 이유로 집을 떠나지는 마시라. 정신을 함양하기 위해서는 책을 읽거나 이런저런 강좌를 들으면 된다. 좋은 여가가 모두 그렇듯, 여행은 새로운 활기를 불어넣어준다. 그것은 지금까지의 우리 자신에게 근본적이던 무언가를 우리 안에 유쾌하게 회복시켜준다(융 심리학자들은 그것을 우리의 아니마^{anima}라고 할 것이다. 나는 융 심리학을 신봉하지 않지만, 여기서처럼 그것이 내 생각과 맞을 때만 믿는다. 더 좋은 말이 생각나지 않는다). 여행을 하는 동안 당신은 산뜻한 투명도를 지닌 새로운 형태로 재결정화한다. 당신이 더는 젊지 않다고 해도, 그리고 나의 경우는 더는 중년이 아니라 해도, 그리고 여행자로서 대가다운 기교를 발휘하기 위해 우리가 쉽게 끌어모을 수 있는 것보다 한층 더 많은 정력을 요구한다 해도(대가다운 기교는 결국 흥분이 아니라 진부함을 날려줄 진정한 해독제다), 설사 그렇더라도 올바른 정신만 있다면 여행은 당신에게 새로운 활기를 불어넣어줄 수 있다. 아닌 게 아니라, 더는 회복이 불가능한 나이가 따로 있는가? 당신이 젊은 사람이라면, 여행은 확실히 회복보다는 자신을 새롭게 하는 문제리라.

그러나 여행에서 무엇이 회복력을 가지는 것일까? 나는 단지 이동을 말하는 것이 아니다. 어머니를 보러 불쑥 애들레이드에 가거나, 골드코스트의 카지노에서 일주일을 보내는 것을 말하는 게 아니라는 얘기다. 그보다는 일상생활을 떠나 웬만해선 당신의 일하는 삶이 생각나지 않을 곳에 가서 다른 규칙에 따라 다른 자아들과 함께 까불며 노는 것이다. 사람은 자기 집에서는 어느 정도 자기 자신이 된다. 하긴, 그것이 실용적이다. 하지만 여행할 때는 수많은 자아를 불러낼 수 있다. 여기서 나는 임금이며, 거기서 나는 모험가요, 파리에서 나는 멋쟁이고, 런던에서 나는 투명인간이며, 갠지스에서 나는 순례자이며, 로마에서 나는 이교도다. 나는 철저하게 혼자가 되고, 나는 죽음을 향해 쭈뼛쭈뼛 다가가고, 나는 강렬하게, 심지어 열정적으로 살아 있고, 모든 곳에서 나는 몇 세기를 순식간에 넘나드는 시간 여행자가 되며, 나는 다시 회복된다. 어떤 나라에서 나는 심지어 키까지 커진다! 집에 있을 때 나는, 비록 내가 많은 자아를 지니고 있다 해도, 이런 것 가운데 무엇도 아니며, 앞으로도 그렇게 될 일은 없을 것이다. 그러기에는 너무 늦었다. 그러나 여행을 할 때 나는, 한마디로 자유롭다(서구에서 말하는 의미로). 지금의 내가 더 많이 안다는 것만 빼면, 다시 스무 살이 된 것 같다. 사람들은 어떤 문화 속에서 더 큰 실체에 통합됨으로써 자아로부터 도피하려 한다. 이러한 더 큰 실체를 일컬어 한 사회학자[4]는 이제 '공동체community'라는 좀먹어버린 단어 대신에 코뮤니타스communitas라는 단어를 사용한다. 하지만 나는 서구인이며 서구인인 것이 행복한 사람이라, 내가 실천하거나 견지

---

4 영국의 인류학자 빅터 터너(Victor Turner). 사람들 사이의 관계가 정형화되어 구조지어진 체제와 대립되는 사회 상태를 코뮤니타스로 정의한다. 코뮤니타스에서는 공동체의 모든 성원이 평등하고 통과의례를 통해 공통의 경험을 공유한다.

263

고 있는 자아들을 증식시키면서 자아로부터 도피를 추구하는 경향이 있다. '공동체'가 불편할 만큼 '군중심리'에 가까워졌다는 건 굳이 정신을 바짝 차리지 않더라도 알 수 있다.

여행할 때 나는 또한 시간을 속이고 있다. 집에서는 시간을 지배하지 못한다. 아니 완벽하게 지배하지는 못한다. 집에서는 일정 수준에서 시간의 노예이고, 시간의 명령을 받는다. 끝내 시간이 이긴다는 걸 알면서도 한편으로는 집을 멀리 떠나게 되어, 시간이 순차적인 하나의 가닥으로 측정되는 대신 내 주변 여기저기에 깊고 또 얕게 고여 있을 때면, 나는 시간을 속일 수 있다. 여행하느라 멀리 떠나 있을 때 나의 시간은 다른 사람에게 쉽게 빼앗기지 않으며, 일상의 요구에 따라 여러 개의 칸으로 잘게 쪼개지지도 않는다. 그것이 여행의 본질이다. 세네카는 인생의 덧없음(잘 살았든 아니든 진정으로 짧거나 긴 인생은 없다는)에 관한 수필에서 다른 사람들의 손에서 내 시간을 뺏어오는 것, 시간을 되찾아 내 것으로 만들고 내가 선택한 즐거운 것을 하면서 그 시간을 쓰는 것이 자신의 목표라고 말한다. 달리 말해서 일을 기품 있는 여가로, 즉 그가 사용한 라틴어로는 오티움으로 만드는 것이다. 오티움이란 오늘날에는 바다 카약을 즐기는 사람들이 발행하는 같은 이름의 뉴스레터를 구독하지 않는 한 우리 대부분에게는 별 의미가 없는 단어다. 세네카는 자신이 입을 토가를 사러 나가거나 다림질하지 않아도 되었다. 노예가 있었으니까. 그는 집에서 오티움을 선택할 수 있었다. 그러나 내가 자질구레한 집안일과 다른 사람들의 요구에서 내 시간을 비틀어 뺏는 가장 효율적인 방법 가운데 하나는 집을 떠나는 것, 바로 여행이다.

무엇보다도 녹색 현관문을 닫고 계단을 내려가 보도 옆에서 택시를 잡을 때, 나는 하나의 제의를 행하는 것이다. 내가 하고 있는 것이 제의임을 깨닫기까지 오랜 세월이 걸렸지만 지금은 똑똑히 안다. 구석기시대까지 역사를 거슬러 올라가서, 동굴벽화에 묘사된 것들을 믿는다면, 인간이 선택할 수 있는 제의는 굉장히 다양했다. 무아지경의 집단 춤, 술 취해 벌이는 주연, 검투사 경기, 향연, 힌두교의 두르가 푸자 축제(다른 축제도 수없이 많다), 그리스도교의 성체성사, 메카 순례, 그리고 미국의 사회비평가 바버라 에런라이크가 "동물 학대의 다양한 형태들"이라고 했던 주기적인 곰 굻리기, 닭싸움, 변함없이 인기를 누리는 제의적인 양 도살까지. 중세 교회를 비롯한 권위주의적 조직들, 오늘날의 극좌나 극우 정당 등은 공공 축하 행사를 자신들의 통제 아래 두기 위해 싸우곤 했다. 옛날의 부활절 행사나 러시아와 북한의 군사 기념일 등은 그런 행사의 대표적인 예다. 그러나 초월적 실재에 대한 모든 믿음, 심지어 미래 노동자의 낙원에 대한 믿음까지도 전 세계에서 희미해졌고, 제의적 축하 행사 역시 빛을 잃었다. 우리가 제의를 행하는 것은 더 높은 질서를 재연하고 동시에 그것에 영향을 주어 그 자체가 우리에게 도움되는 방향으로 새로 전개되도록 하기 위해서다. 성찬식이나 갠지스 강가에서 시체를 태우는 의식은 물론 기우제 춤까지 모두 본질적인 제의의 좋은 예다. 신을 기념하며 재연하는 신성한 의식을 '놀이'라고 부른다면, 그것은 그 의식을 모욕하는 것이 아니라, 놀이의 개념을 승격시키는 것이다. 그것은 초월을 향한 인류의 갈망을 보여주는 가장 순수한 본질이다.

그러나 '더 높은 질서' 개념이 현재의 정부를 내쫓는 것에서 좀처럼 더 나아가지 않는 곳에서는 어떤 축하 행사에 대해서든 큰 열정을 자극하기는 힘들다. 사실 남은 게 무엇인가? 친인척과 함께 하는 크리스마스 만찬? 앤잭데이의 술잔치? 동네 볼링 클럽의 토요일 밤 닭고기 복권? 예컨대 대부분의 오스트레일리아인에게 축하 행사는 대체로 격의 없이 터놓고 술 마시기와 같은 뜻이다. "축하합시다!"라는 말은 "술 마십시다!"와 다를 게 없다. 우리 삶에서 무언가 사라져버렸다. 어떤 문 같은 것이 보이지 않게 된 것이다. 영원히 사라져버린 건 아닐까.

모든 제의에는 준비가 필요하다. 몇 해 전, 이탈리아 북부의 한가운데를 여행한 경험을 책으로 썼는데, 달랑 작은 가방 하나를 들고 걸어서 트램 정류장까지 가고, 다시 버스로 갈아타고 공항에 간 다음, 출발 안내 게시판에서 비행편을 선택해서는 미지의 세계로, 지금의 나라면 전환이라고 부를 무언가를 향해 이륙한다는 것이 말할 수 없이 좋았다. 여기서 모든 것은 천천히, 어떤 제의처럼 느린 속도로 일어난다(전환이 곧 아름다움은 아니지만, 내가 전환을 발견한 곳들은 대부분 아름다웠다. 그러나 콜카타는 확실히 아름답다고 할 수 없고, 모스크바는 어떤 의미에서든 전혀 아름답지 않았으므로, 모든 장소가 아니라 대부분의 장소라 해야겠다). 그렇기에 현관문에서 마법의 양탄자를 타고, 이어서 내가 오래전부터 짜릿함을 느끼는 하늘을 향해 날아오르는 과정에는 무언가 있는 것 같다.

그 책에서 언급하지는 않았지만, 작은 가방 하나를 들고 집을 떠나기 전에 반드시 목욕재계를 해야 한다. 나는 이 제의적 행위, 가정적 자아의 딱딱한 껍질을 씻어내는 이 세정 의식의 순간순간이 즐겁다. 그것은 정화이며 갱생이지 자아의 소멸이 아니므로 나의 모든 것을 씻어내지는 않는다. 그다음 나는 도중에 나를 기다리고 있는 것(그것에 더 많은 목욕이 포함되리라는 건 거의 확실하다)을 위해 다시 기름을 바르는 의식을 한다. 우리가 여행할 때 목욕이 중요해지는 경우가 매우 많다는 건 놀랍다. 강, 호수, 폭포, 바다, 심지어 호텔 수영장까지, 그저 물이 아니라 변형된 간이역이라 할 것이다. 공항 면세점에 물건을 쌓아놓는 이가 누구이건, 그 사람도 어김없이 이 세정 의식의 한 부분을 차지한다. 전 세계 공항마다 공기 중에는 기름 부음의 의식이 감돌고 눈길 닿는 곳마다 연고와 향수가 진열되어 있다. 나에게 필요한 기름 부음 의식이란 그보다는 심리적인 것이지만, 내가 현관을 나서기 전 작은 병 안의 향기로운 어떤 것을 바르는 것이라면 적절하리라.

마지막으로, 사원의 열성 신도처럼, 나는 적절한 의복을 입는다. 다림질하고, 색깔을 맞추고, 취향대로 고른다. 그리고 이제, 본격적으로 의복을 갖춰 입고, 흠잡을 데 없는 모습으로 나의 여정을 시작할 준비가 되었다. 우리 집 대문이 일본 산도(신사로 가는 길)의 입구에 H 모양으로 세워진 멋진 주홍색 관문인 도리라고 할 수는 없지만, 그 역할을 해야 할 것이다. 나는 경배자처럼, 직관을 위해 이성을 버리고, 느낌을 위해 지성을 버릴 수 있도록 내면(이 단어가 안전할까?)의 준비를 한다.

요점은 여행이라는 제의가 그냥 성소 안으로 천천히 들어가는 걸 뜻하지는 않는다는 것이다. 그런데 이 환멸의 시대에, 성소란 정확히 무엇일까? 성소란 경이로움에 숨을 멎게 만드는 모든 것, 거룩한 놀라움에 넋을 잃게 되는 모든 장소를 말한다. 실제로 당신은 집을 떠나 여행할 때마다 적어도 한 번은 경이로움에 숨이 멎게 된다. 성소란 당신이 거대한 미스터리를 발견하는 모든 곳, 호라티우스라면 '마법적인 위대한 신비'라고 했을, 오염되지 않은 모든 장소다.

내 경우를 예로 들면 2년인가 3년 전에 정말 뜻밖에도 로탕 패스가 그랬다. 로탕 패스는 옛 실크로드의 인도 구간으로 인도 북부의 해발고도 1만 3천 피트 지점에 있다. 하늘을 향해 솟은 그곳에는 기도 깃발이 펄럭이고, 저 멀리 화려한 색색의 옷을 입고 성스러운 호수(로탕 패스에 있는 모든 웅덩이가 신성시된다)를 향해 올라가는 순례자들의 모습이 보이지만, 묘하게도 아무것도 없는 듯한 느낌이었다. 나는 국경 사이에 걸쳐 있음을 느꼈다. 내 뒤와 아래는 인도였고, 앞에는 눈과 바위의 거대한 장벽인 이른바 리틀 티베트가 있었으며, 내 발밑으로는 귀를 기울이면 실제로 소리가 들릴 듯 고요와 바람으로 가득 찬 심연이 있었다… 솔직히 무서웠다. 그곳은 숭고했고 나를 삼겨버릴 듯 했다. 무와 무한한 깨어 있음이 동시에 느껴졌다.

마침내 여기, 길에서 몇 주를 보낸 후 여기 와서야 집은 비로소 사라졌고 나는 새로워졌다. 일본 신도 신자라면 다시 태어났다고 할 것이다. 그 개념을 어떻게 해석할지 이해하지 못하는 바는 아니지만, 나는 신도 신자가 아니므로, 새로워진다는 정도로 만족할 것이다.

말했다시피 나는 1년에 한 번은 이렇게 여행을 해야 한다. 적어도 1년에 한 번은 집을 떠나는 게 좋다. 프랑스 작가 그 자비에 드 메스트르는 침실 여행으로 유명하지만, 나는 내 침실을 여행하는 것으로는 충분하지 않다. 그 여행이 꼭 거창할 필요는 없다. 내가 집을 떠나 방문하는, 이를테면 '성소'가 꼭 숨을 멎게 만들 필요는 없다. 나는 신도 신자들처럼 어떤 신적인 존재를 대면하기를 기대하지는 않는다. 성소의 한가운데서 내가 발견하기를 바라는 것은 신이 아니라, 집을 훌훌 벗어버린 자다. 고대에도 나일 강변이나 엘레우시스 신전에서도 거의 비슷했다는 이야기들이 떠돈다. 일단 성소의 한가운데, 신성한 곳 중에서도 신성한 곳에 들어가 보면 그저 허공과 거울 하나밖에 없었다고 한다.

솔직히 말하면, 오늘날 수많은 여행자에게 성소란 무아지경으로 지성을 드리는 장소가 아니라 6박(조식 포함)을 위해 방을 예약한 호텔이 아닐까 한다. 호텔은 그들의 샹그리라, 그들의 성역, 그들의 에덴, 그들의 아르카디아, 타락 이전 그들의 낙원일 것이다. 사실 호텔 입구에 있는 이름은 그런 곳들을 연상시키고도 남을 것이다. 여기서 자연은, 일본식 표현대로 기분 좋게 '정돈되어' 있고, 천사들이 음식과 음료를 가져다주니 여행자들은 애써 일할 필요가 없다. 방마다 바다나 강의 풍경이 펼쳐질 것이며, 무한을 뜻하는 인피니티란 하필이면 고급 수영장을 가리키는 말이 되었으며, 시트는 항상 상쾌하고 설사 불륜일지언정 섹스는 결코 죄악이 아니다. 호텔은 즐거움을 위해 바쳐진 장소이고, 엄격한 규칙이 있고, 그 안에서 기쁨을 느끼며 뛰놀고 빈둥거리고 우쭐거리면서 가능하면 끝(열한시의 체크아웃)까지 놀고, 다 끝난 후에는 영화 〈페이머스 파이브〉(2012) 속 유명한 5인조처럼 집으로 돌아간다. 물론 좋다. 하지만 왠지 아주 좋지는 않다. 그러고 보니, 지나치리만큼 잔뜩 꾸민 이런 호텔은 결국, 내가 도망치려고 하는 '집'과 너무 비슷하지 않은가?

당신은 자신을 새롭게 하지도 못할뿐더러 어디에서도 자기 자신의 주인이 되지 못한다. 그러나 당신은 할 수 있어야 한다. 하르툼, 데이븐포트, 스컨소프, 이론상으로는 어느 곳에서든 의심의 여지 없이 그것이 가능해야 하지만, 우리 중 그렇게 할 수 있는 사람은 몇 안 된다. 그러면 당신은 어디로 갈지, 어떻게 목적지를 정하는가?

처음부터 이렇게 말하기는 뭐하지만, 누구보다 새뮤얼 존슨의 말을 그대로 옮기면, 수많은 곳이 볼 가치가 있지만, 직접 가서 볼 가치는 없다. 예를 들어 내 책에 썼던 에펠탑이 그랬고, 솔직히 타지마할과 우루과이도 그렇다고 해야겠다.

내가 아는 한, 어떤 장소에 찾아갈 가치가 있으려면 세 가지가 꼭 들어맞아야 한다. 첫째, 이상적으로는 그 장소가 적의 전선 배후의 어딘가에 있어야 하는데, 그런 곳에서 당신은 패기만만해지기 때문이다. 그래서 캐나다는 탈락이다. 캐나다로 가는 건 더 춥다는 점만 빼면 집에 머무는 것과 매우 비슷하다. 캐나다는 좋은 곳이다. 캐나다인들도 좋은 사람들이다. 당신은 여행할 때 '좋은' 것을 원하지는 않는다. 어쨌거나 여행의 신은 헤르메스다. 국경과 월경의 신, 이동과 위반의 신은 끊임없이 적의 영토를 들락거린다. 한마디로 그는 장소를 바꾸는 신이다. 헤르메스는 '캐나다'의 철자도 모르지 않을까.

반면에 우간다는 확실히 적의 전선 배후에 있으며, 내가 알기로 쿠바도 그렇다. 그러나 둘 중 어느 나라도 강하게 끌리는 목적지가 아닌데, 거기서 내가 별 흥미를 느낄 것 같지 않기 때문이다. 이는 우간다나 쿠바를 판단하려는 것이 아니라, 어울림을 가늠하려는 것이다. 이는 일종의 대화, 사실상 기분이 좋아지는 그런 대화와 같다. 그 대화를 하면서 지금까지 느꼈던 것보다 스스로가 더 중요하고 더 돈 많고 더 재미있는 사람처럼 느껴지는 한 당신은 그 대화에 끼고 싶을 것이다. 그 대화로써 당신이 소중히 여기는 무언가가 더 커 보이는 한, 당신을 사랑하는 사람이 그렇듯, 하찮은 것(당신이나 우주에 관해서)을 대단한 것처럼 느끼게 해주는 한에서는 말이다. 타지마할이나 마추픽추, 앙코르와트는 그 자체로 대단한 곳이지만, 대단하다는 것만으로는 충분하지 않다. 그곳은 지금까지 당신의 평범했던 모든 것을 이제 특별하게 느끼게 해주어야 한다. 그것이 어디로 갈지 선택하는 두 번째 기준이다.

그리고 세 번째가 여행하기 좋은 시기를 찾는 것인데, 그 기준은 배고픔이다. 당신이 가는 곳은 당신에게 살짝 배고픈 느낌이 들게 해야 하며, 삶에 대한 욕구를 달래주는 게 아니라 날카롭게 가다듬어줘야 한다. 짐작하다시피 몇 년 전 로탕 패스가 나한테 해준 것이 바로 그거였다. 나는 외계처럼 느껴지는 땅에 있었고, 이례적인 무언가를 하고 있었으며, 그곳은 나에게 그 길의 더 위쪽, 금단의 땅 가장자리에 있는 라다크를 갈망하게 만들었다(결국 도저히 참을 수가 없어서 이듬해에 나는 라다크를 찾아갔고, 금지된 중국 영토를 똑바로 들여다보았다).

당신의 영혼이 진정 거대하다면, 지구상의 어떤 장소든 당신 영혼의 일부, 아주 작은 일부와도 통하는 게 있음을 느낄 것이다. 그러나 실용성을 위해서 나는 그 세 가지가 꼭 들어맞을 만한 곳을 찾아본다. 내 경험에 비추어볼 때, 낙원은 정말이지 당신이 원하는 곳이 결코 아니다.

|||||

노는 것은 당신 시간의 주인이 된다는 것이다. 아리스토텔레스는 그것을 알고 있었고, 키케로와 세네카는 그것으로 열변을 토했고, 중국부터 유럽의 가장 끄트머리에 이르기까지 철학자들은 그 통찰을 이야기했다. 특정 장소에서 특정 기간 동안 특정의 규칙을 관찰하면서, 당신은 당신의 시간이 주는 즐거움을 위해 어떻게 시간을 쓸지 자유로이 선택할 수 있다. 노는 것에 그 이상의 목표는 없다. 몇백 년 동안 지배계급이 성직자들과 군대와 함께, 노동은 신성하다고 주장해왔던 이유는 바로 그 때문이다. 부자를 포함해 나머지 모든 사람이 뼈가 부서져라 일할 때, 그들은 자유롭게, 종종 목숨을 걸어가며 그들의 게임을 하며 놀 수 있었으니까. 일해야 할 의무가 대체 무엇이 "성스럽다"는 말인가? 이는 이제 우리가 드러내놓고 콧방귀를 뀌어야 할 허튼소리다.

그리고 유럽의 가장 끄트머리에서 나온 이야기를 하자면, 대중이 각자의 자리를 지키도록 하는 이 격언이 언젠가는 사회의 피라미드를 거슬러 주인을 노예로 만들게 될 거라고, 스코틀랜드 작가 알렉산더 트로키 Alexander Trocchi가 1962년에 경고했다. 역시 스코틀랜드 시인인 휴 맥더미드는 트로키를 가리켜 "범세계주의적 쓰레기"라고 했는데, 어떤 면에서는 맞는 말이기도 했지만 결국 트로키가 옳았다. 불과 반세기가 지난 후, 부자들과 함께 우리의 주인들은 게으름을 선택할 경우 노동자나 농민보다 잃을 것이 더 많다는 것을 알았다. 그들은 노동계급이 저마다의 기계에 매인 시간보다 많지는 않을지라도 일주일에 그만큼은 자기 책상에 묶인 신세가 되었다. 여가와 관련해 무언가가 단단히 잘못되었다. 이제 그것을 바로잡을 기회가 우리 모두에게 있다.

균형 잡힌 삶을 위하여

여가여, 지나간 시절의 여신이여,
시간은 길고 하루하루가 충분해서
천진한 기쁨을 붙잡던 시절,
짧아진 순간이 즐거움을 억제하지 않던 시절.
근대의 유산, 다하지 않은 의무의 황량한 전조가
우리 행복한 마음을 괴롭히지 못했던
시절은 지나갔으니,
그대는 지나치게 바쁜 이 세상에서
존재를 거두었나요…?

에이미 로웰, 「여가」(1912)

여가가 없다면 문명화된 삶은 있을 수 없다. 여가가 없다면 우리는 야만에 빠져버린다. 매우 흥미롭게도 '문명의 희미한 빛'은 무슈 귀스타브가 그랜드 부다페스트 호텔에서 자신과 직원들이 "정숙하고 겸손하게, 사소한 것까지… (한숨) …오, 제기랄" 해가며 제공한다고 믿었던 바로 그것이지, 단지 빈둥거리는 좋은 시간이 아니다.

문명화된 삶은 도축장이 되어버린 이 세계 안에서 '인간성'의 흔적이었다. 사제와 현인들에게는 미안한 말이지만, 문명화된 삶을 살기 위한 유일하고 올바른 방법 같은 건 없을 것이다. 그러나 여가가 없다면, 에이미 로웰^{Amy Lowell}이 말

279

한 선택된 게으름이 주는 이른바 "조용하고 넘치는 활력"이 없다면, 뿌리 깊은 깃들이기와 비옥한 놀이가 없다면, 우리에게는 노예 같은 삶이 남는다. 그것은 문명이 아니다. 누가 그런 삶을 원하겠는가?

스물아홉 살의 랩 뮤지션 바우 와우-Bow Wow는 분명 그런 삶을 원하지 않는 것 같다. 열세 살 때 스눕 독의 눈에 띈 이후 수백만 장의 음반을 팔며 열심히 일해왔던 그가 은퇴했다는 소식이 최근에 보도되었다. 잡지 《아이들러》의 편집자 톰 호지킨슨은 바우 와우가 이제 여가의 꿈을 이룰 수 있다고 믿으며, 그가 세상 사람들에게 좋은 본보기를 세운 것을 축하했다. 그렇지만 우리가 품위 있게 먹고, 입고, 집을 가지고 살아야 한다면, 바우 와우는 우리가 따라 할 수 있는 본보기가 아니다. 물론, 그처럼 살기를 바랄 수는 있을 것이다. 그러나 16년 동안 미친 듯이 일한 후 서른 살에 반세기나 이어질 여가 생활을 시작한다면 모든 사람이 이상적으로 균형 잡힌 삶이라고 생각하지는 않을 것이다. 몇십 년이나 되는 그 엄청난 자유 시간에 무엇을 하면 좋을지 아는 사람이 얼마나 될까? 바우 와우는 알까? 글쎄다.

역사의 이 시점에서 인류의 대다수에게(이탈리아에서는 예외로 하고) 일은 피할 수 없는 것이요, 여가란 계속 짧아지는 것이다. 우리는 그 둘 사이의 균형을 맞출 더 나은 방법을 찾아야 한다. 산업혁명이 일어난 이후, 일이 우리를 가장 충만하게 충족시켜준다는 관념은 서구의 여러 나라에서는 거의 보편화되어 왔다. 자유롭지 않은 노동이 우리가 원하는 (또는 원한다고 생각하는) 것들을 소유할 수단을 주고 아울러 우리의 정체성 자체까지 부여하는 것이다. 오늘날 가장 발전한 선진 사회에서조차 대다수 사람들은 지겹도록 업무를 반복하면서 일 년의 대부분을 보내다가 마침내 겨우 죽음을 피해 늦은 은퇴를 맞이하는 반면, 실업자들은 전혀 아무것도 하지 않는다. 그리고 일하는 하루의 끝, 또는 일하는 삶의 끝에서, 셀 수 없이 많은 시간의 주인이 될 가능성이 조금 열렸을 때, 우리는 비옥한 형태의 수많은 여가보다는 그저 오락을 꿈꾸는 데 익숙해진다. 지금 이 시대에, 우리가 일하는 시간과 게으름을 즐기는 시간을 고르게 나눌 방법은 없는 것일까?

우선, 늘어난 수단과 늘어난 여가(디즈레일리가 말하는 "인간을 문명화하는 두 가지")를 사회 전체에 더욱 평등하게 분배해 더 적게 일해도 되는 사람이 더 많아진다면, 그것은 모두가 문명화된 삶으로 나아가는 거대한 한 걸음이 될 것이다. 지난 200년 동안의 기술적 진보를 고려하건대, 사회 스펙트럼 전체에 걸쳐 지겨운 노동의 종말은 실제로 머지않았는지도 모른다. 그렇게 생각한다면 그저 정신 나간 낙관주의일까? 여가는 늘어나지 않고 수단만 늘어나는 기현상을 벤자민 디즈레일리Benjamin Disraeli가 목격한 지 150년이 흐른 이 시대, 21세기 초에 우리는 아직도 고집스럽게 여가를 더욱 많은 수단과 교환하고 있다…. 더 많은 소유물을 손에 넣기 위해서. 더 큰 집, 더 큰 냉장고, 더 큰 모든 것들과 여러 대의 자동차, 전자 장비들, 텔레비전 수상기, 그리고 라이프스타일을 자랑할 방법, 한마디로 더 큰 장난감을 사기 위해 여가를 기꺼이 내어주고 있다.

이런 세계를 상상할 수는 없을까? 거의 모든 사람이 일주일에 사나흘 정도 신체에 무리 없이 창의적으로 일하고, 휴가는 길어서 매년 수백, 심지어 수천 시간을 빈둥거리고 깃들이고 마음껏 놀며, 근사하게 비옥한 여가를 맘껏 즐기는 세계 말이다. 아니, 상상할 수 없다는 게 답일 것이다. 1930년대 초 버트런드 러셀과 존 메이너드 케인스 같은 사상가들이 여가 이야기를 처음 꺼냈을 때, 그것은 우리의 쪼그라든 상상력 밖에 있었고, 지금도 마찬가지다. 요즘은 자기 평생에 그 상상이 실현되리라고 조금이라도 자신하는 사람이 없다. 지금까지 우리가 좌우를 막론하고 내놓을 수 있었던 대안은 모든 사람이 일을 하거나, 아니면 일부가 일을 하고 나머지는 실업자가 되는 것뿐이다.

그러나 누구나, 정말 아무나 할 수 있는 것이 있다면, 저마다의 삶에서 일과 여가 사이에, 또는 사색적인 독자를 위해 말하면, 소유와 존재 사이에 더 나은 균형을 찾으려 노력하는 것이다. 예를 들어 삶 전체가 여가인 목가는 생각만큼 바람직하지 않을지도 모른다. 바우 와우는 주의해야 하리라. 일례로 톰 리플리는 디키 그린리프의 머리를 노로 강타한 후, 남은 평생을 프랑스의 시골에서 마음 편히 보내기 위해 20대 중반이라는 이른 나이에 은퇴한다. 디키가 아닌 톰의 입장에서 그 삶은 마치 축복처럼 들리지만, 그다지 축복은 아니다. 겉보기에는 태연한 듯 보여도, 그가 정원을 가꾸고 그림을 그리고 프랑스어 실력을 쌓는 동안에도 그의 머리 위에는 해결되지 않은 죄의식과 성적 갈망의 구름이 드리워져 있다. 이따금 그는 애초에 여가의 삶을 가능하게 해준 살인을 포함해, 대체로 소규모 범죄를 저지름으로써 얻을 수 있는 서사적 추진력을 갈망한다. 물론 바우 와우의 여가는 정직하게 얻은 것이겠지만, 그럼에도 톰 리플리가 무한한 여가를 통해 진실한 행복을 얻는 데 실패한다는 사실은 하나의 경고처럼 들린다. 트롤럽의 소설 『오늘날 우리가 사는 방식The Way We Live Now』에서 무한한 여가를 누리는 계급들, 런던과 시골 영지에서 지루하고 무익한 삶을 살아가는 백작 부인과 공작, 기사 작위를 받은 귀족을 비롯한 상류층 바보들은 리플리 같은 벼락부자처럼 공공연하게 살인적이지는 않더라도, 그들의 하인과 농민이 그들의 노예인 것만큼이나 모든 면에서 자기 탐욕의 노예다. 실제로 휘스트 카드 게임은 앨프리드 그렌달 경의 "유일한 성과"였다.

> 그리고 그의 삶에서 거의 유일한 직업이다. 그는 오후 세시에 클럽에서 날마다 휘스트를 시작해 저녁 식사를 위한 두 시간을 빼면 새벽 두시까지 계속했다. 그는 일 년에 열 달을 그렇게 지냈고, 나머지 두 달 동안은 사람들이 주로 휘스트를 하고 노는 무슨 온천장을 찾았다. 그는 도박은 하지 않았으며, 클럽의 돈 내기 이상은 절대 하지 않았다. 그는 그것에 온 정신을 바쳤다.

1870년대를 배경으로 한 그 소설 속 어느 누구도, 살면서 이보다 조금이라도 더 중대한 성과를 내는 것 같지는 않다. 도박, 사냥, 만찬을 위한 옷 치장, 그러고는 모든 남자의 삶에서 상당 부분을 구성하는 식사가 전부다. 반면에 여자들의 삶이 다른 게 있다면 심지어 그보다도 내용이 적고, 온통 짝 찾기와 그 의식에 소비된다는 것이다. 물론 『오늘날 우리가 사는 방식』은 풍자적인 소설이다. 그럼에도 트롤럽은 눈곱만한 노동도 없이 얻어진 여가로 인한 빈곤함, 심지어는 완전한 파산에 관해 타당한 논점을 제시하고 있다. 애쓰지 않고 얻은 여가를 누리는 사람은 설사 아무리 잘 차려입는다 해도 노예처럼 일해서 여가를 얻은 사람보다 실제로 활기가 떨어진다.

세네카는 "만족을 모르는 탐욕"에 사로잡힌 삶은 물론, 어떤 일에든 "고달프게 헌신"하는 것까지 가차 없이 비난했다. 그의 귀족적 관점에서 보기에, 그런 끊임없는 수고란 삶을 한낱 시간으로 바꿔버리는, 인생의 낭비였다. 『인생의 짧음에 관하여』에서 그는 직접 의자 가마를 들고 다니는 사람, 조금이라도 늦으면 무슨 법이나 규칙을 깨기라도 하는 것처럼 외출에 정확하게 시간을 지키는 사람, 목욕하고 기대 누워 식사를 해야 한다고 날마다 되새기는 사람들은 "여가를 누리는" 사람으로 치지도 않았다. 그는 자유인이 자발적으로 노예처럼 일한다는 생각에 넌더리를 냈다.

최근의 다큐멘터리 〈스시 장인: 지로의 꿈 Jiro Dreams of Sushi〉은 바로 그런 삶을 사는 현대 일본의 스시 장인 두 명을 보여준다. '세계 최고의 스시 셰프'로 광고되고 국보라고 일컬어지는 여든다섯 살의 오노 지로 小野二郎 는 도쿄의 어느 지하철역에 작은 식당 하나를 가지고 있다. 미슐랭 별 세 개를 받은 현존하는 유일한 스시집인 여기서 그는 장남 요시카즈와 함께 날마다 스시를 만든다. 내가 보기에, 이 다큐 영화는 노예로 사는 삶을 그린, 거의 최면술처럼 힘을 빼놓는 그림을 제시하는 것 같다. 오노 지로의 경우는 일본 고급 요리의 노예다. 깨어 있는 시간은 모두 완벽한 요리를 위해 바친다. 심지어 그는 잘 때에도 스시를 만드는 꿈을 꾼다. 하루하루가, 사실상 세세한 구석 하나하나까지 그 전날과 비슷하다. 필립 글래스Philip Glass는 미니멀리즘적 반복 구조를 추구하는 또 한 명의 헌신자이므로, 감독이 사운드트랙으로 글래스의 음악을 선택한 것도 놀랍지 않은 일이다. 지로의 장남은 이렇게 말한다. "아버지가 언제까지나 스시를 만들 수 있기를 바랍니다. 하지만 결국엔 제가 그 자리를 이어받아야겠죠." 지로는 아들에 관해 말한다. "내 아들은 남은 평생 이 일을 해야 합니다." 이 필름은 우아하게 만들어졌지만, 이 완전한 노예 상태의 삶(가차 없이 반복되는 노예의 나날, 완벽한 스시 만들기에 얽매인 삶)을 담아낸 이 그림에는 정신을 뭉개버리는 무언가가 있다. 와비사비의 유행은 오노 지로를 비켜갔다.

　그래도 그와 두 아들은 자신들이 최고 권위자임을 의식하고 있다. 비좁은 스시집의 분위기는 세련되고, 손님들은 상층 계급이다. 반복적인 일에 삶 전체를 바치는 행위는 흥미롭게도 이들의 깊은 만족감과 연결되어 있다. 다음 세대 역시 반복적인 과업에 삶을 통째로 바칠 것이며, 어쩌면 그걸 이해한다면 그다음 세대도 삶 전체를 반복적인 일에 바칠 것이며… 그렇게 계속 무한으로 이어질 거라는 만족감. 그것은 삶 전체가 일이 되는 시나리오다.

내가 젊을 때 동유럽에서의 상황도 거의 똑같았다. 당신은 쓰러질 때까지 일하고 그래서 당신의 자녀는 조금 더 안락하게 살면서 쓰러질 때까지 일하고, 그 자녀의 자녀들은 그보다 조금 더 안락한 상태에서 쓰러질 때까지 일하고, 그렇게 계속하면서 밝은 미래를 향해 나아간다. 삶 전체를 일에 바치다가 합리적인 가격에 구성된 여가를 한바탕 즐기는 밝은 미래. 바로 이것이 지금 서구에서 우리가, 특히 미국과 독일에서, 모든 사회계급이 바라보고 있는 목표다. 이것은 편의시설을 갖춘 농노제다. 2천 년 전 세네카는 모든 사람이 "다른 사람을 위해 낭비된다"라고 선언했다. 오늘날에도 똑같다. 전기 장치만 더해졌을 뿐이다.

해방은 가능하다. 그러나 점진적이어야 한다. 우리는 개미나 웜바트가 아니라 무리 동물이며, 사실상 누구든 빈둥거리거니 놀기 전에 먹을거리와 둥지를 찾아야 한다. 아무리 귀족 놀음이 매력적으로 느껴진다 해도, 우리 가운데 그렌달 경과 같은 위치에 있는 사람은 극히 일부뿐이다. 사실 오늘날의 그렌달 경은 자신이 열심히 일하지 않을 때 더 큰 위험에 처하게 될 사람은 그 하인들이 아닌 자신이라는 것을 알기에, 십중팔구 그 하인들보다 더 열심히 일할 것이다.

그리고 오노 지로처럼 한 가지 기술에 전심전력으로 헌신하는 사람도 극히 일부다. 우리 대부분은 깨어 있는 시간의 대부분은 계속해서 채집하고 사냥해야 하며, 빈둥거리기, 깃들이기, 단장하기, 놀기 등 나머지 시간을 위한 선택지를 소중히 여겨야 한다. 그러나 아주 분명한 것은 집에 있는 걸 좋아할 때 여행이 가장 좋듯, 우리가 하는 일이 우리 문화 속에 깊이 승인된 뿌리를 가질 때 빈둥거리기, 깃들이기, 단장하기, 놀기가 가장 즐겁고, 가장 회복력 있고 풍부하며 의미가 있다는 사실이다. 오노 지로의 일은 비록 반복적이지만, 실로 깊은 문화적 뿌리를 가지고 있다. 그러나 열차를 타기 위해 그 스시집 문 앞을 황급히 지나가는 군중 가운데 그렇다고 말할 수 있는 사람은 거의 없을 것이다.

그렇기는 하나, 우리가 사냥과 채집을 보상할 방법을 찾는 과정에서 피해야 할 함정이 하나 있다. 열정을 직업으로, 즐거움을 의무로 바꾸고 싶은 유혹이다. 귀촌 또는 귀농, 다시 말해 도시의 쳇바퀴를 벗어나 자연에 대한 사랑이 우리의 나날을 고요한 기쁨으로 채워줄 곳으로 훌쩍 떠나는 것은, 사실상 '노동은 고되고 편안함은 줄어든 삶'이 되기 쉽다. 주인님은 없을지라도 굴레를 벗기란 거의 불가능하다. 이제 막

기업이나 예술계의 어떤 위치에 지명된 사람이 자신은 항상 연극에, 환경에, 또는 이브닝 드레스 디자인에 '열정적'이었으니 새 일자리가 완벽하다고 말하는 소리를 우리는 얼마나 자주 듣는가. 결국엔 열정은 열정으로, 직업은 당신이 진정 좋아하는 일 또는 진짜 헌신해야겠다는 느낌이 드는 것으로 지키는 편이 더 현명할지도 모른다. 그렇지 않으면 목적을 위한 수단이어야 할 것이 전체를 삼켜버릴 위험에 처한다.

자유와 부자유를 양립시키는 사람이 받게 되는 유혹은 아마추어의 열정을 경력으로 바꾸는 것 말고도 또 있다. 오래전 1969년에 아도르노가 자유 시간에 관해 쓴, 비록 논조는 시큰둥하지만 매우 읽을 가치가 있는 수필집에서 경고했듯이, 우리는 자유로운 시간이 생기자마자 그 시간을 유쾌하되 자유롭지 않은 시간으로 만들어보라는 제안에 에워싸이게 된다. 그것도 더 오랜 시간 일해서 벌어야 할 돈을 치르고서 말이다.

캠핑을 예로 들면, 아도르노는 한때 캠핑이 전반적인 부르주아적 삶의 지루함에 대한 저항이자 무엇보다 가족으로부터의 도피로서 사람들의 사랑을 받았지만, 점차 캠핑 업계에 의해 이용되고 제도화되었다고 믿는다. 업계는 사람들에게 카라반과 캠핑 장비를 사도록 강요하고, 그렇게 함으로써 자유에 대한 사람들의 요구를 기능화했다는 것이다. 대부분의 캠핑족은 아마 돈을 들인 가치를 얻고 있다고 느낄 것이다. 장비 구매를 통해 추가적인 즐거움을 얻고 있다고, 이제 캠핑이 훨씬 더 재미있어졌다고 생각하면서 말이다.

즐거움과 재미는 아도르노가 자신의 수필집에서 이야기하는 개념은 아니다. 사실 즐거움은 그 책에서 딱 한 번, 그것도 '그저'라는 단어와 함께 쓰였으며, 재미라는 말은 전혀 찾아볼 수 없다. 그거야 어쨌든 당신은 아노르노가 한 말의 뜻을 이해하리라. 그는 무언가를 어렴풋이 알아차리고 있었다. 빈둥거리든 집에서 뚝딱거리든, 또는 외모를 가꾸고 건강에 신경 쓰든 다른 사람들과 놀든, 우리 모두는 쉬운 길을 택하고, 그저 우리 자유를 대신 결정하고 체계화하도록 다른 사람들에게 돈을 내가면서 곧잘 넘겨버린다. 2주간 휴가가 생겼는가? 당신은 풍경 속을 돌아다니게 만들 상품을 파는 여행사에 그 시간을 넘겨버린다. 오롯이 당신만의 시간이 될 저녁 시간이 생겼는가? 카지노의 문이 활짝 열려 있다. 앞으로 계속, 사실상 거의 아무것도 하지 않아도 되는 시간이 생겼는가? 동네 교회는 모든 주머니 사정에 걸맞은 계획을 제공한다.

그렇다. 당신은 아도르노가 깨닫고 있던 것을 이해할 수 있다···. 하지만 그렇다고 해도 우리가 주의하기만 한다면,

그러는 중에도 상대적으로 자유를 누리고, 우리가 선택한 것을 하면서 즐거움을 배가할 수 있다. 우리가 즐겁게 소비하는 서비스를 제공하면서 누군가 이익을 취하든 무슨 상관인가? 아도르노는 그 생각을 참을 수 없었던 것 같지만, 그렇게 생각할 사람이 있을까? 자동차 뒤에 값비싼 카라반(또는 아도르노가 말한 대로 도모빌[1])을 달고 덜컹거리며 시골을 달린다고 생각하면 집 달팽이가 아닌 나로서는 비참해지지만, 수천만명의 사람들은 그것이 삶의 질을 높여준다고 생각하며, 가족들을 끌고 다닐 때는 더욱 흐뭇하게 여긴다.

같은 맥락에서, 나에게 요가는 조악해진 힌두교에 불과하지만, 제2차 세계대전 중 러시아 귀족의 영민한 딸과 어느 스웨덴 은행가가 그레타 가르보와 글로리아 스완슨 같은 부유한 할리우드 스타들에게 판매한 이후, 요가는 힌두교의 뿌리는 무시한 채 영적 신비의 패러디 같은 행위와 기막히게 결합된 신체 가꾸기 프로그램으로서, 전 세계의 부족한 것 없는 이들에게 하나의 산업 수준에서 공급되었다. 나는 그것을 부패라고 본다. 그러나 이 상품을 구매하면 삶이 더 나은 방향으로 바뀐다고 믿는 사람들이 수억 명이나 된다. 그것이 자유롭게 선택한 구매라면, 그리고 즐거움을 준다면, 내가

---

1 캠핑용 트레일러. 생활 설비가 갖추어진 영국의 여행용 밴 상표.

뭐라고 반대하겠는가? 그린란드에서 뉴질랜드까지 열성적인 요가 애호가들은 삶에 평안함을 주고 새로운 활력을 되찾게 해주는 요가의 힘을 증언할 수 있다.

지저분하게 이혼한 뒤라면 특히 그렇다. 내가 뭔데 손가락질을 하며 못마땅하게 여기겠는가? 그 뿌리는 부패했는지 몰라도, 뿌리는 뿌리다. 웰빙이 결코 여가의 핵심은 아니지만, 건강이 우리의 즐거움에 유익하다면, 건강을 붙잡으면 좋지 않은가? 결국 우리가 재미없다고 느끼는 오락을 마주했을 때 누구든 할 수 있는 말은 이것뿐이다. 자유 시간을 보내기에 더 비옥하고 덜 타락한 방식이 분명 있지 않을까?

나는 균형이 잡힌 삶마다 그 중심에는 우리를 자유롭게 해주는 시간 개념이 있다고 굳게 믿는다. 1300년경 시계가 발명된 이래, 흔히 시간의 이미지는 순간의 연속, 시각의 연속, 나날의 연속으로, 따라서 우리 앞과 뒤로 뻗어 있는 세월은 그 주변의 뿌연 연무 속으로 사라지는 모습으로 그려지곤 했다. 더는 시간이 영원한 신을 향하지도 않으며 영원으로 뻗어간다고 할 수도 없는데, 이 두 가지 모두 시계와 함께 어색하게 앉아 있기 때문이다. 우리 인간은 시간의 사슬을 고리에서 고리로, 갈수록 둔한 동작으로 뛰어넘다가 죽음을 맞는다. 브라이언 콕스와 스티븐 호킹이 시간을 그리는 복잡한 방식을 알고 있다는 건 의심할 필요가 없지만, 그들조차도 수많은 아침에 눈을 뜰 때면 시간의 연쇄 모델에 의지할 것이다. 의무와 약속으로 꽉 찬 타원형 고리들이 줄줄이 이어진 시간 말이다. 시계 자체가 그렇듯, 그 모델은 우리 주인들이 이익을 내기 위해 착취하기 쉬운 모델이다. 우리 주인들은 그들의 사업에 효율적으로 쓰이도록 우리의 시간을 편리한 꾸러미로 나누고, 우리에게는 자잘한 빈 시간을 남겨주어 우리가 채우거나 우리가 원하는 상품과 서비스를 공급하는 업자에게 팔도록 한다. 어쨌거나 산업화 사회에서는 그것이 시간을 바라보는 유일하게 실용적인 방식이라는 건 틀림없다. 그 모델 없이 산업이 존재할 수나 있을까? 결국에는 어쩔 수 없는 일인지 몰라도, 지금으로서는 그 모델이 모든 사람이 각자의 자리를 지키게 만들고 있다.

영원에 관해서 덧붙이자면, 나는 러시아계 영국 소설가 윌리엄 거하디의 빈둥거림에 관한 견해를 발견하고 기뻤다. 한때 이블린 워에게 천재 소리를 들었지만 지금은 사람들의 기억에서 거의 잊혀져버린 그는, 빈둥거리는 동안 "영원은 일차원적인 시간의 신에 놓인 모든 시점, 뚜렷하고 구분된 모든 순간과 직각으로 교차하면서 선택된 순간순간을 영원으로 영속시킨다"라고 했다. 현명한 사람은 모든 시간을, 심지어는 미래까지 하나로 결합해 마치 신처럼, 모든 나이를 쓸

모 있게 만듦으로써 삶이 길어지게 만든다는 세네카의 관점과도 어느 정도 겹치는 것 같다.

내가 보기에 우리를 자유롭게 해주는 또 하나의 관점은, 시간을 내 주변 여기저기에 흩어져 있는 물웅덩이로 바라보는 것이다. 사슬을 따라 소멸을 향해 고리에서 고리로 순종적으로 뛰는 대신에, 나는 이 웅덩이에서 멈추었다가 저 웅덩이에서 뒹굴곤 한다. 이 웅덩이는 둥글고(예를 들어 낮잠은 매끈하게 둥글고 테니스도 둥글다), 저 웅덩이는 비죽비죽하며(정원 가꾸기와 새 구두를 사기 위한 쇼핑), 꽤 많은 웅덩이가 마름모꼴이며(사무실에서 보내는 시간, 어쨌든 먹어야 하니까), 더러는 사방으로 물이 가지를 뻗어간 흔적이 있다(라오스에서 보낸 휴가, 라틴어 배우기). 더러는 반짝이기도 하고(어젯밤 특별한 친구와 함께 본 〈마술피리〉), 더러는 잔물결이 찰랑이고(수요일의 스크래블 게임, 특히 개리스가 기분이 좋지 않을 때), 더러는 거울처럼 매끄럽다(이를테면 당신이 끝까지 하기로 마음먹고 바짝 주의 깊게 들은 수업). 당신은 한 웅덩이에서 다른 웅덩이로 지그재그로 옮겨간다. 당신은 어딘가로 가고 있는 것이 아니다. 적어도 어딘가로 향하고 있지는 않다. 때로는 뒤쪽이 앞쪽이 되고 그 반대가 되기도 하며, 왼쪽이 오른쪽이 된다. 이따금 당신에게 받을 빚이 있다고 생각하는 (또는 당신이 받을

빛이 있다고 생각하는) 누군가가 당신을 올가미로 잡아 궤도 위로 끌어와서는, 어른처럼 앞을 보라고 하고 분, 시간, 센트, 달러 등을 세라고 할 것이다. 저항하는 것은 부질없지만, 그래도 저항하라.

필립 라킨이 꼭 그런 뜻으로 말한 것은 아니었지만 그의 말을 인용하면, 시간은 사실 그 안에서 행복해지기 위해 존재하는 것이다. 이 웅덩이에서 한가롭게 지낸 뒤 저 웅덩이에서 느긋하게. 시간은 그 안에서 당신의 인간성을 확장하기 위한 것이요, 그 안에서 당신 존재의 무한성을 즐기기 위한 것이다. 아리스토텔레스의 말로 끝을 맺는다면, 한마디로 그 안에서 에우다이모니아eudaemonia, 즉 행복을 이루기 위한 것이다. 살아 있다는 것에 다른 좋은 이유는 없다.

옮긴이 오숙은

서울대학교 노어노문학과를 졸업하고 한국브리태니커회사 편집실에서 일한 뒤 전문번역가로 활동하고 있다. 『세상과 나 사이』, 『정치 철학』, 『아프리칸 러브 스토리』, 『PERV: 조금 다른 섹스의 모든 것』, 『식물의 힘』, 『유럽 문화사』(공역), 『문명과 전쟁』(공역), 『먼저 먹어라』, 『위작의 기술』, 『노예 12년』, 『공감 연습』, 『단테의 신곡에 관하여』, 『사랑학 개론』 등을 우리말로 옮겼다.

숨 가쁜 세상을 살아가는 이들을 위한 품격 있는 휴식법

게으름 예찬

초판 1쇄 발행 2019년 8월 16일
초판 2쇄 발행 2019년 9월 6일

지은이 로버트 디세이
옮긴이 오숙은
펴낸이 김선식

경영총괄 김은영
기획 윤세미 **편집** 이현주 **디자인** 심아경 **크로스교정** 조세현, 한나비 **책임마케터** 박지수
콘텐츠개발3팀장 윤세미 **콘텐츠개발3팀** 심아경, 한나비, 이현주, 박화수
마케팅본부 이주화, 정명찬, 권장규, 최혜령, 이고은, 허유선, 김은지, 박태준, 박지수, 배시영, 기명리
저작권팀 한승빈, 이시은
경영관리본부 허대우, 박상민, 윤이경, 김민아, 권송이, 김재경, 최완규, 손영은, 이우철, 이정현
본문 그림 © Pierre Bonnard, 「La Fenêtre」(1925) 「La Terrasse de Grasse」(1912)
　　　　　「Femme Accoudée avec Chien et Nature Morte」(1917) 「Salle à manger à la Campagne」(1913)
　　　　　「La Fenêtre Ouverte」(1921)

펴낸곳 다산북스 **출판등록** 2005년 12월 23일 제313-2005-00277호
주소 경기도 파주시 회동길 357 3층
전화 02-704-1724 **팩스** 02-703-2219 **이메일** dasanbooks@dasanbooks.com
홈페이지 www.dasanbooks.com **블로그** blog.naver.com/dasan_books
종이 한솔피엔에스 **출력·인쇄** 갑우문화사

ISBN 979-11-306-2360-3 (03180)

다산북스(DASANBOOKS)는 독자 여러분의 책에 관한 아이디어와 원고 투고를 기쁜 마음으로 기다리고 있습니다. 책 출간을 원하는 분은 다산북스 홈페이지 '투고원고'란으로 간단한 개요와 취지, 연락처 등을 보내주세요. 머뭇거리지 말고 문을 두드리세요.